陳百年先生全集

哲學、理則學卷 I

陳大齊 著

政大出版社
Chengchi University Press

國家圖書館出版品預行編目（CIP）資料

陳百年先生全集・哲學、理則學卷. I / 陳大齊著. -- 初
版. -- 臺北市：國立政治大學政大出版社, 國立政治大
學文學院, 2024.05
　　面；　公分

ISBN　978-626-98247-7-9（平裝）

1.CST: 哲學　2.CST: 理則學　3.CST: 文集

107　　　　　　　　　　　　　　　　113006795

陳百年先生全集

哲學・理則學卷 I

作　　者｜陳大齊

發 行 人　李蔡彥
發 行 所　國立政治大學政大出版社
出 版 者　國立政治大學政大出版社
合作出版　國立政治大學文學院
主　　編　周志煌
協助編輯　周玉芬
總 編 輯　廖棟樑
執行編輯　林淑禎
地　　址　11605臺北市文山區指南路二段64號
電　　話　886-2-82375669
傳　　真　886-2-82375663
網　　址　http://nccupress.nccu.edu.tw

經　　銷　元照出版公司
地　　址　10047臺北市中正區館前路28號7樓
網　　址　http://www.angle.com.tw
電　　話　886-2-23756688
傳　　真　886-2-23318496
郵撥帳號　19246890
戶　　名　元照出版有限公司

法律顧問　黃旭田律師
電　　話　886-2-23913808

初版一刷　2024年5月
定　　價　360元
I S B N　9786269824779
G P N　1011300640

政府出版品展售處
• 國家書店松江門市：104臺北市松江路209號1樓
　電話：886-2-25180207
• 五南文化廣場臺中總店：400臺中市中山路6號
　電話：886-4-22260330

目　次

《陳百年先生全集》出版緣起

　　1927 年，對中國社會而言，是一個動盪的年代，而國立政治大學的前身「中央黨務學校」，便在那烽火連天的年代，成立於南京紅紙廊。爾後，未止歇的兵燹，讓這所學校歷經了「中央政治學校」、「國立政治大學」等階段，甚至在 1949 年一度停頓了校務。1954 年，教育部決議國立政治大學在臺復校，而復校的首任校長即為陳大齊（字百年）先生。陳校長治理校務五年，奠立了本校發展的宏規。先生在承擔興學的繁重任務之餘，依舊勤耕於學術，他在〈八十二歲自述〉一文中，曾回顧自己的「研習」歷程說：「初為心理學與理則學時期，次為因明時期，再次為荀子時期，末為孔子時期」。我們若躡蹤陳校長一生的學術足跡，實易看見他親植的繁花與碩果。

　　陳校長在 1983 年辭世後，其哲嗣陳紹彭先生於 1987 年捐贈成立「陳百年先生學術基金會」，其後陳校長次子陳紹蕃先生，及孫女陳惟永女士、孫子陳惟寅先生等持續捐贈相關著作文物及善款。陳百年先生學術基金會乃由九至十一位委員組成，由本校校長擔任主任委員。在歷任主委、委員群策群力下，順利整理百年先生遺著、舉辦學生學術論文比賽、頒發清寒獎助學金等事務，且發揮了預期成效。

　　2023 年 2 月 14 日，由李蔡彥校長主持的「陳百年先生學術基金會第四十次委員會」中，委員認為無論就學術史、校史的發展角度，抑或是現今學術的影響力而言，我們應該重新出版陳百年校長學術著作全集。於是同年 7 月，學術基金會邀請本校哲學系名譽教授林鎮國先生、中國文學系特聘教授兼政大出版社總編輯廖棟樑先生、圖書資訊與檔案

學研究所所長兼圖書館副館長林巧敏先生、中國文學系教授周志煌先生組成「陳百年先生著作整理出版委員會」，並由致力近現代學術研究的周志煌教授擔任召集人。在出版過程中，結合本校圖書館及出版社，共同推動《陳百年先生全集》出版事宜。《陳百年先生全集》擬分七卷出版：第一卷「哲學、理則學卷」、第二卷「心理學卷」、第三卷「因明學卷」、第四卷「儒學卷」、第五卷「譯著卷」、第六卷「雜文卷」、第七卷「別卷」。

　　今年本校在臺復校七十年，我們決意出版第一卷「哲學、理則學卷」、第二卷「心理學卷」各一冊，以向五四時代的學人陳百年校長致敬，更願在百年政大的校史豐碑上，鐫銘可貴的德馨與慧業。

國立政治大學文學院長兼陳百年先生學術基金會祕書長

曾守正　謹識

《陳百年先生全集》序

　　民國四十三年，陳大齊（字百年）先生受聘為國立政治大學在臺復校後首任校長，開展五年之校務治理工作。風雨飄搖的年代中，陳校長蓽路藍縷開創建設，擘劃學校組織架構與典章、完成校園重要建設，為本校在指南山麓之發展奠下豐厚基礎。

　　陳校長一生學經歷豐富，畢業於日本東京帝國大學文科大學哲學門，專攻心理學，後赴德國柏林大學研究，於民國五十年獲得香港大學名譽文學博士學位，畢生致力於中外心理學、哲學研究。早年專注於心理學研究，為我國心理學科的開拓者；晚年轉治印度因明學及先秦諸子思想，擔當相關學術論域領航的角色，為後人開啟了諸多治學門徑。

　　陳校長學術成果斐然，作育菁莪亦不遺餘力。其一生以掄才育才為職志、奉獻杏壇，深具科學理性與人文關懷的學養，為本校辦學精神及學風注入跨域多元的基因，對校務發展與校務治理影響深遠。

　　為紀念陳校長對政治大學之貢獻，並表彰其學術成就，在陳百年先生學術基金會、政大文學院、出版社及圖書館共同推動合作下，出版本套《陳百年先生全集》，針對陳校長之尺書、文獻、創作及各種鴻篇巨帙進行編纂整理。適逢政大在臺復校七十年並將邁向建校百年之際，全集之出版，相信能將陳校長經師、人師的德澤繼續傳承，不僅為本校校史增添新頁，亦期能補充學術史遺缺並帶動後續研究。

　　出版工作千頭萬緒，尤需將大量且散見各處的文獻蒐羅整理並進行校勘排版，實屬不易，欣聞新書即將付梓，謹在此向所有勞心參與本書編輯工作的師生、同仁表達衷心謝忱。

國立政治大學校長
李蔡彥謹識

序
爺爺的一生：如何做一個更好的人

在過去 20 年，我們屢次聽到海峽兩岸有人想出版爺爺的著作全集的計畫。可是都沒有落實。政大計劃在慶祝 100 周年校慶的時刻接受這個挑戰，是一個地標性的出版項目。這是因為全集的編輯工作量和全集的影響都是非常的龐大。

爺爺從六歲起接受私塾教育，以儒家精神為學習中心。十四歲赴上海廣方言館學習英語。十七歲赴日留學。先學習日文，英文，德文，數理，法律和經濟。二十三歲入日本東京帝國大學，學習心理學和理則學。二十六歲取得學士學位後返國，隨即開始了他長達近七十年的學術生涯。即使在參與到繁重的行政工作期間，他從不間斷的終身學習，終身研究，終身寫作。他的研究和寫作的動力可以從以下的幾個方面來觀察。

在爺爺科研的初期，歐洲內的衝突引發了第一次世界大戰，中國有多種的內憂外患，俄國在進行推翻帝制的革命。同期在蔡元培的領導下，各家的理論能夠在北大的校園介紹給中國的學生。爺爺在三十二歲（1918 年）出版了兩本書：《心理學大綱》和《哲學概論》。在三十三歲出版了《迷信於心理》。這種程度的初期治學成果，古今中外都是很少見的。而這種研究的動力，如果沒有強烈的追求理想的目標是不可能成功的。這三本書，也呈現出爺爺對用科學客觀的辦法來分析與改善人的行為的動力。他以後的著作似乎也是由這個動力激發產生。這個爺爺獨立開創的一個治學和為人的途徑，幫助他在一個動亂的時代中和諧的處理事物－從日常家務事到一生中重大的決策。

　　爺爺授課一直都以心理學，理則學和《論語》為主題。研究和著作則隨時間的變遷有不同的重點。早期以介紹國外發展的心理學為主。也在北大創立了心理學的實驗室。後來因為雙重的因素而改變，將研究的方向放在理則學。一方面是他主觀的認為他的生理學知識不夠。客觀方面，學校缺少先進的科學設備。在他的《八十二歲自述》中，他提到選擇理則學的工作是因為「理則學教人如何培養正確的思考與如何躲避錯誤的推測。教人腳踏實地以從事學問，故有學問的學問之稱。我既有志於學問，適當對於此學多多留意。」這段話說明他研究和寫作的動力是在追求以科學為基礎的學問，來改善人們的思路和行為。

　　爺爺選擇對印度因明學的闡述作為研究理則學的開端。對艱澀的唐朝慈恩寺高僧窺基所著《因明入正理論疏》「紊者理之，似者正之，晦者顯之，缺者足之，散者備之，違者通之」。經過多年的研習過程，他終於在 1938 年出版《因明大疏蠡測》。爺爺在 1974 年臺灣重印版的《因明大疏蠡測》序中寫到這個這本書的寫作過程：「挫折頻仍，時時掩卷，餘勇復活，再啟塵封。屢讀屢挫，屢挫屢讀，志切徹悟，不悟不休。鍥而不捨，金石可縷，奮起追逐，漸見曙光。小有收穫，益勵耕耘。思有所得，不論精粗，筆之於冊，以待深言。歷時既久，積稿日增，排比取捨，以成本書。」為了介紹這個艱澀的因明學給一般讀者，他又寫了《印度理則學》一書。這段過程更加說明他嚴謹的研究和寫作的動力是在追求以科學為基礎的學問，並將他的耕耘收穫努力的介紹給一般的民眾來分析日常的事物。

　　在六十歲以後，爺爺將他的科研工作專注在中國的理則學。他從中國的名理學對代表荀子做了有系統的分析跟整理。這次過程中為了解析荀子的性惡論和孟子的性善論的異同，他的工作又延伸到孟子和孔子的儒家思想。儒家思想是他幼年所受的教育，可是他在晚年用理則學和心理學的分析方法有系統的解析和闡述。在他大量的儒學闡述著作中顯示，他最服膺的是孔子思想。因為孔子提示的道德修養是仁和義交織而成的。他廣泛的閱讀，深入的思考，客觀的分析，隨後發表了大量的介

紹儒家思想的著作。其中的闡述都是用尋常日用的事情，提示做人的道理。他的晚年諸病加劇，闡述孔子思想的精髓成為他日常生活的最大的動力。

　　爺爺的身教給了我潛移默化的效果。印象比較深刻的事是，他會藉著我們下圍棋的機會，循循善誘的指引我。我們遠在西安的叔叔在祝賀政大復校 60 週年慶典上的賀詞上也表示了同樣的看法（附上參考），他們父子都是從不間斷的終身學習，終身研究，終身寫作。爺爺在 1948 年遷臺以後，遠在西安的叔叔就因為這大環境造成的長期的分割，再也沒有機會見到他的父母。兩岸開放交流以後，叔叔專程趕到臺北，在俯瞰政大校園的富德公墓祭拜他的雙親，已是事隔近半世紀。

　　爺爺的一生研習寫作的最大的動力是他追求如何做一個更好的人的理想。《陳百年先生全集》的出版將產生一個的豐富的資源，指引讀者去追求一個更美好的人生，進而創造一個和諧的社會。

美國密西西比大學化學工程系榮譽退休教授
陳惟寅

祝賀政大，緬懷先人 *

　　欣逢政治大學復校六十周年盛典，謹從海峽對岸致以熱烈祝賀！

　　先父以七十高齡承擔政治大學復校任務，任重道遠，備嘗艱辛。不過這項任務使他全面回歸教育事業和學術研究，又是幸事。父親 1912 年從日本留學回國後，就從事教育事業。除在浙江高等學校和北京法政學校短期工作外，在北京大學先後擔任教授、掌管教務和主持校務，長達十六年。在此期間，曾被選派去德國進修一年有餘，使他的學術基礎更加深厚。1942 年我在重慶遇到中央大學哲學系一位教授，是北大的畢業生。他說「我現在給學生講授的內容，還不及當年陳先生教我們時講得深」。父親在授課的同時，除親自編寫講義外，積極從事學術研究。出版了三本著作和三本譯作。所著《迷信與心理》是一本論文集，對當時一部分人提倡的靈學給以嚴正的批判，取得很好的社會效益。

　　父親 1928 年離開北大從事行政工作，有一定緣由。當時奉系軍閥進入北京，對北大橫加摧殘，教授們十分不滿，人心思動。在這樣環境下，友人從南京發來電報邀他出山，才使他棄教從政。然而，父親本質上始終是一位學者，從政後利用公餘之暇繼續從事學術研究。他對因明學的研究就是這樣完成的。印度因明學的中文資料很少，而且都是晦澀難懂的古籍。他以愚公移山的精神下功夫鑽研，歷時八、九年終於融會貫通，並寫出專門著作。他在從政期間，教學工作也未完全中斷。政治大學前身中央政治學校成立公務員訓練部後，他每期都去講授理則學。抗日戰爭時期，重慶交通十分不便。父親的住處和政校相距至少十幾公里，並且需要乘輪渡過長江。他不辭勞苦，樂於承擔講課的任務。《實用理則學八講》這本著作，是當時講課的講義。然而這並不是一般的講

＊　引自「政大在臺復校六十周年暨陳大齊校長檔案特展」祝賀信。

義。書中主要引用中國古代的名學進行闡述，屬於他的研究成果。

父親正式出版的著作共 24 種。其中在政大任校長和教授期間出版 7 種，從政大退休後出版 8 種，二者合計 15 種，超過總數的一半。這一事實表明政大復校很快走上正軌，父親在處理校務之餘有充裕的時間從事學術研究；也表明建成後的政大已經是一所學術氣氛濃郁的高等學府。

我在父親身邊的時間不多。只有 1941-1943 年我在重慶中央大學攻讀碩士學位時相聚較多。父親很少進行耳提面命式的言教。但是他為人處世的態度和孜孜不倦的治學精神，對我是極好的身教。有一次他為一位青年朋友提詞，寫下「鍥而不捨」四個字。他為我解釋這四個字的含義，言辭中流露出十分欣賞的神態，給我以深刻的印象，並在無形中成為我日後研習工作的座右銘。

我於 1980 年在美國侄女家讀到父親關於孔子學說的著作。我發現書中對《論語》的語句用科學方法進行剖析，立論嚴密，不摻雜一點主觀臆斷，說服力很強，感到驚訝和敬佩。文科學者用用理科的方法研究古籍，父親是否第一人，我無從考察。不過我從中充分領會父親治學的嚴謹。

我讀研究生，是父親看到報紙上的招生廣告建議我報考的。兩年學習過程培養起我對科學研究的興趣。畢業後在工程單位工作幾年，就轉到高等學校從事教學和研究。從 1950 年至今，已經六十多年了。我現在已滿九十五周歲，還像父親當年一樣筆耕不輟。這些年來堅持在我的專業範圍不斷耕耘，注意嚴謹和執著，日積月累也算小有收穫。這在很大程度上得益于家風的薰陶。緬懷先人，難忘恩情。

再次祝賀政治大學六十年來的光輝成就，並感謝給我一次緬懷先父的機會。

前西安建築科技大學資深教授
陳紹蕃
2014.4.26

總論

周志煌[*]

一

　　政大在臺復校首任校長陳大齊先生（字百年，1887-1983），[1] 其學術領域在 1949 年以前，融通哲學、心理學、西方理則學、印度因明學於一爐，1949 年以後在孔、孟、荀等儒學專研闡述上，亦成果斐然。在近代中國學術光譜中，陳大齊可說是一位深具科學理性與人文關懷的標誌人物，然其學術成就卻被低估。國際知名哲學家沈清松（1949-2018）過去曾在〈由名學走向儒學之路——陳大齊對臺灣儒學的貢獻〉一文中言及：

> 在臺灣當代名儒當中，陳大齊的學術思想，是在他本人過世之後，較少受到討論的一位。比較起來，像方東美、唐君毅、牟宗三、徐復觀……等在過世之後，都不斷有研究他們的專文與專書出版，甚至舉辦學術會議加以討論。陳大齊同為一代儒宗，卻未見受到同樣的重視。對於一位勤學有成的大儒而言，其實是有些不公平的。而且，如此的忽略，也將造成學界在援引前人學術資源、累積學術研究成果上的缺失。[2]

---

[*] 國立政治大學中國文學系教授。

[1] 以下為行文簡潔，省略「先生」之尊稱，然無損於編者對於百年先生一生人格、事業崇高之敬意。

[2] 沈清松：〈由名學走向儒學之路——陳大齊對臺灣儒學的貢獻〉，《漢學研究》第

陳大齊早期與五四新文化運動人士交誼甚深，學術專著（含譯作）亦多，《北大日刊》、《新青年》等重要學術報刊亦常可見其執筆撰文，或引介新知、或闡述學術見解，甚或評論學術文化思潮等。1949 年以後陳大齊擔任孔孟學會首屆理事長，在專著及報刊文章中，亦由闡釋發明儒學要旨藉以接櫫中華文化復興。其學思歷程、轉折及相關著述，在民國學術史上，絕對有其重要地位及價值。陳大齊著述逾一甲子，曾出版三十餘冊專書，然而散見在報刊尚未集結整理成冊之文章仍有上百篇，若加上未曾蒐羅過之書信、創作詩文、演講紀錄⋯⋯，以及從民國學人著述中摘選出與陳大齊相關之交誼活動、學術辯難等史料，凡此都需廣泛蒐羅、整理、重新排版、校勘，使其著述能完整面世，提供後人研究作為第一手參考資料之根據。

　　陳大齊在〈八十二歲自述〉當中，曾提及自身的學術研讀歷程說道：

> 我的研習可分為若干時期。以研習的對象為分期標準，可分四期：初為心理學與理則學時期，次為因明時期，再次為荀子時期，末為孔子時期。以研習的效用為分期標準，可分二期：初為稗販時期，後為加工時期。在前一時期內，有如零售的商店，只致力於介紹些國外現成的學說，至多亦不過略加品評而已。在後一時期，有如加工的工廠，取國內古代傳下來的寶貴資料，致力整理，比諸稗販，多費了一點心力，亦稍稍表現了自己的辛勞。後一時期始於因明大疏的研讀，繼續至論語的研讀。我的研習以加工為最高峰，至於自製新品，則力有未逮。[3]

---

16 卷 2 期（1998 年 12 月），頁 2。

3　陳大齊：〈八十二歲自述〉，收錄於《陳百年先生文集（第一輯）・孔孟荀學說》（臺北：臺灣商務印書館，1987 年），頁 465。

陳大齊所言「稗販、加工」二期之研習效用，實屬自謙。「稗販事業」源自於胡適（1891-1962）在〈新思潮的意義〉一文中，對於有些人翻譯現成的學說，自己卻不能做具體研究的批評。[4] 然而實際上，胡適1958 年 4 月出任中央研究院院長，陳大齊旋即於 1958 年 11 月被提名為中央研究院院士候選人，陳、胡兩人一生為摯交，胡適對陳大齊學問及人格亦相當敬重。

　　如果以陳大齊所述治學的歷程來說，從 1949 年以前在大陸發表有關西方心理學、理則學（哲學），以及佛教因明時期等專書論文、譯述，再到 1949 年來臺以後，在孔孟荀等儒學所做的大量闡釋及出版相關著述，陳大齊總是「但開風氣不為師」，擔當相關學術論域領航的角色，為後人開啟了諸多治學門徑。以《心理學大綱》出版後所帶來的影響來說，我們若查閱 1920-1940 年代民國的報刊，對此書籍的介紹及廣告屢有可見。另在學術圈內的同好，引用此書以為參考者，亦不乏其人。例如民國教育學者傅紹曾所著《教育心理學》（河北時中學社出版，1934 年 6 月），書末所列「重要參考書目」，第一本就是陳大齊的《心理學大綱》。另外，民國哲學家潘梓年（1893-1972）專研西方邏輯學，其曾譯述美國知名邏輯學者瓊斯（A. L. Jones）的《邏輯歸納法和演繹法》，由上海商務印書館 1927 年出版，負責校訂者即為陳大齊。

　　1914 年陳大齊在北大授課，主講哲學概論、理則學、認識論等，早年馮友蘭（1895-1990）、吳康（1897-1976）均曾受業於他。1923 年陳大齊亦分別擔任北京大學哲學系與心理學系主任，且於 1925 年與胡適等人發起成立「哲學研究會」。此外，以「心理學」研究來說，陳大齊在日本東京帝國大學文科哲學門留學，即專攻心理學，回國後 1913 年春任教於北京法政專門學校預科時，就開始講授心理學課程。他在北京大學創建了中國第一個心理學實驗室，是中國現代心理學的先驅。1918

4　胡適：〈新思潮的意義〉，《新青年》第 7 卷第 1 號（1919 年 12 月）。

年出版了中國第一本大學心理學教科書《心理學大綱》。中國第一次現代意義上的大規模兒童心理學調查研究，即陳大齊所做〈北京高小女生道德意識之調查〉。即使 1949 年來臺，陳大齊也協助創建國立臺灣大學心理學系。他對於心理學除知識引介外，更強化了心理學在社會各領域當中的運用。

　　例如《審判心理學》，可用來作為法庭審判時，對於原告／被告，或是犯人、證人等所陳述內容及心理狀態一一檢核，以明是否屬實。另在社會迷信充斥，鬼神無稽之談當道之際，其〈關靈學〉、〈心靈現象論〉等，又期待運用科學心理之分析，將社會風氣導向理性的氛圍。同樣的，對於婦女、兒童心理，乃至於民族心理學，陳大齊都有專文或譯述加以剖析，並結合中國當時各種社會階層或性別身分以為例證加以說明。

　　比較特別的是，現今中文橫式書寫，以及書籍橫式編排，都已是生活日常隨處可見，這其中或有受電腦文書處理習慣的影響。然而若從視覺生理以及閱讀心理的角度，如何能夠給予中文橫書一個有力的說明？民初新文化運動人士，亦是陳大齊好友的錢玄同（1887-1939），倡導漢字改革，甚至提議盡廢漢字，改用西方的「蟹行文字」。因茲事體大，意見分歧，因此錢玄同擬從中文橫式書寫先入手。1917 年 5 月，錢玄同在《新青年》第 3 卷第 3 號「通信」上，先發表〈致陳獨秀〉，提出刊物版式上的文字排列，改「右行直下」為「左行橫迤」的想法。陳獨秀、胡適等人表面認同卻不甚積極回應，錢玄同不放棄「橫排—左行橫迤」這一個構想，於是 1919 年邀請陳大齊在《新青年・通信》，以唱雙簧方式，先由錢玄同在〈致陳大齊〉信的前段，陳述中文宜改為橫寫的理由，大意是：其一，方便嵌進西文；其二，用橫行可免墨水汙袖；其三，排橫行加標點符號比較便利。以上這些理由純粹是從應用方便性來說。因方便性仍屬主觀認知，各人感覺不同，故錢玄同在通信欄邀陳大

齊，以「生理學」方面知識，予以強化該倡議之可行。[5] 陳大齊於是從
視覺的移動作用及原理指出：

> 照生理學上說起來，那眼球的各部分並不是有同樣的視力。網
> 膜的正中點看東西最明白，周圍的部分都不及它；這一點叫做
> 中央小窩（Fovca）。因為中央小窩看東西最明白，所以我們看
> 東西的時候，總要把它的像映到中央小窩上去……我們既注意
> 了一件東西，要去看他，總想把他的全體看明白，而中央小窩
> 又小，容不下很大的物象。這個時候，我們必運移眼球，次第
> 的看過去，纔能把這東西全體看見。……身體上無論那一部分
> 的運動，都靠著筋肉的伸縮；眼球也是如此。眼球所靠的有六
> 條筋肉——內直筋，外直筋，上直筋，下直筋，上斜筋，下斜
> 筋。眼球往左或往右的時候，只要有一條筋肉作用，便能發生
> 運動的現象。至於往上或往下的時候，單有一條筋肉作用，不
> 能發生作用……單有一條筋肉作用，用力較小；用力小，自然
> 是較為安逸，較為容易。要兩條筋肉共同作用，用力便大；用
> 力大了，自然是較為勞苦，較為困難。[6]

以眼球與筋肉之交互作用運移，來比較說明直排閱讀的費力以及橫排閱
讀的輕鬆省力。然而或有人問：「為什麼讀書人會覺得直讀並不覺得比
橫讀困難呢？」陳大齊回答是因為舊讀書人「直讀已經成了習慣」，因
此久慣不覺累，然而終究橫排還是比較符合生理的經濟效益。

　　除治學研究外，陳大齊本身就是一位著眼於「事實」實證而非停
留在「空疏」玄談的篤行實踐者，換句話說，他關懷現實的歷史世界，
他對思維邏輯的著重，是要在真實的人／我、物／我之間建立名分秩序

5　錢玄同：〈中文改用橫行的討論〉，《新青年・通訊》第 6 卷第 6 號（1919 年 11
　　月），頁 108-110。
6　陳大齊：〈中文改用橫行的討論〉，頁 111。

及相應的關係處理。也因為其重視人在歷史世界的活動參與，清代中葉以降的「經世致用」之風亦可從其治學及作為當中看出。他並非知識象牙塔裡的學者，我們可以看到他的許多著述，原先的「發聲」現場，是在許多的學會、研習營之講義、講綱，或是講後紀錄，經修訂後成為專書。如《迷信與心理》一書當中所收錄的〈現代心理學〉長文，即是 1918 年多次在學術講演會的演講內容。這種由「言」及「文」的路徑，相應於晚清民初世變之下中國的歷史現場，「啟蒙」之價值不言可喻。又如 1927 年 4 月 30 日北京大學舉辦「辯論競賽大會」，分東城、西城兩組舉行，東城組在北大三院大禮堂、西城組則在女師大大禮堂，蔚為當時學生課餘之盛事。當時辯論題目為「現任中國教育應當黨化」，然而在宣傳中特別強調「所謂黨者，即團體之謂，並不指任何政黨」並指明兩會此次辯論，「全為學術之討論、求真理之發現」，所聘請的評判員之一，即為以邏輯思辨享譽學界的陳大齊。[7]換言之，他的「思維術」不僅運用在學理，且從學理走向應用實踐。如目前可以發現陳大齊最早的著述，為《審判心理學》講義，這是 1915 年供「司法講習所」作為教材使用之講義，只有部分內容刊載於《司法講習所講義錄》第 1 卷第 2 期（1915 年），餘則從未出版。在司法從業人員面對犯人，證人等審問的實務經驗當中，陳大齊總是提醒某些假設、推理，在平時狀態「也許不可能」，但如果在某些特殊情況之下「則為可能」。陳大齊說道：

> 是故薄暮之際，極目遠眺，紅者已昏不可見，而青色者猶歷歷可辨。今假有陳述者，言於薄暮之際遇見某人，但見其青色之袍子未見其紅褐色之馬掛，則其言可信；若反其言，則其言必偽。至於日暮時各顏色消滅之順序，實用上甚為重要，惜尚未有精確可信之研究耳。……

7　〈北大之辯論競賽大會〉，《大公報天津版》，第 2 版，1927 年 4 月 14 日。

關於聲音之傳導，有不可不注意之事實。當聲音傳播之時，若有固體之物為之傳導之媒介，則聲音可達之距離較平時遠甚。故吾人若藉固體之物以聽，則雖遠方之音，平時所不能感覺者，亦能感覺之。例如馬之馳驅聲或大砲之轟聲，雖在遠處，非吾人所能聞。吾人若側臥於地，以耳屬地，則聞之較易。是故若有證人自稱嘗聞遠處之聲，而當聞之之時嘗屬耳於地，或嘗屬耳於垣，則聲音雖遠，其所言有足信也。[8]

　　換言之，陳大齊反對預設一套放諸四海皆準的普遍公式或定律，來作為衡量千變萬化的現象世界。推理本身來自於現實世界的觀察，根據經驗事實以做衡斷，不能以恆常之理就遽以否定、輕忽萬變之事端，需佐以科學實證以為參考。如果說，傳統士人受「經也者，恒久之至道，不刊之鴻教也」之影響，常執泥於常理而不知依於事實做判斷，陳大齊顯然在傳統接榫現代社會的經驗世界中，找到了因應各種不同生活情狀而存在著各種「可能」、「變通」的思維及理解，從某種意義來說，這正是史家探索歷史世界之「變」而求貫通的鮮活思維型態。

　　除了心理學及邏輯學，另外因明學研究也是陳大齊一項極為亮眼的成績。因明是古印度的邏輯學說，「因」是指推理的根據、理由，「明」是知識、智慧，所以因明是通過宗、因、喻等所組成的論式，進行推理、證明的學問。從思想上說，因明包括邏輯學和認識論。因明的邏輯學部分是為了研究邏輯規則和邏輯錯誤；認識論（又稱「量論」）部分則是研究現量和比量，即直覺知識和推理知識。[9]

　　陳大齊是現代邏輯研究的巨擘，是民國因明研究中邏輯學派的代表人物，其著述從抗戰的 1930 年代又延續至 1949 年來臺以後，其主要因

8　陳大齊：《陳百年先生全集‧心理學卷》（臺北：政大出版社，2024 年），頁 32、35。

9　釋妙靈：〈真如‧因明學叢書總序〉，釋妙靈主編：《真如‧因明學叢書》（北京：中華書局，2006 年），頁 1。

明著作有三部：第一部是《因明大疏蠡測》，《因明大疏》是佛教因明名
著《因明入正理論疏》的簡稱，唐代玄奘弟子窺基（632-682）所撰，
陳大齊對此書做了梳理，於 1938 年在重慶出版；另一部是《印度理則
學》，1952 年出版，用通俗語言對因明義理進行系統介紹，並與邏輯進
行比較；第三部是《因明人正理論悟他門淺釋》，該書原為陳大齊 1960
年代在國立政治大學的講稿，後由臺灣中華書局出版。這三部書奠立了
陳大齊在印度因明學梳理及闡釋方面重要的學術地位。大陸近二十年來
編了多套民國學人的因明學著述，都不約而同正視陳大齊是如何以其擅
長的西洋邏輯學知識背景，會通鎔鑄中國、西方、印度三個古老文明及
近代邏輯學的相關內容。北京中華書局由釋妙靈主編的《真如・因明學
叢書》，其中就收錄《因明大疏蠡測》（2006）、《因明入正理論悟他門淺
釋》（2007）二書，歸於「因明學經典研究類」。而後 2015 年由沈劍英
總主編的《民國因明文獻研究叢刊（全 24 輯）》，其中第 13 輯以《陳大
齊的因明著作（一）》為書名，收錄《因明大疏蠡測》；第 14 輯《陳大
齊的因明著作（二）》，則收錄《因明入正理論悟他門淺釋》、《印度理則
學》，由北京知識產權出版社於 2015 年完整出版陳大齊三本因明學著
作。此外，上海復旦大學宗教系湯銘鈞教授主編，2024 年 4 月由上海
中西書局出版之《漢傳因明文獻集成初編》，因一些特殊原故未能收入
陳大齊這三本因明著述。在〈緒論〉中，湯教授特別加註指出：「未能
將陳大齊先生的三種因明著作……收錄進來，是本叢書的一大遺憾。筆
者期待將來能有機會集中呈現陳先生的這三種著作。」[10] 由大陸近二十年
三大套有關因明叢書的編纂來看，此領域專家一致都正視了陳大齊在印
度因明學的高度成就。以大陸研究因明的重要學者鄭偉宏為例，他曾指
出：

10　湯銘鈞主編：《漢傳因明文獻集成初編・緒論》（上海：中西書局，2024 年），頁
　　34。

漢傳因明有過兩次高潮。第一次發生在唐代……第二次高潮
發生在五四以後三十年。這一時期，按照中國邏輯史的發展特
點，可以稱為現代時期。現代因明研究的代表人物為呂澂和陳
大齊。……呂澂的因明研究是得力深通佛典、廣研諸論，充分
利用梵、漢、藏文資料，從而使漢傳因明別開新生面的話，那
麼可以說陳大齊的因明研究是以邏輯為指南，在因明與邏輯的
比較研究上作出了超越前人的突出貢獻。他們揚己之長，各領
風騷，……呂澂的不足又恰恰為陳大齊所彌補。[11]

　　此外，對於抗戰時期艱困環境下，陳大齊猶能完成《因明大疏蠡測》一
書，鄭偉宏也讚譽說道：「本書作者嫻熟地運用傳統邏輯的工具，研究
了因明的體系，探幽發微，闡發宏富，內容博大精深，處處顯示出作者
的創見，具有重要的學術價值。可以說，在邏輯與因明的比較研究方
面，至今沒有一本著作可以與之媲美。」[12] 誠哉斯言，陳大齊因明著述的
學術貢獻是不可磨滅的。

　　陳大齊的身體力行，親躬實踐，除演講授課外，還包括在行政工
作上操持系務、校務，1930 年代以降，更在考試院為國家行政體系管
理，訂下完善的制度及運作規範，育賢掄才無數。即使 1949 年來臺以
後發揚儒學，出任孔孟學會理事長，他也在大陸彼岸「反右」、「文革」
等摧殘傳統文化之際，為維護中華文化及倫常秩序而努力。其一生辦
學、從政、講學、著述等，可以說是「高明博厚」。[13] 陳大齊就讀於日本
東京帝國文科哲學門時，受到心理學家元良勇次郎（1858─1912）的
影響，即選心理學為主科。元良勇次郎 1903 年在日本建立第一個心理

11　鄭偉宏：〈陳大齊對漢傳因明的卓越貢獻──《因明大疏蠡測》評介〉，《法音》第
　　2 期（1988 年 2 月），頁 17。

12　鄭偉宏：〈陳大齊對漢傳因明的卓越貢獻──《因明大疏蠡測》評介〉，頁 17。

13　陳治世：《陳百年先生文集（第一輯）‧序》（臺北：臺灣商務印書館，1987 年），
　　頁 1。

學實驗室；陳大齊 1914 年於北大任教後，亦草創了中國第一個心理學實驗室。比陳大齊稍晚，於 1916 年進入北大擔任校長的蔡元培（1868-1940），曾在德國萊比錫親聆威廉・馮特（Wilhelm Wundt，1832-1920）的哲學和心理學講課，學習過實驗心理。事實上，陳大齊的老師元良勇次郎曾努力將馮特及詹姆士（William James，1842-1910）的理論引進日本。1879 年馮特在萊比錫大學創立世界上第一個專門研究心理學的實驗室，此成為心理學被視為是一門獨立學科的標誌，馮特也被視之為實驗心理學之父。因此蔡元培擔任北大校長期間，對陳大齊所經營的心理學實驗室亦相當重視。北大心理實驗室能逐步壯大規模，蔡元培功不可沒。在《北京大學日刊》1921 年 12 月 7 日第一版，曾刊載陳大齊給校長蔡元培的信，當時陳大齊人在歐洲德國柏林大學進行研究，信中特別提到：

> 現時研究心理學，無論是論理方面或是實用方面，都不能不借助於實驗。北大所有儀器實在太少，要想藉此作實驗研究實在是不可能的。現在馬克匯價大落，乘此機會，能匯款出來購儀器，所費不巨，而所得一定很多。心理儀器中，如實驗感覺的儀器不但研究心理學所必不可缺。就是研究生理學，恐怕也少不了此項儀器。則此儀器將來生理學系成立後可與心理實驗室公用。[14]

陳大齊即使個人在德國進行參訪研究，然亦心念北大設備之闕漏不足，提出「一石二鳥」共用之議，祈請校長蔡元培覆函決定。除關切心理實驗儀器不足外，另在德國知悉官（公）費學生並未如期接獲「監督處」匯款，積欠學費，生活陷入窘境。且在柏林之留德學會對中國出版書刊亦無多餘經費購買獲取，只得募捐，陳大齊期盼蔡元培「務懇先生本

---

14 〈本校教授陳大齊致校長函〉，《北京大學日刊》第 911 號，第 1 版，1921 年 12 月 7 日。

提倡學術之熱忱，囑校中檢已出版者，即日寄下，未出版者，亦於出版後，陸續寄下。」其想方設法為學生謀取福利，俾便專心向學，關懷學生之情，實溢於言表。

陳大齊為浙江海鹽人，無獨有偶的，海鹽地區在近現代中國文化界也出現了另一位重要名人，即上海商務印書館重要的掌舵者張元濟（1867-1959）。張元濟在清末民初可以說是教育文化界的意見領袖，光緒二十七年（1901），張元濟投資上海商務印書館並主持編譯工作，另倡議設立編譯所，聘蔡元培為所長，主持編定教科書，張元濟與蔡元培俱為前清翰林，兩人一生交誼深厚、互為支援，而陳大齊支持年紀稍長的鄉賢張元濟也不遺餘力，陳大齊的《心理學大綱》為中國第一本大學心理學教材，當時即由上海商務印書館於 1918 年 10 月出版。其後陳大齊陸續翻譯（德）馬勃（K. Marbe）所著《審判心理學大意》，以及（德）高伍柏（R. Gaupp）所著《兒童心理學大意》，亦分別於 1922 年及 1925 年交由商務印書館出版。

1928、1929 年左右，北京大學因軍閥干預學務，以及改制、改名等引發學潮，陳大齊臨危受命主持校務，於 1929 秋任北大學院院長，1930 年任北大代理校長，在北大風波之中的蔡元培與陳大齊，同心協力平息了諸多紛擾，為當時中國最高學府奠立了後續發展茁壯的基礎。蔡元培擔任北大校長第一次任期為 1916 年 12 月開始，這是大家所熟知蔡元培如何含納新舊派學者，開啟北大自由學風的貢獻；第二次任期為 1929 年 9 月開始，但蔡元培因接掌中央研究院並未實際到任，而由陳大齊代理校長。我們若查考當時的電報，就可以看出蔡元培對於陳大齊的高度信任及充分授權。例如北大評議會致電南京教育部：「北平大學校長辭職，現制勢難維持，北大亟應恢復獨立，直隸鈞部。北京大學名稱係有歷史關係國際信用，昨日陳百年先生等應蔣主席之召，因陳述恢復

北京大學原名，已蒙贊許。敬請鈞部主持，迅予公布。」[15]；另，1929 年
8 月 8 日國立北京大學學生會致陳大齊函中也說道：「北大過去學年雖
告結束，而在新舊交替之間，種種事宜，實須待人負責辦理。先生在校
多年，愛校之誠，素為本會所深悉，年來努力復校，更為同學所欽仰，
敢請先生暫行繼續維持校務，以免校基發生動搖，不勝銘感之至。」[16]事
實上，當時學生原屬意蔡元培回任北大校長，但蔡元培已於 1928 年 4
月接任南京中央研究院院長，無法北上。在教職員人心浮動，局勢動盪
之際，蔡元培最能信任者即為陳大齊。期間我們可以看到陳大齊亦企盼
蔡元培接掌北大，懇辭代理，[17] 維持其一貫謙沖淡泊之胸懷。然蔡元培
以公開信表達對於陳大齊的支持及肯定，在 9 月 2 日〈致教職員函〉中
蔡元培說道：「元培謹與諸先生約九個月以後、若非有特殊阻力，元培
決當回校，隨諸先生之後，努力於北大之發展，不敢自棄。最近九個月
敬請陳百年先生負責進行，尤望諸先生共同致力，元培亦當知無不言，
以備諸先生之採擇。」[18]

　　陳大齊除了 1930 年前後於北大校園動盪之際，代理校務安定人
心，五四前後任教於北大，亦培養出一批卓越的學生，例如 1930 年
代中國著名心理學家，任職於中央大學擔任心理系主任的潘菽（1897-
1988），即為陳大齊弟子。另外日治時代臺籍知識菁英蘇薌雨（1902-
1986），曾至北大哲學系就讀，亦為陳大齊課堂學生。蘇薌雨戰後臺灣
光復隨國府接收返臺，任教於臺大哲學系，並於 1949 年在老師陳大齊
的協助下，創立了臺灣大學心理學系並擔任系主任二十年。其實，陳大
齊對於戰後臺灣高等教育的發展及貢獻，還不僅此一樁，最為人所熟知

15　〈恢復北京大學問題〉，《大公報天津版》，第 5 版，1929 年 7 月 11 日。
16　〈北京大學獨立發表後〉，《大公報天津版》，第 5 版，1929 年 8 月 9 日。
17　南京教育部 8 月 14 日致電陳大齊函：「北京大學陳百年先生鑒：來電悉，北大恢
　　復伊始，諸賴毅力維持，切盼繼續擔任，毋再固辭。」〈教部挽留陳大齊〉，《大公
　　報天津版》，第 5 版，1929 年 8 月 15 日。
18　〈蔡元培對北大師生表示〉，《大公報天津版》，第 5 版，1929 年 9 月 13 日。

的應該是 1954 年出任政治大學首任校長。或有人會認為陳大齊與政大的結緣，是源於此一校長職務，其實不然，早在 1932 年，陳大齊就在政治大學的前身「中央政治學校」協助授課。《理則學大意》作為當時「中央政治學校公務員訓練部高等科講義」，雖未正式出版，但也收入此次《全集》當中。到了抗戰時期的 1942 年，陳大齊繼續為中央政治學校公務員訓練部授課，《實用理則學八講》在《理則學大意》的基礎上做了相當程度的修訂，於 1943 年由上海中國文化服務社出版。

　　陳大齊早年在科玄論戰方興未艾之際，曾在哲學系演講，提出「道德判斷的遍效性」，指出研究學問的審思視點，應依對象劃分成「事實」與「價值」兩個層面，分別採「認識」或「衡量」的思維方法做區分。「事實認識」是科學方法的；「價值衡量」是人生哲學（玄學）的，二者性質分殊。且「所謂遍效性不是事實上的統一，是一個判斷所要求的遍效性，凡一切判斷都有遍效性。」[19] 如此對各學理進行考察，才有助於學思性質的釐清與歸類。陳大齊九十歲時所親撰之〈耕耘小穫〉，自述為學的兩項基本觀點說：「所持基本觀點，可以約為二事：一為思惟對象有事實與價值之分，其性質不同；二為真與善不定一致，但欲致善，必先致真。」[20] 他認為科學雖以經驗事實為依據，但是仍要確實分辨真妄，避免誤以妄相為事實，作出錯誤判斷。還提出「求真」與「求善」這兩項命題，屬於不同類的概念，因為事實判斷有真偽之分，價值判斷則有善惡之分，若不同層面的判斷規律相互混同，則真與善、偽與惡，就可能不一致，故思維問題應避免混同真偽與善惡的概念，這可以說是他治學的基本準則。

　　「求真」與「求善」雖屬不同類的概念，但並不妨礙陳大齊一生在

19　陳大齊：〈略評人生觀和科學的論爭：兼論道德判斷的遍效性〉，《東方雜誌》第 20 卷 24 期（1923 年 12 月），頁 25。
20　陳大齊：〈耕耘小穫〉，《陳百年先生文集（第三輯）‧理則與倫理講話》（臺北：臺灣商務印書館，1994 年），頁 301。

學問上「求真」，在行為上「求善」的圓滿體現。就如同現實生活當中，許多思想鮮活，行為保守之人，其並非身心不能協調，而是心中並非以「自我利益」為核心，處處能為他人設想，顯現其包容的倫理關懷。思想鮮活正顯其開明接納他者；行為保守即不以我者（個人）私欲傷及他人。民國初年新思潮帶來的諸多「解放」運動，包括挑戰批判傳統「貞操」概念，以及對於一夫一妻展開質疑。1925 年 1 月《婦女雜誌》刊登「新性道德專號」，包括章錫琛（1889-1969）的〈新性道德是什麼〉、周建人（1888-1984）的〈性道德之科學的標準〉都挑戰了中華文化傳統的價值觀。[21] 章錫琛認為：「性的道德，完全該以有益於社會及個人為絕對的標準；……因此甚至如果經過兩配偶者的許可，有了一種帶著一夫二妻或二夫一妻性質的不貞操形式，只要不損害於社會及其他個人，也不能認為不道德的。」[22] 對於思想解放的前衛者而言，宣傳「新性道德」某方面即在於促進婦女運動的發展。然而 1925 年這個專號及相關論點，卻也迎來諸多正、反面意見、掀起論戰。尤其陳大齊與章錫琛、周建人之爭辯最為激烈。[23] 章錫琛也因社會輿論壓力從商務印書館去職，另創「開明書店」。在陳大齊看來，「新性道德」是一夫多妻制的新護符，是一種縱欲。多妻多夫必然與縱欲有關，即使不是縱欲的結果，也可以是縱欲的原因。縱欲與禁欲一樣都是不道德，破壞了戀愛的

21　章錫琛：〈新性道德是什麼〉，《婦女雜誌》第 11 卷 1 號（1925 年 1 月）；周建人：〈性道德之科學的標準〉，《婦女雜誌》第 11 卷 1 號（1925 年 1 月）。

22　章錫琛：〈新性道德是什麼〉，頁 6。

23　相關文章包括陳大齊：〈一夫多妻的新護符〉，《現代評論》第 1 卷 14 期（1925 年 3 月 14 日）。章錫琛：〈新性道德與多妻：答陳百年〉，《現代評論》第 1 卷 22 期（1925 年 5 月 9 日）。周建人：〈戀愛自由與一夫多妻：答陳百年先生〉，《現代評論》第 1 卷 22 期（1925 年 5 月 9 日）。陳大齊：〈答章周二先生論一夫多妻〉，《現代評論》第 1 卷 22 期（1925 年 5 月 9 日）。章錫琛：〈駁陳百年教授「一夫多妻的新護符」〉，《莽原》第 4 期（1925 年 5 月 15 日）。周建人：〈答「一夫多妻的新護符」〉，《莽原》第 4 期（1925 年 5 月 15 日）。章錫琛：〈陳百年教授談夢〉，《莽原》第 7 期（1925 年 6 月 5 日）。周建人：〈再答陳百年先生論一夫多妻〉，《莽原》第 7 期（1925 年 6 月 5 日）。

專一性並導致社會危害。他說道:「因為有了多妻,即容易有縱慾的機會,假如多妻以後,仍要保持適當的性欲,則不能不求為妻的有過度的禁慾,以資調劑。縱慾是不道德的,禁慾也不是理想的。所以我的偏見以為要保持適當的性欲,最好還是一夫一妻。……中國現在的家庭大有改革的必要,而我的偏見以為嚴格的一夫一妻制的小家庭最合理想。」[24]陳大齊還採取心理學的情緒知覺理論來作進一步解釋,他將愛情解釋為一種「佔有的」且「專有的」欲望:「既然愛了,總想據為己有;寬宏大度願與他人分愛的,世上恐未必真有其人。愛而未能據為己有,或既據為己有而有他人起來攫奪的危險的時候,便不免起嫉妒的念頭,生爭鬥之行為。……其影響所及,足以擾亂社會的安寧秩序。」[25]

　　在陳大齊所著重的邏輯思維之中,「名分」與「秩序」是非常重要的概念,且推理之於社會,經驗事實中的秩序安頓,即是名理得以協調而非處於失序的狀態。觀察陳大齊早年作為五四新文化浪潮的舵手之一,從批判傳統、帶動新觀念,到 1949 年以後回歸孔孟儒學的價值倫理維護及闡釋,或有人認為其從文化激進的改革者變成保守的文化擁護者,其實不然。若從其面對的歷史世界及思潮變遷來說,民國肇建到 1920 年初,需要的是對於傳統迷信的駁斥,建立科學信仰的理性思辨時期,因此〈闢靈學〉、〈心靈現象論〉……等文章,在他看來是讓社會能從「非理性」的盲從走向理性化「除魅」(disenchantment)的現代化進程。然而所謂「自由」的爭取,並非以自我欲望的恣肆放縱而導致他者的傷害。進步及理性的社會,應該是以能帶動彼此雙方和諧關係的秩序運作為根本。到了 1930 年代中期,經過五四的反禮教,男女關係及欲望更形開放自由,社會秩序及倫常關係若無適當的「名分」維繫予以安頓,則「失序」可能換來的是欲望的失當及理性的湮滅,這也包括為何在 1949 年以降,面對中國大陸泯除人性之階級鬥爭,社會動盪、倫

24　陳大齊:〈一夫多妻的新護符〉,頁 8。
25　陳大齊:〈一夫多妻的新護符〉,頁 7。

常失序之際，陳大齊會以傳統儒家所強調的「名分」與「秩序」來作為群倫關係各種「類」屬的安頓。陳大齊在《荀子學說》中對於「類」字有許多精闢的闡釋：「同實即是同類的事物，異實即是異類的事物。同類的事物必須呼以同一名稱，異類的事物必須呼以另一個名稱。」[26] 其認為各種名、實關係的組成，無不是為了走向一大清明的思維及有秩序的關係對待而存在。

　　陳大齊對於「一夫一妻」的捍衛，不僅是學理的命題，且是一生躬親奉行的倫理價值。胡適之過世時，蔣中正曾親撰「新文化中舊道德的楷模，舊倫理中新思想的師表」之輓聯，用以概括胡適一生行誼。若以作為適之先生好友的陳大齊來說，此兩句話亦完全可以套用在其身上。然而若再細較兩人差異，所謂「舊道德的楷模」可能在陳大齊身上更能貼合。比起胡適近年「情史」史料的不斷發掘及熱議，或是相較於政大百年樓前後兩棟大樓的主人（戴季陶、張道藩），甚或衡諸民國同時期的社群友朋，以上諸多名人學者之風流韻事，在陳大齊一生當中從未出現。陳大齊的感情世界始終專一並以之經營家庭，對其相守一生的夫人查漪雲女士用情甚深，1976 年夫人過世，陳大齊時年已高齡九十，魂縈夢牽之際，在兩三年間寫下諸多手稿，以詩、文表達思念之情。如1976 年 11 月 4 日寫下：

> 我本不信鬼，氣絕魂亦滅；今者思念你，不忍言無鬼。
> 但願真有鬼，人死何足悲；好比移家客，去舊換新居。
> 死別非永別，只是暫相違；幽明雖異域，一葦可通行。
> 我亦風中燭，不耐久吹拂；我視日益晦，我步日益危。
> 我思日益鈍，我體日益頹；相見不在遠，何事盈眶淚。
> 聞道有輪迴，鬼復轉人世；新鬼方報到，未必遽遣走。

26　陳大齊，《荀子學說》（臺北：中華文化出版事業社，1954 年），頁 124。

　　倘奉投生令，亦望遲遲行；交臂若相失，何以慰我情。[27]

如前所述，陳大齊治學強調「科學事實」，科學理性反對鬼神，民國初年西洋靈學會的譯介充斥，另有上海靈學會結合傳統扶乩信仰、催眠術等，透過發行《靈學叢誌》，鼓吹靈魂的顯影及鬼神世界的存在，將西洋靈學視之為「新穎科學」。為此，陳大齊的〈闢靈學〉、〈心靈現象論〉吹起批判靈學信仰的號角，可以說是當時駁斥「偽科學」最有力的專文。[28]陳大齊的批駁並非情緒性的訴諸個人感受及宗教信仰差異，而完全是從心理學之知識及諸多科學實驗的成果，一一點出其中盲點及可能「造偽」之跡。如「乩何以能動，扶者動之也。……誠實之扶者固未嘗自覺其動，然而動之者仍是扶者，不過是扶者之無意識的筋肉動作耳。」[29]當時有自稱研究心理學、哲學的讀者署名「莫等」，投書《新青年》強調認可「攝鬼相」、「扶乩念寫」等為事實，陳大齊則反駁指出：「鬼照、念寫等是事實上沒有證明的現象，我們豈能用那事實上沒有證明的假定做一個前提，依照演繹推理法去證明他們的確實嗎？」[30]然而青年時期反駁鬼神之說的陳大齊，到了晚年為追悼相守一生、相互扶持的摯愛亡妻，冀望能再相會，反倒是「今者思念你，不忍言無鬼」；「但

27　陳大齊：〈念漪雲〉，1976 年 11 月 4 日補錄，政治大學圖書館校史與檔案組珍藏手稿。

28　陳大齊：〈闢靈學〉，《新青年》第 4 卷 5 號（1918 年 5 月）。文中說道：「近日上海有人設壇扶乩，取乩書所得，彙刊成冊，名曰靈學業誌。並設靈學會，以從事靈學之普及。吾所及見者，乃該業誌第一卷第一期，其內容之荒妄離奇，真足令人捧腹絕倒，據該誌所載，所設之乩壇曰盛德壇，由孟軻主壇，莊周墨翟二人為之輔，下置『四秉十六司』，此種說話已屬滑稽之極，而某日『聖賢仙佛』臨壇時，各有題詩，周末諸子居然能作七絕詩，孟軻且能作大草，又李登講音韻，能知 Esperanto（世界語）之發音，此真荒謬，離奇之尤者也。」（頁 370）。另，陳大齊：〈心靈現象論〉，收入《迷信與心理》（北京：北京大學出版部，1922 年），頁 31-122。

29　陳大齊：〈闢靈學〉，頁 372。

30　陳大齊等：〈鬼相之研究〉，《新青年‧通訊》第 5 卷第 6 號（1918 年 12 月），頁 622。

願真有鬼，人死何足悲」，甚至相信佛教輪迴之說：「倘奉投生令，亦望遲遲行；交臂若相失，何以慰我情。」希望將來不要因亡妻投胎而自己甫亡，錯過相會再見時刻。陳大齊的至情至性令人動容，正所謂「情之一字，所以維持世界」。陳大齊的實存生命經驗，家庭關係是一「事實」的存在，而其對此事實的思維及處理，即是在既有的名分之下維繫倫常和諧，安頓生活秩序。家庭角色如此，公職、教育等各領域的名分執掌，其皆能恪盡職守，深獲長官、同仁，乃至於後輩的信任與敬仰，實無愧於「經師人師」之典範及讚譽。

二

　　陳大齊的著作（含印刷出版及手稿）皆已捐贈政治大學圖書館進行數位典藏。其 1949 年以前許多著作幾已絕版難尋。現因大陸北京、上海等民國圖書資料庫的建置，讓些許著作或可以透過資料庫查詢閱覽，但也僅限於學界圖書館有購買者方能取得檢索門徑。此外，大陸有些出版社，將民國圖書予以翻印，或以簡體字重新繕打排版印行。若按出版時間排序，舉例如下：

《因明大疏蠡測》，北京：中華書局，2006 年。

《因明入正理論悟他門淺釋》，北京：中華書局，2007 年。

《論語輯釋》，北京：華夏出版社，2010 年；《論語輯釋（修訂版）》，
　　2016 年。

《孟子待解錄》，上海：華東師範大學出版社，2012 年。

《陳大齊的因明著作（一）：因明大疏蠡測》，北京：知識產權出版社，
　　2015 年。

《陳大齊的因明著作（二）：因明入正理論悟他門淺釋、印度理則學》，
　　北京：知識產權出版社，2015 年。

《心理學大綱》，福州：福建教育出版社，2023 年

　　1983 年陳大齊先生仙逝後，其子嗣陳紹彭先生於 2003 年授權「陳

百年先生學術基金會」全權處理著作財產權事宜。2012 年陳紹彭先生過世，其繼承人及陳紹蕃先生（陳大齊先生次子），於 2014 年與政治大學簽訂贈與契約書，無條件將陳大齊著作文物，併同相關著作財產權等讓與政治大學，相關著作文物現由政治大學圖書館校史與檔案組典藏。因此，上述大陸出版社在未徵得政治大學應允之下，翻印或以簡體字排版了上述書籍。相對的，大陸亦有學者重視版權且熟知陳大齊先生在民國學術史上的重要地位，主動傳來電郵詢問政大文學院是否可以同意收入陳大齊著作。例如早先上海復旦大學宗教系學者曾來訊，希望得到政大授權影印出版陳大齊先生之因明著作，後來因各種「非學術」之因素未能如願，引以為憾，特來函致意。以上可以說明大陸學界近二十年來，開始注意陳大齊的學術成就，並能給高度肯定。目前大陸年輕學子以陳大齊為題，撰寫學位論文者不多，從資料庫檢索僅見兩本碩士論文：冀倩茹《陳大齊的孔孟荀哲學思想研究》（武漢大學哲學學院碩士論文，2007 年）、劉世通《儒家思想的義理詮釋與現代闡揚：陳大齊儒學思想研究》（中國礦業大學馬克思主義學院哲學系碩士論文，2017 年），以上兩本論文都是以 1949 年以後陳大齊對於儒學的闡釋為核心。此外，香港大學亦有一本以英文撰寫的碩士論文，黃展曦（Wong Chin Hei），"Chen Daqi and the foundation of the 'new' psychology in Republican China"（Hong Kong: the Degree of Master of Philosophy at the University of Hong Kong，2011），是著眼於陳大齊與民國心理學的相關探討。在臺灣，亦有兩本碩論：宋育錚：《《孟子待解錄》試解》（高雄師範大學經學研究所碩士論文，2009 年），此是以陳大齊的一本儒學著作進行探討，學術視野稍顯狹隘不足。由於兩岸學子對陳大齊幾乎陌生，或查找資料不易，未能全面閱讀其著作進行探討，因此由本人指導政大國文教學碩士在職專班廖金燕同學，特以《科學與哲學——陳大齊的學思歷程與近代中國學術》為題，於 2023 年 6 月通過論文口試取得學位，這是兩岸第一本以陳大齊一生學術歷程及治學特色為核心，全面性的研討陳大齊之學位論文。金燕同學以六十耳順之年入碩班研

讀，「上窮碧落下黃泉，動手動腳找東西」，廣為蒐羅文獻且整理陳大齊先生的著述，將專著及報刊文章依時代排序作為論文附錄，提供學界參考，同時也為後續《陳百年先生全集》的文獻蒐羅，奠立了初步的基礎。金燕辛苦撰述有成，堪為陳校長知音，也深獲陳校長家族後人的讚許。

　　陳大齊著述逾一甲子，曾出版三十餘冊專書，然而散見在報刊尚未集結整理成冊之文章仍有上百篇，若加上未曾蒐羅過之書信、創作詩文等手稿，以及演講紀錄、訪談……，加上從民國學人著述中摘選出與陳大齊相關之交誼活動、學術辯難等史料，凡此都需廣泛蒐羅、整理、重新排版、校勘，使其著述能完整面世。2023 年 8 月在獲得政大文學院曾守正院長、政大出版社廖棟樑總編輯的支持，以及陳百年先生學術基金會、政大圖書館等各單位同仁之協助，《陳百年先生全集》的編纂工作正式啟動。除了將已出版之著作重新打字排版，並加以校訂；另，其遺稿及相關文物也予以整理、拍照建檔。對於陳大齊 1949 年以前於大陸之著作或史料，設法收集完整，臺灣部分除政大外，孔孟學會或其它學術機構、團體若有相關文獻，亦廣為蒐羅。全集的整理編輯，以「求全存真」的原則進行，分批整理。2024 年為慶祝政大在臺復校 70 週年校慶，先開始編纂出版《全集》中的兩冊，而完整的全集內容則在 2027 年政大百年校慶問世。一方面藉以紀念陳大齊之學術成就，並為政大校史及民國學術史增添光采；另一方面相信《陳百年先生全集》的出版，亦可以帶動學界（包括政大師生）後續研究，提供海內外學人作為參考依據，發揮其學術價值。

　　《陳百年先生全集》共分七卷，規劃說明如下：

　　第一卷「哲學、理則學卷」：包括其 1949 年以前授課講義編纂而成的《哲學概論》（1918），以及在其它學校、社團講授邏輯思維之《理則學大意》（1932）、《理則學（思維術）》（1939）、《實用理則學八講》（1943）。另外，來臺後之《實用理則學》（1953）、《名理論叢》（1957）、《是非與勝負》（1970）、《大眾理則學》（1978）、《陳百年

先生文集（第三輯）‧理則與倫理講話》（此書第一編「理則部分」，1994），乃至於其它散見之報刊專文，或收入一般文集有關哲學、理則學者，皆編入此卷。

　　第二卷「心理學卷」：包括目前可見陳大齊最早講義著述《審判心理學》（1915）；中國第一本大學心理學教科書《心理學大綱》（1918）；還有針對社會宗教心理研究及介紹現代心理學的《迷信與心理》（1920）等。

　　第三卷「因明學卷」：包括抗戰期間對於漢傳因明學經典梳理所完成的《因明大疏蠡測》（1938），以及 1949 年來臺後所完成之《印度理則學》（1952 年）、《因明入正理論悟他門淺釋》（1970）。其中《因明入正理論悟他門淺釋》一書，是在政大研究所授課，作為學生研究方法訓練之用。陳大齊 1970 年在該書〈序〉中自述：「本書原屬一部講義，約莫寫於九年或十年以前。當時在國立政治大學研究所任課，與同學們研究孔子思想與孟子思想。同學們對於研究方法，極為注意。有人且於既經習得的理則學知識以外，希望知道些因明的義理，以供參考。為了滿足此一部分同學的希望，乃開設因明一課。」[31]

　　第四卷「儒學卷」：此部分主要以陳大齊 1949 年來臺後的大量儒學著述為核心，包括出版專書，期刊論文、報刊專文、講義等。舉其大者，依序包括《孟子性善說與荀子性惡說的比較研究》（1953）、《荀子學說》（1954）、《孔子學說論集》（1958）、《孔子學說》（1964）、《與青年朋友們談孔子思想》（1967）、《孟子的名理思想及其辯說實況》（1968）、《論語臆解》（1968）、《淺見續集》（1973）、《孟子待解錄》（1980）、《論語選粹今譯》（1981）、《孔子言論貫通集》（1982）、《陳百年先生文集（第一輯）‧孔孟荀學說》（1987）、《陳百年先生文集（第二輯）‧論語輯釋》（1990）等。

31　沈劍英主編：《陳大齊的因明著作（二）：因明入正理論悟他門淺釋、印度理則學》（北京：知識產權出版社，2015 年），頁 15。

　　第五卷「譯著卷」：在民初新文化、新思潮的學術背景下，陳大齊透過譯述，直接引進介紹了西方邏輯學、心理學方面的重要著作，另也擔任其後輩學生翻譯西方著作的審訂工作。以陳大齊的譯著來說，主要有三本：（德）馬勃（K. Marbe）著《審判心理學大意》（1922）、（德）高伍柏（R. Gaupp）著《兒童心理學》（1925）、（德）格拉烏（Kurt Joachim Grau）著《邏輯大意》（1927）等。

　　第六卷「雜文卷」：此卷以陳大齊已出版專書文章，或繼續廣搜所得一些散見於報刊之專文為主，其中或討論學術；或分析時事；或對社會風氣、公務人員操守之勉勵期許，更有家國民族情懷的顯露。包括《平凡的道德觀》（1971）、《立身之道》（1972）、《淺見集》（1968）、《陳百年先生文集（第三輯）・理則與倫理講話》（此書第二編「倫理講話部分」，1994）等。

　　第七卷「別卷」：此卷以陳大齊家屬捐贈給政大典藏之文物，包括未曾出版的手稿為主，其中有集外集（詩、散文、序跋、題詞、演講記錄、書信、日記）；附冊（生平大事、學術年表、史料、索引、照片；友朋及學生回憶文章等）等。書信部分如《胡適遺稿及秘藏書信》當中，就發現陳大齊寄予胡適十通信札。另，史料部分包含《劉半農書簡彙編》、《錢玄同日記》等，都有發現陳大齊與新文化運動人士交往活動的身影。又，民國報刊有諸多陳大齊在考試院任職時所發公牘、頒佈法令等，都是重要文獻史料，散見於各處，也都收錄於此卷。

　　以上各卷安排統一體例，在內文開始前，先置有「編校說明」，以說明繕打版本及校訂情形。再有專家學者針對該卷所撰寫之〈導讀〉，以引導讀者對該卷內容有所掌握、明瞭陳大齊著述的特色，以及在學術史上之承繼、影響，及其帶來的學術價值與貢獻等。

　　《陳百年先生全集》遵循『求全存真』的宗旨，大致具有以下特點：

一、收錄務求完整：《全集》中除了收錄陳大齊已出版之專書，進行重新編排，校訂勘誤以外，還增補載於報刊的文字，以及許多未曾刊

印的手稿及講義、序跋等。陳大齊早年留學日本，是否有海外之著述，也需留意考察。另外，陳大齊寄予友人之書信，基本上並無抄本留下，因此必須列出其不同時期之工作及交遊社群，從他人留存書信中找到陳大齊的書信原件。又，日記的整理也是一項重點，可以勾勒其學術著述背後的思路進程，或生活日常之見聞、交遊活動等。

二、內容務求可靠：收錄著述均經嚴格甄別，釐清各版差異，擇其較優者繕打排版刊印。另，陳大齊不少著述曾多次刊印，其中部分內容或有重疊、拆分而改名另刊，此皆需要詳細比對校訂。又，許多報刊文字或有模糊不清，或是陳大齊手稿原件之「行草」字跡，皆需請專人辨識，務求精確。

三、點校務求準確：目前可見陳大齊最早的著述為《審判心理學》，該書為 1915 年之講義，當時未有新式標點，因此需重新加入標點斷句。另，若手稿繕打也需特別仔細分行、分段，並予以標點符號及文字的校對，若有訂正手稿訛誤，也需加註說明。

四、編排務求合理：各卷設定主題明確，因此原刊書籍或有主題多種合為一冊者，於全集中重新打散，依主題歸類整併，性質相近者合刊，並於「編校說明」中載明合刊理由以及標示原刊出處。「別卷」收陳大齊演講記錄，多係由他人筆錄，另或有友朋、學生之回憶文章，以「別卷」處理以示與陳大齊本人文字之區別。

五、閱讀務求便利：陳大齊早年著作，迄今多已近百年，字跡或有模糊、排版字體極小、標點句讀不甚清晰之處。另，早年用字遣詞距今有些亦有差異，以上都可能導致閱讀不便。今《全集》出版重新編排點校，輔以美觀設計，務求能讓讀者閱讀便利，另，每一卷之前有〈編校說明〉及〈導讀〉，敘述該卷內容特色，以便讀者參考。若有原文用字遣詞改成現今慣用詞彙，亦會在〈編校說明〉中指出。

出版《陳百年先生全集》的意義在於有系統的收錄其研究及著作，

彰顯陳大齊的學術地位及貢獻。由於其散見著作被兩岸不同出版單位印行發售，字體編排不一且無系統分類，因此整理學術著作年表，並將其研究著述編纂成《全集》印行，有助於為其留下的著作梳理脈絡、統整各版本，並進一步成為研究陳大齊學思及民國學術史、思想史，乃至於掌握相關文化思潮背景之主要參考資料。此外，收集陳大齊於北京大學及考試院工作的相關資料，以及跟當時著名之五四文人學群的書信往來，亦能彰顯其於民國學術界的重要地位。本《全集》除就本校圖書館藏書及典藏文物進行整理，亦設法利用不同管道收集大陸及海外之著作，冀能讓《全集》之出版愈趨完備。

　　《陳百年先生全集》得以出版問世，係由眾人之力協助而成，其中政大文學院曾守正院長及出版社廖棟樑總編輯的鼎力支持，是此《全集》出版得無後顧之憂的最堅實後盾。其次，文學院趙瑞芬秘書、出版社林淑禎助教、圖書館校史與檔案組榮予恩組員，都提供了許多庶務或編排方面的協助。另外，《全集》的資料蒐羅整理及校對等，難度頗大，幸得政大中文研究所博士生周玉芬、葉霑的襄助，謹此深表謝忱。

凡例

周志煌

一、《陳百年先生全集》依「求全存真」的原則進行整理，廣搜手稿、書籍、報刊、圖像等，若確有證據為百年先生文稿而原刊未署名，則收錄並於該冊首〈編校說明〉或篇首加註腳說明。

二、全書按主題分卷編排，每卷首冊都有〈導讀〉對該卷主題及收錄文章做總體介紹；每一冊皆有〈編校說明〉，就該冊內文（含圖像）出處、版本、時間，以及校對原則等加以敘明。

三、陳百年先生著作之繕打編排，一般原則以已出版之圖書，較為清晰且版本較後已經勘誤者為底本；但若印刷文本與手稿文字有所出入，經核對確屬原來刊印訛誤者，則逕改並加註說明。

四、著作、詩文、書信、日記等，若原有括號內之夾注文字，改排小字或以註腳方式行之。譯文部分，專有名詞、人名、書名等，若有學界習慣常用之譯名，則亦加註說明現今常見譯詞，以利對照。

五、「已」／「巳」；「象」／「像」之類常見錯字，或常用之人名、書名若有錯字，則逕改之。詞彙若有現今通俗用詞亦逕改，如「刺戟」改成「刺激」、「發見」改成「發現」、「雜志」改成「雜誌」、「原素」改成「元素」。另，涉及新舊字形或異體字等，除因特殊需要需保留舊字外，均改成現代常用字。如「盖」改成「蓋」、「潛」改成「潛」、「溼」改成「濕」等。

六、手稿或報刊底本文字，若有無法辨識或殘缺者，用空缺號「○」表示，每格一字。若有疑為某字，則在註中說明。底本中原有空缺號及缺損符號照排，不加說明。

七、繕打所根據的底本，若原有附列勘誤表，則逕行於內文改之。

八、底本原有圖、表，若無疑慮處，則重新繪製圖、表編排，以求版面
　　和諧美觀。若原底本圖、表不清無法判別，則以原圖表照錄，以求
　　存真。新式排版若原圖、表位置更動，則上行文字亦逕行調整，如
　　「今揭其結果如『左』表」改成「今揭其結果如『下』表」。

九、書名、篇名一律加上新式標點符號《》、〈〉，以利於閱讀。所依底
　　本若出現百分比、物理化學單位數字等，一律改成阿拉伯數字；若
　　歲數或傳統文獻引用出現數字，則保留原來中文數字書寫。

陳百年先生全集

哲學、理則學卷 I

陳大齊 著

政大出版社
Chengchi University Press

編校說明

　　《陳百年先生全集・哲學、理則學卷 I》，收錄陳大齊先生早年學術活動出版的四本書籍：《哲學概論》（北京大學出版部，1918 年）、《理則學大意》（中央政治學校，1932 年）、《理則學（思維術）》（中央訓練團黨政訓練班，1939 年）、《實用理則學八講》（上海中國文化服務社，1943 年）。

　　自 1914 年起，陳大齊任教北京大學哲學系，主授哲學概論、理則學、認識論，馮友蘭、吳康等知名學者都是他的學生。1923 年陳大齊亦分別擔任北京大學哲學系與心理學系主任，且於 1925 年與胡適等人發起成立「哲學研究會」。陳大齊早期出版專書以「哲學」為名者，僅有《哲學概論》，但「理則學」屬邏輯，亦是「哲學」學科知識中的一環。以下分述各書籍或教材內容及出版情況：

1. 《哲學概論》係由陳大齊於北京大學授課講義編纂而成，於 1918 年 10 月由北京大學出版部出版。本次編排所據，即以 1920 年 8 月較為清晰之第三版為底本，並以 1924 年 12 月第五版，以及 1932 年 9 月北平「好望書店」重印之《哲學概論》作為覈校。該書重印的理由，在〈附言〉中說得很清楚：「哲學概論一書，原由陳先生自己印行。出版以來，大受讀者歡迎。近來市上已發現翻印偽本，不但印刷模糊，字跡不清；而文句割裂，舛誤百出，令人讀之不能得其正解。誠恐銷行愈廣，害人愈甚；故陳先生特將全文，重加訂正，交由本店印行。願有志研究斯學者，注意及之，是幸。」換言之，此書是陳大齊親自校訂過的版本，並由此段〈附言〉，可以見證《哲學概論》在當

時所受的歡迎及注目。

2.《理則學大意》是 1932 年於南京中央政治學校（臺灣政治大學前身）公務員訓練部高等科講授之教材，由中央政治學校印製，這是中國學術界第一部以「理則學」命名的著作，該教材並未正式出版發行，本次編排即以當時教材為底本。

3.《理則學（思維術）》是 1939 年 6 月於「中央訓練團黨政訓練班」印製之教材，封面有「密」字，未對外公開出版，本次編排即依據當時教材為底本。

4.《實用理則學八講》一書，是在前述中央政治學校公務員訓練部高等科、中央訓練團黨政訓練班授課教材的基礎上，再重新改編，匯入陳大齊一己授課心得，也是 1942 年為中央政治學校公務員訓練部授課而編，後由上海中國文化服務社於 1943 年正式出版，列入「青年文庫」叢書。本次編排除以 1943 年初版為底本，並輔以 1944 年二版、1948 年三版作為檢覈。

　　以上除了早年北京大學授課講義所編成的《哲學概論》，其中介紹了形而上學、認識論等西方哲學知識；另外三本理則學之教材有其承先啟後之關係，於思維邏輯等哲學論證亦有詳盡闡述。

　　本冊執行編輯之工作，包括校勘本文、核對引文、統一體例等。所據底本原刊若有中、英文錯字（中文如「己」、「已」混淆；英文如拼寫排印錯誤），檢覈後逐行改之。詞彙若有現今習慣用詞亦逐改，如「發見」改成「發現」、「原素」改成「元素」等。另，涉及新舊字形或異體字等，除因特殊需要需保留舊字外，均改 現代常用字。如「盖」改成「蓋」、「潜」改成「潛」等。

周志煌

2024 年 5 月

導讀

眾端參觀以致用的哲學與理則學：
讀陳大齊先生著作的一些淺思

王華 *

　　陳大齊先生（1887 年 8 月 22 日 -1983 年 1 月 8 日），字百年，維基百科將他介紹為中國現代心理學先驅。然而，他的影響不僅限於此。他的研究尚涉及理則學，包括希臘邏輯學、中國名學和印度因明學，以及後來對儒學的深入研究，這些也都具有重要意義。儘管在台灣，他對儒學的貢獻鮮少被討論，但他的研究對許多當代國外知名儒學家，如柯雄文（Antonio Cua）和安樂哲（Roger Ames）等人來說，具有吸引力與啟發性。這得益於他在心理學和理則學方面的基礎研究，使得他的儒學研究呈現出深度分析和論辯嚴謹的特點，並富有洞見。值得一提的是，筆者本人在研究荀子時，也是因閱讀柯雄文的著作而認識到陳大齊先生對荀子名學的研究，深受啟發。陳先生在 1954 年 11 月擔任國立政治大學在台復校後的首任校長，同年完成並出版了荀子研究的重要著作《荀子學說》。在本校慶祝在台復校 70 週年之際，整理並發表《陳百年先生全集》，實具有深遠的意義。

　　關於陳大齊先生在儒學研究方面的特色與影響，學者沈清松有專門一篇文章詳細說明。[1] 本校接下來也有整理出版陳大齊先生儒學方面著作的計劃，屆時也將會有這方面的專家撰文導讀。在本文中，筆者僅分享一些閱讀陳大齊先生早期關於哲學和理則學著作的心得，這其中包括

---

*　國立政治大學哲學系副教授暨系主任。

1　沈清松，1998，〈由名學走向儒學之路——陳大齊對臺灣儒學的貢獻〉，《漢學研究》第 16 卷第 2 期，頁 1-27。

《哲學概論》（1918 年）、《理則學大意》（1932 年）、《理則學（思維術）》（1939 年）、《實用理則學八講》（1943 年）等著作。由於這些著作皆由授課講義編纂而成，內容較為簡潔精要，但陳大齊先生為學的廣博、思想的嚴謹與洞見處處可見，今日讀來仍相當有啟發性。

　　比如在《哲學概論》中，陳先生很快就破題介紹了四種過往各家對哲學的界定：思辨的學問（如康德、費希特、黑格爾對理性與思辨的探究）、根本的問學（如柏拉圖、亞里斯多德、叔本華等人對實在與原理的追求）、綜合的學問（如孔德認為哲學是綜合各科學的學問）、以及批評的學問（以康德後人為主）。陳先生接著快狠準地評論：「以上四種定義，第一種泛而無當，第四種隘而難容，惟第二第三兩種最為適切。然取其一而遺其他，不免猶有偏倚之弊，兼取兩者納於一定義之中，其庶幾當乎！今兼取第二第三種之意，下定義曰：哲學者綜合各科學所得之智識，以研究宇宙實體之性質者也。」關於「哲學是什麼」這個問題，直到今日學者們仍爭論不休，且在中國哲學界持續延燒到，部分學者甚至因為他們自身對哲學採取了（在筆者看來）較為偏狹的定義，而抗拒使用「中國哲學」，只願使用「中國思想」一詞。陳先生此處對「哲學」應如何理解的評論，在筆者看來相當到位也具包容性，而且其所根據的判斷方式，也合於陳先生在理則學研究中相當強調的思想要點「眾端參觀」以避免偏狹視野、以偏概全，相當值得參考。

　　陳先生關於理則學方面的著作，對筆者來說也非常有啟發。他的《理則學大意》據聞是中文學術界第一部以「理則學」命名的著作。對「邏輯」這門學問應如何稱呼，他在早期《哲學概論》寫就時可能尚未確定，在文中是以日本譯名「論理學」介紹這個研究領域。在後來的《理則學大意》中，他才決定採用孫中山先生在《心理建設》第三章中的主張，將其譯為理則學，並在之後的著作一直沿用這個稱呼。

　　陳先生主張理則學有三大源流：中國的名學、印度的因明，以及希臘的邏輯，理則學重點在於研究思想真偽的標準，尤其偏重從形式方面來研究思想內容的真偽。不過，與現在常見的形式邏輯教科書不同，

陳先生並未介紹如命題邏輯、述詞邏輯到一階邏輯等以計算推導為主要內容的符號邏輯系統，而是從概念的意涵與功能、判斷（或命題）的種類、歸納邏輯方法與亞里斯多德三段論演繹邏輯結構等對思想來說更為基礎與重要的元素入手，搭配延引中國經典如《墨子》、《莊子》、《荀子》、《呂氏春秋》、《韓非子》、《淮南子》等等古籍中相關段落與案例的解說，以及因明學相關規則，進行比較說明以求達致融會貫通。在筆者看來，這種對理則學的介紹比起符號、數理邏輯運算來說，對讀者更具啟發性也更具實用性。的確，如陳先生在《實用理則學八講》明言，其對理則學的教授確是以裨益實用為主，不多作理論的探討。在他看來，理則學主要是決嫌疑、明是非的學問。

陳先生重視理則學實用、對是非的明辨的功用。從這些強調中我們可以一窺陳先生理則學有別於一般符號邏輯著作的特點。陳先生主張理則學在於研究思想形式的真偽，而思想包含了對事實的認識以及對價值的衡量，因此對兩者形式的探究都應包納在理則學的研究範圍內。他認為，西洋邏輯與因明所差不多，重點皆偏重於對事實的認識，而名學則偏重價值的衡量，因此在他的理解下，理則學應同時包括這些不同傳統才得以完備。這個判斷有其道理，尤其考量到中國名學的討論，重點常在於政治與倫理領域的制名分類與正名工作，而不僅是在對物類的區辨確保其合於事實。在《實用理則學八講》中，他因此花了一些篇幅說明認識與衡量這兩種思想形式（「自然」與「當然」），以及相應之事實與價值這兩種思想對象。這部分的區分與討論，在今天與歸納邏輯、命題邏輯、模態邏輯以及道義邏輯的說法相比擬，相信能引起更多跨文化哲學的思考與討論。

陳先生除了強調從事實與價值雙向切入研究思想真偽形式外，還引用了中國名學與印度因明學，進一步提出了三個正確思想的重要條件：契合事實、辨別同異、眾端參觀。這些討論一方面與現今批判性思考課程中常教授的非形式謬誤議題相呼應，另一方面，在應培養認知與判斷之可靠能力的部分，則很可以與當代對認識上的美德（epistemological virtues 或智德）之相關討論進行對話。這些與當代研究連結的可能性，展現了陳先生研究的前瞻性。尤其難能可貴的是，他讓我們看到中國古典思想中已經存在對這些議題的反省與討論。這些對於思想者能力的要求、可能錯誤的警戒，以及對應然判斷的脈絡根據與相關形式的反省，很大程度上有別於西方邏輯對思想與推理結構本身的分析與注重。陳先生在理則學方面的研究因此反映出中國古典思想的特色。

　　以上是筆者閱讀後的一些個人淺見與心得。相信讀者們會和筆者一樣，不僅會從閱讀這些著作中感受到趣味，還會得到啟發並發現其實用價值。

《哲學概論》

目　次

第一編　緒論

第一章
哲學之意義及分類

哲學概論之體例　哲學概論之體例，頗不一致，或主深造，或主博知。主深造者，羅列哲學上若干問題，一一為之解釋，並論其所以解釋之道，如 Herbart（1776-1841）之 Lehrbuch zur Einleitung in die Philosophie，其一例也。此種作者，大抵先有幽深玄妙之著述，自成一家言，可以藏名山而傳諸人，懼世之未能盡明也，乃作概論以導之耳。故其為書偏重己說，務求所以證明之，且往往涉及論理學之範圍，以論致思立言之也。主博知者，如 Strümpell 之 Einleitung in die Philosopie，其意在使學者通覽古今哲學之大觀，以擴充其心思；故每揭一問題，必枚舉古今學派之見解，不拘拘於一家之成說。其為書，多所敘述而少所論斷，一若滄海扁舟，使人有靡所歸宿之思。然行遠必自邇，登高必自卑，欲深入一家之言者，不可不自博覽諸家之學說始；非然者，拘墟曲學，未有不流於武斷者也。此書之作，在使學者得哲學之概念，知哲學所處理之問題及其解決之態度；故不取第一種體例而取第二種體例，每遇一問題，列舉古今各方面學說可以為代表者，以見解決態度之一斑。

哲學之心理的起源　哲學之起，起於人類天性之自然，非偶然出現者也。人心之中，足以引起哲學的思想之第一作用，殆為人類驚異之念。蓋世變不盡，人生無常，在冥頑不靈之動物視之，固瘝然未嘗有動於心；而人類靈長萬物，智力秀逸，想像豐厚，睹此怪象，能不驚必動魄，駭為異事。因驚以致疑，因疑以求解，於是窮究之心生，而哲學之業成焉。

Plato〔紀元前 427（或作 429）-347〕，Aristotle（紀元前 384-322）

謂驚異為哲學之發端，Schopenhauer（1788-1860）謂驚疑為形而上學需要（need of metaphysics）之原因，皆此意也。

　　驚異之念之外，主足以助成哲學的思想者，厥惟統一之作用。吾人莫不有統一之意識，莫不以自己為一人。雖自幼至老，當精神進化之際，有極大之變化，然未嘗因此而喪其統一，忘其自我。人性之中，既自有其統一，於是對於客觀之世界，亦取同一之態度，欲以統一原則，明世界為統一之體。一切哲學的想考，殆莫不以此原則為基礎，關於世界之智識愈豐富，則欲於森羅萬象之中求其統一，亦隨以愈困難，然雖困難，而哲學之要求未嘗因是或息，且轉甚焉。

　　哲學之語源及意義　哲學之名，在希臘語為 philosophia，出自動詞 philosophein，其原義猶言愛智也。哲學之名始於何時，書缺有間，莫可考矣。希臘哲學，史家咸推 Thales（大約在紀元前 624-543）為始祖；當 Thales 之時，似尚未有哲學之稱。或謂 Pythagoras（大約在紀元前 580-500）始用此名，似亦不確。其確曾用哲學之名，而為今日所可措信者，實惟 Socrates（紀元前 469-399）。 Socrates 及其弟子 Plato 嘗自稱 philosopher（愛智者），以別於當時盛行之 Sophist（原義曰智者，今譯詭辯學派）。Plato 之言曰：詭辯學者之講學，志在獲利，其徒之就學，志在求富貴；有為而為，非真欲窮理而致知也，愛智者則反是，絕嗜慾，遠利祿，殫心竭慮，索隱鉤玄，一以宇宙真理為其究竟之目的，而無他求者也。繹 philosophia 之本義與 Plato 之言，可知希臘初期哲學之窮理，其志固在知而不在用。逮夫季世，哲學之義漸趨實用，始有以研究人生究竟目的為其專務者矣。中世以降，恢復舊義，仍以哲學為窮理之學；其有以為致用之學者，蓋甚寡也。Windelband 著 Geschichte der Philosophie，其緒論中論古今哲學之變遷曰：在古代希臘，哲學為純粹智識之研求；及其末世，則變為實踐的意義，而以哲學為根據學理之處世術中古之世，以哲學為建設宗教教義之具；近世之初，則以哲學為世間智，以與宗教之出世間的教義相對；Kant（1724-1804）以後，哲學又變為理性之批評的自己考察。

哲學之定義 哲學定義，自希臘古代以迄今世，諸說紛紜，各自名家。試通古今諸定義，而為之分類，則諸家之說，可彙為四種：

1. 思辨的學問（speculative science）。哲學志在窮理，窮理必藉思辨，故古人有以此為定義者。然此義甚泛，據是以為標準，則諸凡學問，莫不有事於思辨，即莫不可以稱哲學。古人於哲學科學之間，本無區別，以哲學為學問之總名；其稱各科學也，但於哲學之名上，加形容詞以為限耳。Kant 以後有所謂思辨哲學（speculative philosophy）者，Fichte（1762-1814），Schelling（1775-1854），Hegel（1770-1831） 三氏實為之代表。三氏偏重思辨，以為宇宙間一切事物，皆可由吾人先天所具之理性演繹而得之，至於後天之經驗，徒足以致迷惑耳。Hegel 之定義曰：哲學者，事物之思辨的考察也。思辨哲學至 Hegel 而極盛，其後浸衰，尋為世所輕；此項定義亦漸為學界所擯棄矣。

2. 根本的問學（fundamental or ultimate science）。朝菌蟪蛄，乍生乍死，飄風驟雨，旋起旋滅；宇宙間森羅萬象，莫非俄頃間事，轉瞬杳矣。雖然，此乍生乍死，旋起旋滅者，不過表面之現象，其所以幻成此現象者，固不生不死，不起不滅，終古常住，未嘗少變也。古今學者多有以此不生不死不起不滅之根本的實體為哲學之對象者，古代如 Plato，Aristotle 之定義，近世如 Schopenhauer，Ueberweg（1826-1871）之定義，皆此類也。Plato 曰：哲學者，所以知實在之學也。Aristotle 曰：攻究事物之原因原理者，哲學也。Schopenhauer 曰：抽象的概括的明白的研究宇宙實體之真相者，哲學也。Ueberweg 亦以原理為哲學之對象，與 Aristotle 略同。此項定義，今猶盛行，與第三定義並稱於世。

3. 綜合的學問（synthetic or unifying science）。茫茫宇宙；分之則為萬事，合之則為一體。科學分觀宇宙，各取其一部分之事實以為研究之對象，如生物學研究生活一部分之事實，物理學研究物理現象一部分之事實，是也。哲學合觀宇宙，以宇宙為概括萬事之統一體，綜合各科學研究所得之結果，以明宇宙全體之性質。故曰：哲學者，各科學之綜合的學問也。宇宙譬若一謎，科學各出其所知，以供解釋之材料，而據

此材料以從事解釋者，哲學也。徵之歷史，以此為定義者，其人不一，而尤以法之 Comte（1798-1857）、英之 Spencer（1820-1903）為最著。Comte 之哲學包括數理天文物理化學生物社會等諸科學，規定其相互間之關係，以自成哲學之體裁。Spencer 之定義曰：哲學者，一切學問上智識之最高統一也也。又申言之曰：智識而無統一者，其智識為最下；科學乃一部統一之智識，哲學則全部統一之智識也。

4. 批評的學問（critic science）。此項定義出自 Kant 之門人。蓋 Kant 之哲學為批評主義（criticism），其著作以批評（Critique）諸書為最著，於是其門弟子遂有以批評為哲學之唯一能事者。此派代表首推 Riehl，其他學者，不多觀云。

以上四種定義，第一種泛而無當，第四種隘而難容，惟第二第三兩種最為適切。然取其一而遺其他，不免猶有偏倚之弊，兼取兩者納於一定義之中，其庶幾當乎！今兼取第二第三種之意，下定義曰：哲學者綜合各科學所得之智識，以研究宇宙實體之根本性質者也。

哲學與宗教　人類富於智識之慾，見有奇異之事，莫不思逞其想像以說明之。宇宙萬象，光怪陸離，最足起人奇異之念；太古草昧之人民，亦既蒐集當時所有幼稚未熟之智識，試為解釋宇宙之實體矣。如耶穌之《聖經》所云：上帝初造天地，繼造萬物，人類始自 Adam，禍患起於 Eva；此亦宇宙觀也。然太古草昧人民之所想像，支離怪誕，不得謂為哲學，特一宗教的見解耳。哲學與宗教（religion），雖同為宇宙觀，因其主體與官能不同，故其性質亦大異。

宗教的宇宙觀之主體，社會的集合的精神也；哲學之主體，個人之精神也。夫惟哲學為個人精神毅力之所產，故世稱哲學，必冠以首創者之名，如曰 Plato 哲學，Kant 哲學，Spencer 哲學；誠以無哲學家，即無哲學可言也。宗教則異是，人類集合而成社會，宗教即發生於不知不識之間，瀰漫於全社會，而受其崇奉，無煩個人之心思材力特為之案出，Schopenhauer 稱宗教為民眾形而上學（Volksmetaphysik），職是故也。宗教的宇宙觀出於社會之集合精神，故無首創者之可言。如埃及之

宗教，希臘之宗教，今日更無人道及其始祖者；耶教回教雖各有其教祖，然 Jesus 與 Mohammed（571-632）非真獨創新教，不過就猶太，亞刺伯固有之舊教，加以改革耳。

更自其所從發之官能言之，哲學為合理的知能之所產，宗教的宇宙觀，則詩歌的想像之所產也。故人於宗教，一惟信仰是賴，不容有所懷疑於其間；於哲學則純取研究之態度，不拘成說，務尚自由。

哲學宗教之衝突，人文史上一顯著之事實也。試翻西洋之歷史，其可稱哲學宗教調和時代者，惟中古一世而已；上古近古，莫非衝突之時代。在昔希臘，Socrates 鑒于社會之腐敗，創新說以救世；無識之徒，泥於古說，駁新說為異端，加 Socrates 以侮慢神明蠱惑青年之罪名，而致之死地。西方聖人以身殉道，誠學界之傷心史也。洎乎近世，衝突尤甚。Galileo（1564-1642），Descartes（1596-1650），Spinoza（1632-1677），Rousseau（1712-1778）諸大思想家，咸為宗教所仇視，或身被刑罰，或書遭禁絕，種種窘迫，不一而足。

原夫哲學宗教之所以衝突，蓋一以窮理為主，一以信仰為歸，其根本上固已有可以衝突之道。當人智未進，思想幼稚之時，個人之自由思想，尚未發達，其判斷動作，狃於團體之習慣，但知仿效而已。及人智進化之後，始以自由之思想，營獨立之研究，對於社會上之獨斷的信仰，懷挾疑念，且進而欲以一己之心思材力，謀所以更易之。發於個人思想之哲學，既以反抗社會上普通思想之宗教而起，而舊時上天下地惟我獨尊之宗教，又欲鎮壓個人思想之哲學，以維持其舊日之威權；於是兩者之衝突遂不能免，相傾相擠，各欲爭霸於社會，而靡有已時。惟中古之世，宗教戰勝，掠哲學以為其附庸，僅成一時苟安之局；及近世而衝突又起矣。

方今科學日盛，真理日明，昔時之所視為不可思議而歸之神力者，今往往能以科學之理解釋之；於是宗教之所假托，若鬼神，若靈魂，遂盡失其根據。神道設教，以範圍愚夫愚婦之行事，使無所隕越，雖已陷入社會政策之下乘，或猶為一部分政策家所樂許。是故宗教誠能洞觀大

勢，退守信仰之域，不與外事，則其高等而較為合理者，或尚能苟延殘喘；若不自量，涉及智識之範圍，以古人極陋之思想，強與今之哲學科學抗爭，則徒自暴其短而自速其亡耳。

哲學與科學　不憑藉信仰，不依據傳說，專持合理的智能為武器，以窮宇宙之真理者，哲學科學（science）之共同出發點也。然則哲學科學之區別何在？當十九世紀初葉，思辨哲學盛行之時，僉謂哲學之對象與哲學無異，不過哲學專主思辨，科學專尚經驗，為兩者不可逾越之界限耳。思辨哲學排斥經驗，蔑視經驗所產之科學，且謂獨以思辨哲學方法研究所得者，始為真確之智識；其傲慢自尊，有不可一世之慨，夫純粹思辨而毫不加經驗之要素，及純粹經驗而毫不加思辨之要素者，均不可以得真正之智識。若謂哲學較重思辨，科學較重經驗，猶可言也。思辨哲學趨於極端，故雖極一時之盛，不旋踵而衰；而此思辨哲學所立哲學科學之區別，亦曇花一現，隨以俱滅也。

當思辨哲學衰時，各種科學，方為長足之進步，於是人心群趨科學，且以昔日思辨哲學侮科學之道，還辱思辨哲學；其極也，至排斥一切哲學，目為空論妄談，無絲毫學問之價值。雖然，一動一反，不過暫時之現象，哲學科學，各有其存在之價值，不可以偏廢也。

宇宙萬象，乃一個統一之體，其各部分間，均有密切之關係，非散沙比也。故研究此宇宙萬象之諸科學，亦自不能離群孤立，而與他科學絕無關係。如研究生物者，不能不借助於理化，研究歷史者，不能不借助於地理。諸凡科學，莫不直接間接互相關係，而此互相關係之諸科學，合成一體，以應宇宙之統一體者，哲學也。是故科學者，分觀宇宙間一部分之事物，而探索其原理，哲學則合觀宇宙，取天地間一切事物，合一爐而冶之。科學各出其研究之所得，以供哲學，哲學集合各科學所供之資料，而統一之；申言之，科學者，哲學之基礎，哲學者，科學之綜合也。此哲學科學區別之點一也。科學之研究事物也。不暇論所欲研究對象之真實虛妄，但鑑於日常之經驗，假以此現象為真有，乃立於假定之上，從而探其原理。如物理學假以物質為常住，從而究其現象

之法則，心理學假以精神為真有，從而敘其作用之原理；至於物質精神為實為妄之討論，則非物理學心理學之分內事也。哲學之研究事物，與科學異，不牖於見聞，不本於假定，常欲超然於所能經驗之現象外，以探索宇宙實體究竟之真理；是以對於物理學心理學所假定之物質精神，不甘率爾信從，必更進一步，以討論其真妄。此又哲學科學區別之一點也。

哲學之特色　關於哲學之價值，世間不無懷疑之人，甚且謂哲學之為學，全無成立之價值者。世間對於哲學之非難，大抵有下述三種：

1. 一切學問皆以說明為急務，而普通之所謂說明，大抵以某種原理屬諸更高之原理。今哲學之所研究者，為世間最高之原理，其將藉何道以說明之耶？宇宙人生之根本問題，廣大精微，實非人智所能解釋。是故欲知宇宙人生之真義者，宜息智識上之研究，而求之於宗教上之信仰。

2. 科學乃哲學之部分，哲學乃科學之全體。集合一切部分，即足以構成全體；故集合一切科學上之智識，即足以構成宇宙人生全般之智識。然則集合科學之原理，即成哲學之原理；今強於科學之外，別設哲學，果能於科學智識之外新增人之智識乎？

3. 上述二種之弊，即或能免，猶有一種顯著而不可辯護之難點，即哲學發生以來，經二千數百年之歲月，猶未有一定之成就是也。學理上之論爭，學說之變遷，固為各種科學所不能免，然各種科學皆有其一定之原則，為人人所公認；至於哲學，但有爭論，但有變遷，未嘗有一致之原則。有以物質作用解釋世界之唯物論（materialism），同時又有以一切現象歸之精神作用之唯心論（spiritualism）；有以人生為多福之樂天主義（optimism），同時又有悲觀之厭世主義（pessimism）。兩相矛盾之學說，同時並存，此種紛亂狀態，唯於哲學見之；此豈非哲學不能成立之鐵證乎？

以上三種非難，舉不足為哲學病，自實際言之，皆哲學之特色，而足以自豪者也。哲學與宗教異，故不能無說明；哲學與科學異，故不能

不研究最根本之原理；哲學又與一切學問異，學說未定，而有進步之極大餘地。

1. 哲學之求宇宙人生之真義，不求之於信仰，而求之於智識上之研究；此合理的態度，正哲學之特色也。哲學之所重，不僅在其研究所得之結論，而尤在研究時所經過之程序。瞑目跛趺，恍然大悟，或亦足以發現宇宙之真理，然而哲學不取焉。哲學頗重研究之方法，利用分析，憑藉確實之根據，而後進行其研究；其研究所得之結果，雖出於普通經驗之外，至其所藉以研究者，無一非普通經驗上之智識也。是故哲學家論理的研究所得之結果，有時或與宗教家直觀所得者同其思想，然結果雖同，其所以得之之道則大異。哲學家固亦是兼具智情意之人，哲學固亦不能擯棄情意所要求之事實，然哲學既屬學說，而為智識之產物，則當然不能蔑視論理上種種之法則。哲學家分析研究之際，有時不能發現積極的解釋，一若徒勞而無功；然分析一層，即是解釋一層，哲學之妙味正存於智識之運用。哲學研究之程序上，既自有其妙味，則哲學雖未能得究竟的真理，而受人攻擊，哲學固不悔也。

哲學欲保持其合理的態度，不可不崇尚自由，而排斥信仰。是故屈伏於宗教的威權之下，而不敢自倡新說，有背教義者，不得謂為完全之哲學。如西洋中世之哲學，不過耶穌教之附庸，又如後世儒家釋家之說，不過銓釋孔子釋迦之遺教；若是者，嚴密言之，謂之哲學，不免猶多缺點。哲學家極端尊崇自由，故對於當世之文物，不免取反抗之態度；大多數之哲學家，其不能得志於當時者以此，其見嫉於宗教者亦以此。

2. 哲學雖是科學之全體，然非集合一切科學，即可造成哲學之體系。一切學問所研究之原理，當然均有普遍之價值，而普遍價值中，又有等差。例如昆蟲學之原理，對於昆蟲界，固有普遍之價值，然比之動物學之原理，則其普遍之範圍較狹；動物學之原理雖較普遍，然比之生物學之原理，則又為不普遍矣。是故各科學之原理均為有限的普遍。能包括一切有限的普遍之原理；而有無限的普遍之價值者，始足為哲學

之原理。哲學之原理既屬無限的普遍，故不可不為一切事物之根本的究竟的原理。吾人研求學問，自淺入深，以求其理，及深入而達於不可復進之境，是即一切事物之根本的究竟的原理，而哲學之對象也。科學之原理大抵有資格平等之他原理，與之相對，故是相對的原理；哲學之原理乃一切原理之根本，超絕相對之關係，故是絕對的原理。哲學以絕對的，最普遍的真理為對象，此又哲學之特色也。

　　哲學之目的，在研求絕對的，最普遍的真理，故不能不有幽深玄妙之思想。雖然，所謂幽深玄妙者，非蔑視論理的法則之謂也。哲學以能合於理為特色，故論理上法則當然為組織哲學時所不可缺之武器；然當應用此種法則之時，不可不有幽深玄妙之識力，若徒出以淺薄陋劣之眼光，未有能成完全之哲學者也。例如以物質作用解釋宇宙，形式上未嘗少違論理之法則，而猶不免蒙淺薄之譏者，此其缺點，正在觀察之太狹與識力之太陋耳。哲學既不能蔑視論理的法則，故當然不能帶有神秘之色彩。神秘之說（mysticism）恍惚離迷，而自以為窮天地之奧妙；不可以理求，而自以為超絕理智。其所持態度，去宗教不遠，甚非哲學之所宜取也。是故哲學於一方面不可不幽深玄妙，於他方面不可蔑視論理的法則而入於神秘。

　　3. 哲學未有一致之真理，未有一定之成說，此正所以表明哲學之發展性，亦哲學之特色也。哲學方在發展之中，有進步之極大餘地，故從來各家之學說中，均有其未能明白解釋之部分，而呈神秘恍惚之觀。哲學之發展，即此神秘恍惚性之逐漸減少，所謂哲學史者，即哲學學說漸次趨於開明之歷史也。是故有志研究哲學者，對於從前諸家之哲學學說，不可不有廣博而精確之智識，非然者，其態度雖自由，其思想雖幽深，或猶不免為個人偏狹之見，而不能有所貢獻於智識界也。處二十世紀之初葉而言哲學，當然不可不知十九世紀末葉哲學上諸問題。若昧於哲學發展之事實，拾古人之唾餘，奉為圭臬，如宗教家之以神話解釋世界，又如儒釋之奉孔佛遺教，而不敢越雷池一步，是皆時代錯誤（anachronism）之流，哲學所宜切戒者也。是故居今日而欲研究哲學，

不可不同時研究哲學之歷史。近時大哲學家 Wundt 著 Einleitung in die Philosophie，亦採此態度，揭哲學略史以資哲學之入門；其敘述各種學說也，一一取哲學史上之材料，以為證據，其敘述諸學說之發展也，又一一分配之於哲學史上之時代，明學說隨時代進化之跡。

哲學之分類　哲學分類，始自希臘之 Plato。Plato 固未嘗躬自分類，門弟子觀其書，誦其辭，以為當有若是之分類耳。其類凡三：(1) 辨證學（dialectics），(2) 物理學，(3) 倫理學。辨證學包含認識論（epistemology）與形而上學（metaphysics），以論事物之概念及其主要特質，物理學研究自然智識，倫理學研究道德行為。Plato 此分類，為 Stoics，Epicureans 等所採用，遂於後世學界占偉大之勢力；終中古之世，言哲學者幾莫能出其範圍。

及近世哲學興，Bacon（1561-1626）根據智識之官能，以為分類之標準。智能有三：(1) 記憶 (2) 想像 (3) 了悟，記憶發為歷史，想像發為詩歌，了悟發為哲學。哲學又分為三類：論上帝者曰神學（theology），論自然者曰自然哲學（natural philosophy），論人者曰人類學（anthropology）。

Wolff（1679-1754）亦以精神作用為根據，立智識與慾望為二大官能，因區哲學為理論實用二大部。理論哲學（theoretical philosophy）又分神學心理學物理學三種，而以實體論（ontology）為之本。實用哲學（practical philosophy）分為倫理學經濟學政治學三種，而以普通實用哲學（general practical philosophy）為之基。更取論理學以為理論實用二哲學之序論也。

古之學者，以哲學為眾學之總名，故一切科學均列為哲學之一部。近世以還，科學日進，自然科學（natural science）先脫哲學之羈絆，蔚然成獨立之一科。精神科學（mental science）與哲學較親，而進步又較緩，故遲至十九世紀下半葉，始漸能獨立焉。自然科學精神科學相率離哲學以去，哲學之內容視前大異，故哲學之分類亦不能無所更易。近世 Paulsen 分哲學為二大部：(1) 形而上學 (2) 認識論。Wundt 亦分為

二大部：(1) 認識論 (2) 原理論（theory of principles）。原理論又小別為二小部：(1) 一般原理論（general theory of principles）(2) 特別原理論（special theory of principles）。Kuelpe 有一般哲學與特別哲學之分，一般哲學中舉形而上學，認識論，論理學三目，特別哲學中舉自然哲學，心理學，倫理學與法律哲學（philosophy of law），美學（aesthetics），宗教哲學（philosophy of religion），歷史哲學（philosophy of history）等數項。Jerusalem 分為五部：(1) 哲學之預備學科（心理學及論理學）(2) 認識論 (3) 形而上學 (4) 美學 (5) 倫理學及社會學（sociology）。

　　以上數家之分類，在今日觀之，似以 Paulsen 所舉最為適切而簡明。蓋哲學以研究宇宙根本實體為專務，故根本實體之性質如何，哲學之主題也。根本實體之性質，必緣智識作用而後為人所認知；人之智識果緣何道以得，智識之能力果能達實體與否，亦哲學上重要之問題也。是故形而上學與認識論之為哲學主要部分，古今學者咸所同許。至於 Kuelpe 所舉之特別哲學，今既各有專科，不必具論，其有關於根本問題者可以附入形而上學。惟 Jerusalem 以心理學論理學為哲學之預備學科，似頗允當。心理之學，在今日固為純粹科學，而脫離哲學之羈絆，然自他方面言之，心理學為一切精神科學不可或缺之基礎，故對於哲學有極密切之關係。此云關係，非欲以心理學附入哲學，不過欲明哲學之精神的基礎耳。論理學為一切科學之預備學科；哲學既欲遵循一定之原理，以造成有條理之體系，自亦不能不以論理學為基礎。今本此意，分本論為形而上學認識論二編，而於緒論之中略述心理學論理學之根本概念。

第二章
心理學

科學的心理學　自然科學與哲學之區別，久為學界所公認，在十八世紀時，學者已莫不認自然科學為非哲學矣。心理學與哲學之區別，正與之同，徒以發達較緩，遲之又久，至最近數十年間，始漸為學界所公認耳。今之心理學乃純粹之科學，以精神作用為其研究之對象，而以發現精神作用之法則為其最終之目的。科學的心理學所欲研究者，乃精神之活動的作用，非精神之固定的實在。蓋吾人平日所能經驗者，思慮，欲望，喜悅，悲傷，無一非活動的作用也；至於發生此種作用者，果別有實體乎，則非吾人經驗之所及知。今之科學以經驗為基礎，故科學的心理學亦以經驗所及知之精神作用為研究之範圍；至於精神之果有實體與否；靈魂之果死滅與否，則讓諸哲學之研究，非心理學之分內事也。心理學但說明精情之作用，而不說明精神之實質，與重學（mechanics）之但說明 energy 之作用而不及其實質者正同。是故今之心理學，自其純粹以經驗為主之點言之，自其研究之方法言之，與自然科學甚相接近，其所不同者，不過其研究之對象大異耳。

心理學以科學為標幟者，所以明示脫離哲學之羈絆也。太古草昧之世，各民族之宗教，關於人之精神，莫不有其武斷的主張，如精神能脫離軀殼，靈魂可以輪迴等說是也。言心理學而雜以宗教的信仰，固非科學之所宜取；哲學雖為合理的智識；不可與宗教同日而語，然心理學之不可為哲學所羈束，正與不可為宗教所束縛相同。蓋科學以事實為基礎，藉歸納的研究法以發現普遍之原理；若預有哲學之成見，以左右其思想，則所得結果或不免與事實背矣。心理學脫哲學之羈絆而自成一

科，實開心理學之新紀元，近時心理學長足之進步，皆此獨立之賜也。而歷史上負開創之殊勳者，當首推 Herbart, Fecener（1801-1887），近時更得 Wundt 諸人之紹述，獨立之功乃因以益顯。

　　當心理學尚未脫離哲學羈絆之時，學者之間，有純理的或思辨的心理學（rational or speculative psychology）與經驗的心理學（empirical psychology）之區別。自今之心理學觀之，此區別實無意義；蓋既名心理學，當然屬於經驗的，經驗的心理學之外，別無心理學，更無煩以經驗的三字為之區別也，至於昔之所謂純理的心理學，其所討論之問題，概入哲學之範圍，非復今之心理學所顧問。

　　心理學根本概念之變遷　心理學以研究心作用為專職，然則心之與物，果有何種區別乎，易辭言之，即心理學與自然科學之界限果何在乎？心理學之內容與方法，當然隨心之概念而有異同。曠觀歷史，心之概念古今頗不一致。Knelpe 分為三時期如下：

　　(1) 第一時期心與生（vital principle）同視。

　　(2) 第二時期以心為內知（internal perception）之所得，心與物之區別即以內知外知（external perception）為標準。

　　(3) 第三時期以主觀的為心，易辭言之，即以依賴於能經驗之主體者為心也。人之經驗渾然一體，然若分析言之，其中含有兩種元素：一起於能經驗之主體，一起於被經驗之客體；起於能經驗之主體者，即心的元素也。

　　第一時期包含上古與中古。Aristotle 著 On the Soul，殆為心理學最古之著作；其解釋精神也，謂有生之物有特別之現象，足以與無生之物相區別，而此特別之現象無非以精神為之本。精神作用之最下者為營養作用（nutritive function），植物有之；營養作用之上，有感覺的精神（sensitive mind），動物兼有兩者；精神作用之最發達者為合理的精神（rational mind），人類兼具三者；是故合理的精神乃人類之特色也。Aristotle 以營養作用歸諸精神，實心生同視之明證也。

中古之耶教哲學本無奧義，不過取古代希臘哲學家之思想，加以附會耳。關於心之概念，大體不出 Aristotle 之思想，分合理的精神與下等精神，以為人獸之界限，兼以為朽與不朽之區別。且於理性感覺之間，截然劃一對比，以前者為可以知永久的與出世的，以後者為知世間的與時間的。

近世哲學之初，猶持此義。伊大利自然哲學者（natural philosophers）大抵分精神為朽與不朽二部，朽者知覺，不朽者理性也。不朽之精神，尤為彼輩所重視，蓋彼輩以為不朽之精神能得真知也。不朽的精神之作用是直觀的，能藉直接知覺以知真理，非若朽的精神之必有賴乎感官。Descartes 以思惟與廣袤為心與物區別之標準，其根本觀念尚與此同，不過其表示法大異耳。昔所視為精神之朽滅部分，Descartes 歸之於物之範圍；故在 Descartes 觀之，一切動物皆屬機械，不能有精神作用。

第二期思想始自 Locke（1632-1704）。Locke 有感覺（sensation）與反省 reflection 或外官（external sense）與內官（internal sense）之區別，惟反省或內官所得者，始屬於心。準此而論，則純粹之有機作用，當然屬於物之範圍，而不得屬於心之範圍；蓋有機現象亦得自外官之知覺，正與無機現象相同故也。Leibnitz（1646-1716）亦持此義，其所分之 perception 與 apperception，與 Locke 之感覺反省相應；蓋當十八世紀之際，德國心理學之用此二語，本不過內外官活動之意耳。

Locke 之定義當時流行頗廣，即今日之學者中，猶有採用此義者。雖然，試細按之，Locke 之說以不免尚有缺點。

(1) 嚴密言之，僅有外官，以感受外界之刺激；外官之外，實無內官。內官云者，比喻之義，若不先確知其意義而用之，則危險有不可勝言者。

(2) 內官外官之對立，亦非妥當之表示法。蓋自今之認識論觀之，原始經驗本屬渾然一體，未嘗著差異之痕跡。內知外知，乃後起之關係，非根本的不同之作用也。

　　Locke 之說猶有未妥，故近年以來，心理學者思別設定義以代之。經驗之原始的資料固屬渾然一體，然試分析言之，未嘗不可於其中發現主觀的及客觀的二種元素。感覺，觀念知覺等，主觀的元素之名也；對象，對象之性質，對象之狀態，對象之關係等，客觀的元素之名也。一切經驗本屬一體，但人類有抽象的反省之習慣，故主觀世界與客觀世界一若本異其存在。然雖分析經驗為主觀的元素與客觀的元素，於經驗之渾一性，固無傷也。以主觀客觀為心物區別之標準是為第三期之思想，而首於理論上創此說以圖革新者，實為 Mach 及 Avenarius。

　　心理學之研究方法及分類　心理學之研究方法，約略舉之，不外三類：(1) 內省（introspection）(2) 外觀（observation）(3) 實驗（experiment）。內省者，以自己之精神作用用返觀自己之精神作用，直接的方法也。外觀者，觀於他人身體上之變化，以察知其內界之精神狀態，間接的方法也。實驗者，造作條件，喚起現象，以從事觀察之謂也。當心理學之根本概念猶在第二期思想之時，以心為內知之所得，故其研究方法專主內省，精神作用之生理的條件非其所重，實驗方法亦未及採用也。近年來心理學之所以進步者，實以採用實驗方法及研究生理的條件為其最大原因。精神作用與生理作用，其關係極密切，其相互間之影響極大；是故研究某項精神作用，而不知其生理的條件，不足謂真知精神之作用。採用實驗方法，則學問之研究易詳密，易精確，近世自然科學之進步，莫不受實驗之賜，心理學而欲成精確的科學，當然不可不採用實驗的研究法。是故近時之心理學者，無論對於何項問題，莫不欲同時應用上述二項之方法；所謂生理的心理學（physiological psychology）與實驗心理學（experimental psychology），嚴密言之，非有特別之對象，不過明示其研究方法以表白其應取之態度耳。

　　生理的心理學與實驗心理學為一切心理的研究應取之態度，非心理學特別之部門，故心理學之分類中，不宜有此二種。心理學以精神作用之或常或變為標準，可大別為二部：研究常態的精神作用者曰常態心理學（normal psychology），研究變態的精神作用者曰變態心理學

（abnormal psychology），常態心理學又可分數種，列表如下：

A. 個體心理學（individual psychology）。

　　a. 普通心理學（general psychology）。研究文明社會成人之精神作用；平常之心理學以此為主要部分。

　　b. 差異心理學（differential psychology）。研究個體精神作用之差異。

　　c. 發生分理學（genetic psychology）。研究精神作用之發達，又可分二部：

　　　　1. 個體發生心理學（ontogenetic psychology）。研究嬰孩之精神作用漸次發達，以底於成人，及成人之精神作用漸次衰退，以底於老耄。

　　　　2. 種族發生心理學（phylogenetic psychology）。研究最下等動物之精神作用逐漸發達，以底於最高等動物之人類。

B. 團體心理學（collective psychology）。

　　a. 普通心理學。研究團體之普通精神現象；今之社會心理學（social psychology）當屬此類。

　　b. 差異心理學。研究團體精神之差異，可分為二類：

　　　　1. 人種心理學（ethnic psychology）。研究各人種精神現象之差異。

　　　　2. 階級心理學（class psychology）。研究各種階級各種職業精神現象之差異。

　　c. 發生心理學。研究團體精神之發達，今之民族心理學（folk psychology）似宜屬此。

心理學與哲學　今之心理學完全為獨立之科學，以經驗為主，不復受哲學上學說之束縛矣。雖然，心理學與哲學之關係依然密切，未嘗因此而消滅；其所不同者，不過與昔日之關係顛倒耳。昔之心理學受制於哲學，今則完全脫離其束縛；而自哲學一方面言之，今反有賴於心理學之研究，不若昔日之可以自肆矣。

　　哲學而欲構成完全無缺之宇宙觀，當然不可以輕視心理學。蓋宇宙之間，無非心與物兩種現象；自然科學闡明物質方面之理法，固為哲學所不可忽視，心理學闡明精神方面之理法，尤哲學所不可不注意者也。形而上學問題而與精神之本質有關者，固不可不以心理學為基礎，其他問題之解決，亦莫不借助於心理學。例如欲研究意志之自由與否，使不分析意志而詳知意志之性質，必不能有正確之解釋。又如欲研究人智之界限，或欲發現人智表現之形式，皆不可不以心理學為基礎。要而言之，心理學為一切精神科學之基礎，哲學綜合一切智識以造宇宙觀，自不得不以心理學為重要之基礎。居今之世，言哲學而欲排斥心理學的基礎，專以思辨為武器者，必不能得良好之結果。是故今之心理學乃獨立之科學，而一切哲學的研究所不可或缺之基礎也。

第三章

論理學

論理學之研究問題 論理學者，正確思想之形式之學也，易辭言之，又即致真之學也。而所謂正確思想者，指思想之有客觀的真理而言。何謂客觀的真理？無論何人聞之，但能服從，而不能作有力之反對論者，客觀的真理之一徵也。以某種思想為本，推論之結果，預有所斷定，而此預言果實現於他日，一如其所論，客觀的真理之又一徵也。由是言之，所謂正確思想之形式者，不過客觀的確實性（objective certainty）之普遍的條件耳。然科學研究之所得，非必盡屬客觀的確實之判斷，有時僅止於或然之度而已；而此亦為論理學之所宜研究。是故論理學者可謂研究客觀的確實性與客觀的或然性（objective probability）之普遍的條件者也。

科學之所求，無非在發現普遍而有效之原則，易辭言之，即在發現有客觀的真理之原則。發現有客觀的真理之原則，乃一切科學之理想；而論理學之為學，即詔吾人以達此理想之途徑，示吾人以一般科學的研究之規則。是以論理學當然為一切科學之基礎的學問；世稱論理學為科學之科學（science of sciences），亦此意耳。

普通之論理學大率分為二部：(1) 元素論，(2) 方法論。元素論又可分為三部：(1) 論概念，概念者，一切科學原則之論理的元素也；(2) 論判斷，判斷即原則自身，而又複雜思想之元素也；(3) 論推理，推理者，科學原則之論理的結合，而科學的議論之較高元素也。論理學若僅有元素之研究，猶未足以盡其職，必更進而研究此種元素於科學思想中之應用及科學的探究之方法。科學的研究法或為一切科學所公有，或為

某種科學所特具，故可以有一般研究法與特別研究法之區別；Wundt 之 Logik 包羅一切，誠斯學之大觀也。

論理學之發達　西洋之論理學始自 Aristotle。雖然 Aristotle 之先，非絕無論理的研究也，Zeno（紀元前 490-430）以辨證法證多與動兩概念之不能實在，已啟論理學之萌芽，Socrates，Plato 等對於論理學之發展，亦多所貢獻；不過使論理學具整飭之體裁而成獨立之學問者，以 Aristotle 為第一人耳。Aristotle 之論理的學說後人輯為一書，名曰 Organon；其中有範疇論，有命題論，有推理及證明論，有或然的推理論。Aristotle 之論理學唯以演繹的論理學（deductive logic）為其主要之部分，然歸納的論理學（inductive logic）亦嘗約略論及，不過其完全縝密之度遠不若演繹之部耳。

Aristotle 之後，Stoics 對於論理學之發展，頗為有功；設言的推理（hypothetical inference）與擇言的推理（disjunctive inference）兩部皆 Stoics 之所增補者也。中世煩瑣哲學者（scholastic philosophers）欲利用希臘哲學，以證明耶教之教理，而 Aristotle 之演繹論理學於論證上最為有效；故當時學者咸重視斯學。學校教育取 Organon 中最重要之部分，列為七藝（seven liberal arts）之一，於教科中占重要之位置。然當時所研究者，不過以舊說為本而擴充之，如關於三段論法等，有極精之研究，有極大之發展，至於新說創見，則未之有也。Aristotle 歸納論理學之部分，在中世之際，以與研究教理無重大之關係，為當時學者所不顧，故不特無絲毫之發展，轉因以湮沒，幾為後世所遺忘。

近世之初，反對煩瑣哲學之風大盛，於是煩瑣哲學所傳授之論理學亦受其影響，而引起種種之改革，Ramus（1515-1572）之著論理學，頗與 Aristotle 異趣；其書之體裁為後世所宗，今普通之論理學教科書猶仍其舊，不過略加變更耳。

Bacon（1561-1626）之攻擊舊論理學尤為激烈，而其改革之功亦較為偉大。Bacon 著 Novum Organon，斥演繹法為不足以增新知而無益於科學，故欲以歸納法代之。蓋歸納法者，彙集特殊之事實以發現普遍之

原理，誠研究科學之唯一正當途徑也。Bacon 之歸納法，自今觀之，固尚多不完全之點，然其提倡改革，促後世之進步，於論理學之發展上厥功甚偉。其後 Locke，Hume（1711-1776）輩繼續其業，深加研究，於論理學發展上皆有大功。及 Mill（1806-1873）出，歸納論理學始告大成。Mill 著有 System of Logic，出版於 1843，為論理學上之名著。其書以歸納法為研究之主題，而輕演繹法。

　　大陸一方面，於近世之初，雖亦學者輩出，如 Descartes，如 Spinoza，皆為傑出之學者；然其對於論理學之貢獻，似不若英國學者之偉大。Wolff 以論理學為哲學之序論，且依照哲學之分類法，分論理學為理論與實用二部。理論之部論概念判斷及推理，實用之部論科學的研究法。Kant 對於論理學之觀念，與常人異，Kant 於承認形式的論理學（formal logic）之外，新創一學，謂之超絕的論理學（transcendental logic）。蓋 Kant 自由信於判斷之形式中，發現悟性之根本作用，而此根本作用為人心所固具。外來之印象為此根本作用所整理，自然界之法則即此根本作用所創造者也。是故 Kant 之見解，實以論理的形式為有創造之力。Kant 以後，言論理者遂有二派：一派發展其形式之部，一派發展其超絕之部；所謂超絕的論理學者，名為論理學，其實即認識論也。Hegel 承 Kant 之後，造成一種形而上學的論理學（metaphysical logic），以為概念之論理的發展必與自然界事物之實際的發展相應。Hegel 之論理學雖極一時之盛，然自十九世紀後半葉以來，似已漸衰。

　　論理學之派別　諸精神科學中，論理學為極發達之學問，然其研究之方法與學說之內容，各家猶未能一致。今之論理學，於普通之形式的論理學外，其較著者約有四派：(1) 認識論的論理學（epistemological logic），(2) 心理學的論理學（psychological logic），(3) 實驗的論理學（experimental logic），(4) 數學的論理學（mathematical logic）。茲略述其義如下：

　　1. 認識論的論理學。此派論理學出自 Kant 之超絕的論理學。於普通論理學問題外，兼欲研究智慧之內容與智識之界限。故此派論理學實

已超越論理學之範圍，而入於智識之批評。Schuppe，Bosanquet 諸人，此派之健將也，而近時 Wundt 之著書亦有此傾向。認識論的論理學之所研究，自屬極重要之問題，不容忽視，然此種問題，似可歸諸認識論之範圍，非論理學當盡之職務。

2. 心理學的論理學。此派論理學研究思想原則之心理的基礎，以實際的思想為出發點，而闡明其作用之本質。Jerusalem 乃此派有名之學者。據此派所云，則論理學不過心理學之一部，可以包括於心理學之內，而無獨立之必要矣。心理學與論理學有同種之對象，固為人人所公認，然其處理之道，二者不能相同；若純以心理學的研究法研究論理學，不免喪失論理學特有之目的。

3. 實驗的論理學。實驗的論理學之名為 Baldwin 及 Dewey 所採用；彼輩以為思惟作用之本質存於解決實際問題之作用，其支配環境之功能與他種精神作用無異。不過思惟作用帶有反省作用，與他種精神作用異耳。方思惟作用之理解環境而支配之也，亦嘗經過試行及錯誤（trial and error）之程序，故思惟作用實為帶有反省之實驗作用；持此見解以研究思惟，故曰實驗的論理學。實驗的論理學之態度與心理學的論理學頗相接近。

4. 數學的論理學。此派論理學欲藉數學的方程式以表示概念間之關係，且欲應用數學的方法以引出新斷案。推理之時，借用符號以表概念，與代數相同，故亦名符號的論理學（symbolic logic）。使此學始具嚴密之形式者，實為 Boole（1815-1864），其後 Jevons（1835-1882）等亦有功於此學。若用此派所設之符號以表示命題與推理，則舊時論理學上種種規則可以愈趨簡單，愈臻精密。然數學的論理學之論概念，專以外範（extension）間之關係為主；此種態度頗為反對論者所非難。簡單之方程式雖極便利，複雜之方程式往往過於繁雜，不易了解；此亦數學的論理學之弊也。

第二編　形而上學

第一章
形而上學上之問題

　　形而上學的思想之發展　思想之發展始自卑近而漸進於幽玄，始自
具體而漸進於抽象，此事理之所必至，而個人與社會之所同然者也。哲
學上之思辨，其進化之跡，亦歷歷可見。當獉獉狉狉與鹿豕同居之時。
人但知饑則食，飽則嬉，對於宇宙實體之問題，固未遑有所思索。及人
智稍進之後，其最初最簡單之解答，以為圍繞吾身而為吾所聞見者，莫
非實在之體；故其宇宙之觀念，乃一紛紜錯雜，各種個體之混沌體也。
然當時通俗之見解，亦既於物體之外，設想靈魂之存在。蓋生物無生物
之差異，死與夢之現象，頗足引起人類之好奇心，而促其想像物體以外
之實在。生物能隨意運動，無生物則否，非受外力之作用，不能自營運
動。於是通俗之人，乃推想生物之身體中，必寓有一物焉，以營言語運
動感覺等諸作用，而為生物身體之主宰。然主宰之為物，與身體截然為
二體，雖寓於身體之中，而出入任意，去來自由，暫時出游則成夢，去
不復返則身死。是故當時之所謂靈魂，其象如氣，目可得而見，手不可
得而捉，有肉體之形，而無肉體之質。此種宇宙實體之見解，殆可謂為
曖昧二元論（vague dualism），固不過通俗之思想，猶未得入於哲學之
林也。

　　物質界之現象與人對峙，其引人之注意最易，故其為人所研究也亦
最早。希臘初期之哲學，史家所稱為宇宙論時代（cosmological period）
者，其眼光專注於質之現象，而欲於是中求一變化多端形態無定之物
體，以為萬物之本源，而以天地間一切生死起滅之現象歸之本源之變
化。如 Thales 之水，Anaximenes（紀元前 588-524）之氣，是其例也。

及人事論時代（anthropological period）興，學者之注意始漸自外界之物質移向內界之精神，而以研究人事為主，如詭辨學派（sophist）及Socrates 是也。

　　精神與物質為宇宙之二大原理。曖昧二元論者固兼取二者以為宇宙之本源，即後世學者亦有於哲學上倡二元論，以解釋宇宙者。然人之思想往往不足於二元論，而欲以單元論（singularism）代之；誠以人性有好為統一之傾向，務求唯一之原理，以闡明萬有故也，希臘最初之哲學但知於物質現象之中，求一特別之物體，以為本源，及 Democritus（紀元前五世紀人）始創正確之唯物論（materialism）。Democritus 言：宇宙萬物，分之又分，終且達於不可復分之一境，此細不可復分而猶具有廣袤者曰原子（atom）。原子飛行空中，以營運動，聚散離合，以幻成萬物生死起滅之現象，而生活精神諸現象亦莫不可以原子之運動為之說明。Plato 承 Socrates 之後，倡為極端之唯心論。Plato 言：外界之物體非有真正之實在，不過宇宙本源所表現之幻影耳；而此所謂宇宙之本源屬於精神，而不屬於物質。當希臘哲學之初，已有唯物論唯心論之對峙，而近世哲學思想亦不過於二元論唯物論唯心論等諸學說之間有所取捨調和而已。茲先論形而上學之學派，而後次第敘述其內容。

　　形而上學學派之分類　形而上學學派之分類可列為五項如下：

　　1. 第一項之分類以宇宙間本源之數為標準。主張宇宙萬物出於一本者曰一元論（monism），出於二本者曰二元論（dualism），出於數多之本源者曰眾元論（pluralism）。一元論二元論之區別，在今日哲學上，大抵就宇宙本源之性質而言；若欲就宇宙本源之數量以立區別，不若別設單元論（singularism）之名稱，以與眾元論相對。單元論主張宇宙之現象出於單一之原理，眾元論則非立數多獨立之原理，不足以為說明。

　　2. 第二項之分類以所採用原理之性質為標準。而當吾人研究之際，可析原理為二方面：一曰存在之原理，二曰表現之原理。關於存在之原理，學者或取物質，或取精神，或兼取二者，或取二者之混合體。取物質者曰唯物論（materialism），取精神者曰唯心論

（spiritualism），兼取心與物者曰二元論（dualism），取心物之混合體者曰一元論（monism）。關於表現之原理，主張因果之相繼者曰機械論（mechanism），主張目的之隱伏者曰目的論（teleology）。

以上二項為宇宙論中堅之問題，而形而上學所不可不論者也。下三項雖不若上二項之普遍，然亦為形而上學中重要之部分。

3. 第三項分類以神之觀念為標準，故亦可謂為神學上之分類。神學上之學派凡三：(1) 汎神論（pantheism），(2) 超神論（theism），(3) 無神論（atheism）。

4. 第四項分類以意志之自由與否為標準。主張意志之自由者曰自由論（libertarianism or indeterminism）。主張意志之不自由者曰必然論（necessitarianism or determinism）。

5. 第五項分類以人心之本性為標準。主張有心體之存在者曰實質論（theory of substantiality），否定之者曰唯行論（theory of actuality）。而關於精神生活之根本性質，又有唯智論（intellectualism）與唯意論（voluntarism）之對峙；唯智論以智識為精神之主要作用，唯意論以意志為一切精神能力之淵源。

此五項者，各依其問題以為分類，故自理論上言之，哲學家之學說宜為此五項分類中各種主義之結合體。而考之實際，亦與是理想應；形而上學上各家系統，俱自此五項中擇其合宜之元素以成。不寧惟是，其擇元素以造哲學系統也，亦約略有一定之途徑；主張唯心論者大抵同時主張超神論，而承認心體之存在，主張一元論者大抵偏於汎神論與必然論。由是以觀，此諸項之分類非全無關係而各相獨立者，概可知矣。是故既知其人對於宇宙普遍問題之態度，即約略可以推知其對於特別問題之態度。若其普遍問題之見解與其特別問題之見解無一致之理，以貫通其間，豈復能立足於學問之境哉？

今試舉二三哲學家對於各項問題之主義，以見各主義結合之狀況。

Spinoza 之哲學，單元論也，一元論也，機械論也，汎神論也，必然論也，唯行論也，唯智論也。Lotze（1817-1881）之哲學適與相反，

變形的單元論也，唯心論也，目的論也，超神論也，自由論也，實質論也。Leibnitz 與 Herbart 之哲學頗與 Lotze 之哲學近似，惟二氏主張眾元論、必然論、唯智論，與 Lotze 異耳。

第二章
單元論與眾元論

古代之單元論與眾元論 單元論立唯一之原理以為宇宙萬物之本源；其在西洋哲學史上，實為最古之學說。當希臘哲學初興之際，Miletus 學派之學者咸抱單元之主義，欲於日常經驗切近之中，求一物焉以為一切現象之本源。

Thales 以水為宇宙根本之原理。天地萬物莫不生於水，亦莫不復歸於水，其生死起滅，特水之幻化耳。至 Thales 以水為萬物本源之理由，其說不可得而聞；Aristotle 嘗謂之解曰：物之生長營養，莫不有恃乎水，Thales 之主張，殆以此為本歟？

Anaximander（紀元前 610-540）繼 Thales 之後，以為可以為萬物之本源者，不可以有一定之性質，亦不可以有一定之際限；及設想 apeiron 以為萬物之本源。Apeiron 者無窮之義也；其為物也，充塞天地，貫徹古今，覆被萬物，而萬物胥由是出。

Anaximenes 乃 Anaximander 之弟子，改造師說，以吾人直接所能知覺之空氣，定為萬物之本源。至其所據以主張此說之理由，Anaximenes 嘗謂：人生藉呼吸以維持，宇宙藉空氣以保存，其理一也。是 Anaximenes 之主張此說蓋推生物所具之理以及於宇宙全體者也。

以上三氏為 Miletus 學派之學者，而皆主張單元論者也。

Heracleitus（紀元前 536-470）亦主張單元論，而以火為萬物之本源。Heracleitus 之思想，實以萬物流轉之說為之基礎。蓋物無故常，流轉不息，此正物之所以為物，而世界萬有之真相也；其有狀若不變，終始如一者，此無他，其自他物轉入之量與自此物轉出之量，常相等

故耳。而宇宙萬有之中，其流轉之迹最著，足以為一切之模範者，莫如火，故 Heracleitus 以火為化生萬物之本源。

單元論之學說至 Elea 學派而其理益精。Elea 學派創始於 Xenophanes（紀元前 570-480），而大成於 Parmenides（紀元前 510-430）。Parmenides 以“有”（being）為萬物之本源；其意以為物之所以存在，以有“有”也，天下無“無有”（non-being），“無有”者無有也，不可以設想者也。“有”為無始無終不生不滅之實體。蓋“有”若有始終，必始終於“無有”，或始終於“有”。“無有”不可設想，故“有”必不能始終於“無有”；而“有”之外別無“有”，故“有”亦不能始終於“有”。“有”既無始終，故無生滅。“有”不能分割。蓋“有”與“有”之間不能有“無有”之介居，故不能分割也。“有”不能運動。蓋運動必在空間，而空間不外“有”或“無有”。使空間為“有”，“有”動於“有”中，即等於靜；使空間為“無有”，“無有”本不能有，故亦不能有運動於其中者。此無始無終不生不滅唯一而不能分不能動者，乃宇宙之本源，而一切雜多變化之象，皆妄見耳。

Parmenides 之後，其弟子 Zeno 繼承師說，消極的以摧殘反對論者之基礎。Zeno 之說，可分為難多難動兩大論；取多與動二概念，分析討究，暴露其自相矛盾之狀，以見多與動之不能有，而宇宙本體之必為唯一與不動也。

希臘初期之哲學，發軔於單元論，及其終也，則又一轉而入於眾元論。Empedocles（紀元前 490-430），Anaxagoras（紀元前 500-429）及原子論者（atomist）皆眾元論之顯者也。

Empedocles 承 Parmenides 之思想，亦以“有”為不生不滅，然又承認現象界之變化非盡屬妄見；於是乃倡眾元論，以調和平等之實體與差別之現象，Empedocles 謂宇宙有四大元素，曰地水火風，不生不滅，是為萬物之根。四大元素時聚時散；此聚散之狀即生滅變化之現象也。而地水火風之所以聚散，別有愛憎（love and hate）二作用為之原因：愛為聚之原因，憎為散之原因。

　　Anaxagoras 之思想與 Empedocles 略同，惟 Anaxagoras 以為地水火風四根猶未足以說明宇宙間生滅變化之現象。蓋今日天地之間，既有千種萬態之事物，必先已有千種萬態之元素，與之互應，以為形成之張本。事物之數無窮，元素之數亦無窮，當不僅區區四根已也。Anaxagoras 謂萬物之元素為種子；種子無生滅，無變化，分之可以達至微，積之可以成至巨。天地間一切生滅變化之現象，莫不出於種子之聚散離合。而種子之有聚散離合，則又別有 nous 為之原動。Nous 者，萬物之中，最精最純，有完全之智識，有偉大之力量，為他物之動因，而不為所動。

　　原子論之草創者曰 Leucippus（紀元前五世人），其大成者曰 Democritus。原子論者與前二家略異，否認元素之無限分割性，而承認空虛之存在。Democritus 言：運動之發生，厚薄之差異，皆以有空虛在也。而空虛之中，有充實者；其為體極微，不能包含空虛，故不能分割，且僅恃充實之性以存在，故無性質之差別。此平等一如而不可復分之個體曰原子（atoms），原子無生滅，無變化，不為他物所侵入，亦不與他物相融合。萬物之生死起滅雖不外原子之聚散離合，然所謂聚散離合者，不過互相衝突，互相聯結而已，原子猶各自保其個體，未嘗相融合也。

　　Plato 之學說，可謂為兼含眾元單元二主義而成者。何以言之？其言世界萬物咸為各該類觀念（idea）之幻影也，是眾元主義；其以善之觀念為萬物之究竟目的，而足以統攝諸觀念也，是單元主義也。Plato 之所謂觀念，即 Socrates 之所謂概念，而具有客觀的實在性者；統攝各種個體，使自成一類，而對於物類無數之個體，則獨具一體，申言之，即普遍的而又統一的也。Plato 初由論理的關係立論，故不論善與不善，謂一切普通名詞皆各有其實體之觀念；繼由價值上立論，以善美的理想為觀念，且以 “善” 為觀念中之至高無上者矣。

　　Aristotle 之學說亦非純粹之單元論也。Aristotle 以形質之關係說明事物之生滅變化；曰：形者實現之性，質者實現之體，形與質合，乃

成世界一切之事物。然質為形之始，形為質之成；形與質本非二事，Aristotle 此說實為單元之思想。及其論形質相互間之關係，形為原動，質為被動，方形之實現也，質常為之阻，故不能有完全之實現，則又近於二元論矣。

近世之單元論與眾元論　入近世以後，Descartes 以無限的神為實體，似亦可以列諸單元論之列，然 Descartes 持此義不堅，謂精神與物質亦為實體，其與神異者，不過此二者屬於有限的，非憑藉無限的神，不能自存耳。然精神物質所憑藉者，惟神而已，外此亦無所憑藉；精神自精神，無待於物質，物質自物質，亦無待於精神。精神以思惟為特質，物質以廣袤為特質，而思惟與廣袤截然異質，無相待相成之功。Descartes 既以精神物質為實體，又謂二者各自獨立；是顯然二元主義之思想也。

Descartes 之思想傳至 Spinoza，始成嚴格之單元主義。Spinoza 亦以實體為究竟之存在，且亦承認 Descartes 所設精神物質之特質。然 Spinoza 不以精神物質為實體，而以之為實體之屬性。實體為圓滿完全之實在，而屬性所以表現實體之圓滿相，故屬性之數當為無窮，然人之智力有限，其所能知者，不過精神與物質二方面耳。精神與物質為一體之二面，其關係猶表之於裏，不能須臾或離。

Leibnitz 之學說，近世著名之眾元論也。其大體之思想亦本於 Descartes 之哲學，不過易其寂靜者為活動，易其一體者為眾體而已。Leibnitz 名其形而上學之本體曰 monad，monad 乃活動之力，其數甚眾，獨立自存，不能分割。Monad 與原子論者之原子有別，原子有廣袤，而 monad 無之；蓋 Leibnitz 以為苟有廣袤，則思想上似猶可以分割，未足以成其純一也。故 monad 無有廣袤，而為形氣以上之力。Monad 之活動為發展進步之活動，而各 monad 發展之狀，乃其本來所固具者自行開發，非受之於外也。

近時思辨哲學三大家均單元論者也。Fichte 繼承 Kant 境為心造之思想，以 " 我 " 為究竟之根本。Kant 之言外物不能離心而存在，其所

謂心非個人之心，乃眾人意識所同具之基礎也。Fichte 之所謂 " 我 " 即是此義。" 我 " 乃活動之事實，" 我 " 立 " 我 "，同時又立 " 非我 " 以與 " 我 " 對；而所立之 " 我 " 與 " 非我 " 又莫非 " 我 " 之活動也。

Schelling 謂 " 非我 " 非 " 我 " 之反對，乃 " 我 " 之準備，" 我 " 之前導也。蓋 " 我 " 即精神界，" 非我 " 即自然界，自然界發達至於絕頂，始有精神界之出現，而精神界出現後，自然界之真意始明。故自然界與精神界，自實體上觀之，固平等而無差別者也。而此絕對之無差別即宇宙萬象之根本也。

Hegel 以絕對的理想為根本。絕對的理想之發現於外也，則為自然界，及其返而自行意識也，則為精神界，一切事物莫非此絕對的理想之表現，而此所現之理想即一切事物所含之意味，此所含之意味即一切事物之實在也。是故理想即實在，實在即理想。

Herbart 為眾元主義之學者。其所主張之根本元素曰 real 。Real 者，現實之義也。Real 乃形而上之體，非時間上空間上之體。Real 單純不變，無有廣袤無有分量，無有程度之差別。Herbart 之 real，與原子論者之原子，Leibnitz 之 monad 同為眾元。然原子為空間上之體，具有廣袤分量，而 real 則否，此 real 與原子之異也；monad 具有發展之力，而 real 無之，此又 real 與 monad 之異也。

Schopenhauer 單元論者也。Schopenhauer 之思想亦導源於 Kant 之哲學，然其思想之所趨與 Hegel 大異。Schopenhauer 以意志為究竟唯一之實在，宇宙萬象，自天空之星辰以至地上之動植，莫非意志之表現。意志盲目而無厭，慾愈盛，則愈不能自足，愈不能自足，則慾盛而求愈切。是故一切存在不能去煩惱，而人為萬物之靈，其煩惱尤甚。

Fechner 之哲學亦單元主義也。Fechner 以神為萬物之根本；且謂精神物質之差異，乃現象上之差異，非實體上之差異，易言之，觀察之點不同，故生此差異耳。蓋物質乃神之外的方面，精神乃神之內的方面，雖有內外之不同，而無形體之區別。Fechner 嘗設譬論，謂物質精神之差異猶同一圓球凹凸兩面之差異也，自球內觀之，則球為凹，自球外觀

之，則球為凸。

Lotze 之哲學乃單元眾元二主義之結合體也。Lotze 謂吾人所經驗之要素，各遵一定之理法，以與他要素相結合。此要素之互相結合，實機械的世界觀之基礎也。然各個要素非能離此結合以獨立自存，何以言之？使甲乙二要素而各相獨立，則此二要素間之相互作用，甚難理解，必也甲與乙二要素非絕對分離，而後甲要素所起之事實始於乙要素有意味也。多數之獨立體不足以解釋機械的作用，唯有確信包容一切之無限實體，而以此實體之活動點為特殊之要素，其理始能明耳。

單元論眾元論主張之理由　以上略舉哲學史單元論眾元論之顯著者，以見學說之一般。茲更擷取單元論眾元論主張之理由，分述如下：

主張單元論者往往推論其所以主張之理由，以維繫其學說，約而舉之，可得四項：

1. 論理上最普遍者，不可以不一。Fichte，Schelling，Hegel 三氏皆持此義。凡特殊之觀念必與最高唯一之觀念相關係，特殊之智識必自最高唯一之命題以演繹。而思辨與存在之間，有完全之平行關係，故最高唯一之觀念或命題，必為一切存在第一原則之表現。

2. 最根本者不可以不一。宇宙萬象莫不起滅於因果之中，而因因果果遞推以進，必達於唯一之究竟原因。持此說者，在古代有 Plato，在近世有 Lotze 。

3. 真實存在者不可以不一。此希臘古代 Elea 學派之說也。

4. 至善至美者不可以不一。自此價值上立論，Plato 其代表也。

主張眾元論者，其所持以立論之理由，鮮有論及者；不過如希臘之 Empedoales，Anaxagoras 等以為非有異質之眾元不足以說明宇宙間千種萬態之現象耳。

單元論眾元論與他種主義之關係　一元論汎神論超神論屬於單元論，二元論屬於眾元論。其他形而上學上之學說，則與單元論眾元論無一定之關係。

第三章
唯物論

　　唯物論之種類　唯物論一名所可包含之學說，為數非一，語其大別，可得二類：一曰理論上之唯物論，二曰實踐上之唯物論。實踐上之唯物論乃倫理學上之見解，而以物質上善美之事為人生究竟之目的者也。理論上之唯物論乃形而上學上之見解；今茲所論，即是此類。

　　古代希臘之唯物論　Lange（1828-1875）有言：唯物論之歷史與哲學之歷史同其悠久。信哉此言，試觀希臘第一期之哲學，無一非唯物主義，可以知世有哲學便有唯物主義矣。哲學之始祖 Thales 以水為宇宙根本之原理，其繼起者或以氣，或以火，其所持雖不同，要皆物質之一種也。Miletus 三哲未嘗詳論精神之生活，蓋當時方注全力於外界之研究，未暇顧及內界之精神也。Heracleitus 已有靈魂同出自火之思想，以為火愈多而愈燥者，其靈魂之作用愈高；火愈少而愈濕者，其靈魂之作用亦因之愈下。Anaxagoras 以 nous 為動植物之靈魂，然 nous 猶屬物質，非純粹之精神也。

　　原子論者 Democritus 以原子解釋物質，兼以解釋精神。Democritus 言：宇宙萬物莫不成自原子，原子質同而形異，用以化生千種萬態之現象。物之靈魂亦成自原子；不過靈魂之原子平滑而圓，於諸原子中為最精耳。宇宙萬物莫不具有此原子，故莫不具有此靈魂；第其分量有多寡，斯其程度有高下耳。靈魂之原子輕微易動，每遇空氣流入身體，原子受其壓迫，勢且不能自持，幸賴呼吸作用為之維繫，始獲全耳。呼吸作用一方面吸入空氣，以抵禦體外空氣之侵入，他方面於吸入空氣之中，攝取靈魂之新原子，以補償體內原子之喪失。故一旦呼吸作用中

止，無以補時時刻刻靈魂之原子之喪失，則體溫不能復保、而生物不能復存矣。

Democritus 原子論之思想後為 Epicureans 之 Epicurus（紀元前 342-270）所祖述。Epicurus 以快樂為人生唯一之目的，其學說大旨與 Cyrenaics 略同，然其立說之精，遠出 Cyrenaics 之上。Epicureans 之思想趨重實踐，其視天地萬物之研究，本不過無足重輕之閒業。特世俗之人多妄想迷信，用以自增其煩惱，自害其安逸；物理之學足以祛除妄想，以自安謐其心，斯為有益耳。而 Epicurus 縱觀古來各家之所說，惟 Democritus 之原子論最足以達祛惑之目的。故其學說一惟 Democritus 之思想是遵。其大意謂真實存在者，不外空虛中運動之原子。原子自上下降，本作垂直之形，亦有稍偏左右而斜行者；於是原子之間遂相衝突，以生種種運動，以成種種現象，而萬物之生滅變化即於焉成也。人之靈魂亦出自原子，人之死也，靈魂原子飛散空際，不復能聚；故肉體一死，靈魂即隨以盡。登天堂，墮地獄，荒妄之說，無稽之談，不足信也。

近世英國之唯物論　近世哲學之唯物思想發祥於英國三島之地，而 Hobbes（1588-1679）實為其始祖。Hobbes 頗重數理等學，而以倫理政治之說顯名當世。其論宇宙之原理曰：一切存在莫非有形之體，而一切現象莫非有形體之運動。精神作用亦不外是理，蓋精神者，有機體內部之運動也。故 Hobbes 之意，以為哲學之為學，不外研究形體運動之學問；詳言之，即觀於形體之運動，以求現象之原因，更據此原因以說明現象之所以生者，哲學也。

Hobbes 之後，精神作用之有待於身體，其理益明，於是唯物之論亦益發達。自由思想家（free thinker）Toland（1670-1722）言：運動為物質所固具，猶廣袤之性非物質所可或缺也。物性本動，而吾人感官之所接有若靜止者，則反對運動互相牽制之結果也。物體之差異，則又各成分運動所呈之狀態也。思想之作用，亦不外腦中之運動，與尋常物質之運動非有區別。

Hooke（1635-1703）曰：記憶者，腦質中觀念之物質的貯藏也。Hooke 且謂成人一生中所得之觀念，其數約及二百萬左右；而腦中有無數之空處，以涵容此觀念，若驗以顯微鏡，當不難明也。

聯想學派（associationist）Hartley（1704-1757）擴充 Hume 聯想之說，而論其生理之方面。其言曰：腦神經之微分子有振動之作用，而其單純之振動可以互相結合以成複雜之振動，與精神方面單純觀念之合成複雜觀念者，其作用正同。精神方面單純觀念作用之際，生理方面即有單純之振動與之相應，及單純觀念結合而成複雜之作用也，生理方面又有複雜之振動與之相應。然 Hartley 所論，但言生理心理兩方面之相應而已，及 Priestley（1733-1804）出，乃引 Hartley 之說更進一層，以入於唯物論。Priestley 曰：物質者，一切作用之基礎也；心理作用必恃生理作用而始成，非徒相應而已。Priestley 自名其學說曰唯物論；而其所云物質，乃指相引相斥之勢力言也。

十八世紀法蘭西之唯物論　Kant 以前之唯物論，至十八世紀之法蘭西哲學而臻於絕盛。初，法國自 Descartes 以來，學術甚盛，英之 Hobbes，Locke 類皆游學法國，以廣其見聞。及十七世紀末葉，英國哲學為長足之進步，其哲學思想轉以輸入法國，以喚起其新思潮。Montesquieu（1689-1755），Voltaire（1694-1778）二氏，實為當時輸入者之代表。二氏皆鼓吹 Locke, Hume 之學說，以一洗思想界從來之舊習。當時之思潮，歷史上謂之法蘭西之啟蒙思潮（French Enlightenment）。Locke 之學說移植法蘭西後，其認識論上觀念之說（ideology）漸變而為感覺之論（Sensualism），更與生物學生理學上之觀察相聯繫，遂造成形而上學上之唯物論。當時法蘭西之唯物論哲學家，以 Lamettrie（1709-1751）為巨擘。Lamettrie 著有人間機械論（L'Homme Machine）一書，以昌明唯物之宗旨。其言曰：一切心理作用皆物質上之變化也。思想宿於腦中，各於腦質上占據一定之位置。既占有位置，則其有廣袤而為物質也，必無疑矣。物質有思惟之力，一若甚難索解；然天下事物，其理之難明者，何可勝數。況臨診經驗之所指

示，比較解剖之所證明，心理作用必依賴身體以存在，既已彰彰明甚，更何所用挾疑於其間哉？離却身體，便無精神作用。精神之有賴於身體，既若是其切，則其與身體之同歸消滅，更不俟論矣。昔 Descartes 以下等動物為機械；La Mettrie 曰：非唯下等動物為然，即吾人類靈長萬物，亦不過一物質之機械耳。人與動植物之間，僅有程度上之區別，非有性質上之差異也。

　　Robinet（1735-1820）曰：宇宙間萬物構成若干連續之階級，各階級咸具有心物二種之要素。但二要素混合之比例，各不相同，豐於此者則嗇於彼。而二要素中物質實為基礎，精神出於物質，終亦歸於物質。

　　Cabanis（1757-1808），研究生理作用與心理作用之關係，終乃發現精神之生活必為身體及其生理關係所規定。Cabanis 著書中有曰：腦髓之分泌思想，猶肝臟之分泌膽汁也。斯言也，實為唯物論上之名句，而後世往往引以為爭議之題目者也。

　　唯物論大盛之結果，學者乃輯為一書，以昌明唯物論之宗旨。書名 System of Nature，實當時唯物論之聖經也。書中未署著者之真名，或曰出自 Holbach（1723-1789）之手筆，而 Dederot（1713-1784），Grimm（1723-1807）諸氏實贊助之。書之主旨，在排斥一切超自然之思想，而以物質之理貫徹之。其言曰：宇宙之間，唯有物質。物質之為物，有廣袤之性，而具運動之力；世間萬事，莫不可以此為說明。所謂精神作用者，亦不外此運動力之結果。蓋感覺為腦髓分子之運動，而一切精神作用又皆以感覺為本故也。運動之力，通於物理人事二界；在物為惰性，在人為自衛性，在物為引力與拒力，在人為親愛與憎惡。世人不察，誤精神物質為二事，於是有二元論之主張；而宗教家神造世界之謬見，又由二元論以起。推夫人之所以懷抱神之觀念者，以大地之上，災異時有，人既苦其酷虐，復無術以知其起因，於是乃設想一不可思議之力，以為災異之淵源，從而諂媚焉以求苟免。畏敬之極，遂益信神之存在而不疑矣。雖然，以神為造物主而賦以非物質無制限等消極之性質，適足以證神之觀念之無有價值。且宇宙萬物渾然一體，此渾然一體之外，更

無別物，森羅萬象與使之活動之原因，非可強分也。

　　十九世紀德意志之唯物論　十九世紀中葉，德意志唯物思想大盛，頗為一般學子所歡迎。溯其興起之由，厥有二端：一為反抗 Hegel 等思辨哲學之跋扈，其他則心身關係上新觀察新實驗之影響。1854 開自然科學大會於 Goettingen，學者之間，多所辯論，其卒也，遂有各學者論說之發刊。如 Vogt（1817-1881）之迷信與科學（Koehler glaube und Wissenschaft），Moleschott（1822-1893）之生命循環論（Der Kreislauf des Lebens），Buechner（1824-1899）之勢力與物質（Kraft und Stoff），皆唯物論上之名著也。

　　十九世紀新唯物論之異於十八世紀舊唯物論，其主要之點，在知認識論上之理由亦為維持唯物的見解所不可缺之具。Vogt 斷言思想之界限與經驗之界限相應，不能逾越此範圍而有所思索。且謂腦髓乃精神作用之機關，精神與腦髓之關係，猶膽汁之於肝臟，便溺之於腎臟；而其事理之明確，則猶二二之等於四也。腦髓之細胞何以能生精神作用，Vogt 雖未能說明，然猶堅信二者間之有密切關係；且更進而於精神作用與腦髓之重量皮質之曲折間，研究其關係也。

　　Moleschott 曰：宇宙萬物各賴其屬性以存在，故自存之物（thing-in-itself）與吾見之物（thing-for-us）初非有異也。物性之刺激吾感官者，使吾能得而盡知之，則吾既得物之真髓，而吾之知識為完全矣。Moleschott 更進而言曰：思想乃腦質之運動，而當其作用也，必經歷若干之時間，此考之心理之實驗，可以知也。

　　Buechner 之思想頗為蕪雜，前後之間，似未有一致之理以貫徹之。Buechner 曰：勢力與物質，猶精神與身體，乃同一實在之兩面也。而此實在之為何物，則非吾人所能知。Buechner 此說，純粹一元論也。然Buechner 又曰：物質之存，先於精神，精神之生，必預想有機組織之存在。蓋物質者，物質力之所寓，亦精神力之所宿也。精神為腦髓全體作用之綜合的表現，猶呼吸為呼吸機關全體作用之綜合的表現，神經細胞何以能生感覺與意識，其理雖未能明，然吾人但知腦髓之有斯種作用，

亦既足矣。Buechner 更就諸種精神作用以考究其腦中之位置，遂取理性想像記憶空間知覺等一一分配於腦質中之神經細胞，且謂成人之發達意識中，觀念之數當不逾十萬。

Czolbe（1819-1873）曰：感覺作用與物質作用，乃同類之運動也。當刺激之發自外界，藉感官與神經以傳入腦髓，其間初未嘗有性質上之變化。腦髓之為意識官，則以其為是等循環運動之舞台故也。感覺意識既與運動為一，則運動亦必與感覺意識為一；故運動所存之處，必有意識，從可知矣。

Ueberweg 唯物論之理論，與眾稍異，蓋氏專恃論理上演繹之推理，以建設其唯物論之學說者也，Ueberweg 曰：吾之觀念，即現象界之物體。物體有廣袤，故吾之觀念亦必有廣袤，而觀念起伏於吾之精神中，故精神亦必因之以有廣袤。有廣袤者莫非物質。則吾之精神必為物質也，明矣。

唯物論之論據及其駁論　一切精神作用不外腦髓之官能，而精神作用之性質必俟研究腦髓作用而後明，舉此等命題而證明之，正唯物論之天職也。而證明之道，最普通者，約有三端，分述如下：

1. 方法論上之論據（methodological argument）或曰：有精神焉，無形無體，獨立自存，不依不倚。此其為說，直等於未開化人民之見解。未開化人民之解釋一切現象也，均歸諸不可見不可知之神靈，而莫能他求。方今知識日進，科學日明，豈復可尤而效之哉？夫經驗之所啟示，不外身體與身體各部之機關；凡此有機組織之所經營，及發現於此有機組織內者，不當悉歸諸各機關之官能乎？心體之假定，實形而上學上武斷之談，既屬駢枝，又難自持。宜為精確學問所屏棄者也。

2. 機械論上之論據（mechanical argument）近時自然科學進步之結果，學者發現一有力之原則，曰：宇宙間之勢力終始常住，不生不滅。一切現象莫不成自勢力之轉移，運動力易而為熱力，熱力易而為光力，光力易而為電力。其形式雖屢有變，然考其分量，則未嘗有所增減也。此之謂勢力常住律（conservation of energy），勢力常住律可以通用於一

切科學，而未嘗發現其刺謬不通之點。今試假定精神為獨立自存之體，而無待於身體之機關，則當意志作用時，何以能伸縮筋肉以成運動乎？使意志非物質，而猶能為筋肉伸縮之原因，是則於現存勢力之外，新有所增加矣。故精神之假定，與勢力常住律不相容；學者宜棄而遠之，豈復可引以為形而上學之基礎乎？

3. 宇宙論上之論據（cosmological argument）吾人今日所棲息之地球，太古之初，本不過一火球耳。當斯之時，熱度過高，不適有機體之生存，故人類無由生，而精神之現象亦未由起也。及地球既冷，地殼既成，適於有機體生存之條件亦既完備，於是植物以茂，動物以興，漸演漸進，終乃有人類之發生，而精神現象亦隨有機體之生存以俱生。當洪荒之世，未有有機體，固亦無由有精神也。精神之起源既有藉乎有機體之存在，而猶曰精神得離身體以獨立，此豈復成意義乎？

以上三說為唯物論家所持以建設其學說之論據，然在反對者視之，茲數說者，其根據皆極薄弱，未足以措唯物論於磐石之固也。茲先述反對者對於上三說之反駁，而後更及其他一般之批評。

1. 唯物論者反對心體之假定，固亦近世心理學所贊同也，然其以所以贊同之故，則與唯物論大異。精神之特質在於作用之表現，精神作用以外，別無精神實體之存在，此誠日常經驗之所昭示，而吾人所堅信不惑者。是故苟有假定身體以外，別有心體，身體雖死，心體不滅者，是則蔑視經驗，妄倡臆說，而吾人所當與唯物論者共棄者也。然吾人所謂靈魂，所謂精神，但指精神作用之統一而言，非指其獨立之實體而言，猶物理學者之用磁氣電氣等語，固未嘗軼出科學所許之範圍外也。夫實體之性，縱非物質，然當其映於吾心也，一若占有空間之位置，而帶有物質之形相。是心體之假定，雖為唯物論所堅拒，而實足以引人入於唯物論之思想。今欲去此弊，惟有固守經驗之範圍而不逾越耳。心體之無有，固日常經驗之所垂示，而精神作用之不能與物質苟同，亦日常經驗之所垂示也。據經驗以立說，實為科學上至當之方法，唯物論者豈得有所訾議於其間哉？

2. 自然科學之學者往往以機械論上之論據為唯物論最固之基礎。雖然，勢力常住律乃科學家得之於物理學化學之範圍，而非得之於心理學上之事實；故勢力常住律行之物理學化學的現象，雖未嘗乖謬，若施之心理之現象，其必能有效與否，似尚在不可知之數。有機組織之順應，內官外官之感覺，此等簡單之作用，其果能以物理學化學上之法則說明與否，已為一般學者所爭論，而未能一致，況高尚之精神作用乎？近時學者之中，頗有人主張精神方面別有原則，與物理學化學上之原則大異，不過其性質與作用，尚待深究耳。夫使勢力常住律果可以適用於心理之現象，則唯物論所持之說誠當；今可以適用與否，尚屬疑問，是唯物論之基礎本未堅固，不能無傾覆之患。不寧惟是，使精神方面而果別有原則，則唯物論堅持勢力常住律，未足以制人，適足以自制而已。何以言之？勢力常住律僅能適用於物理學化學上之事實；而物理學化學上之事實則皆入於此規律，而莫能免，此固學者所公認者也。今假唯物論者引精神作用為物質作用之結果，是則物質之勢力或不免有所喪失矣。寖假而引精神之勢力與物質之勢力同視，精神勢力可以有增益，是勢力之分量不必常住已。由是觀之，勢力常住律似尚未足以為建設唯物論之基礎也。

3. 宇宙論上之論據，屬於想像之談，未有確切之證明，不足以為立說之根據。蓋精神生活之起源，非吾人所能經驗；吾人所經驗者，特現實之精神作用耳。現實之精神作用，固有賴於生理條件，然安知生理作用為精神作用之唯一條件乎，此未可必也。至於宇宙之中，曾有絕無精神生活之一日與否，無有精神生活之宇宙能存與否，此種問題，超絕吾人知力之上，不宜妄加臆斷。今唯物論者引未經證實之事實以為立說之根據，其基礎先危，復何能立？唯物論研究精神與腦髓之關係，其於科學上之功績誠堪歎美，然欲以之說明宇宙，不免猶有缺點耳。

對於唯物論之批評　反對唯物論者對於上三說之駁論外，尚有自他方面以駁斥之之議論，茲雜取最顯著者，略述如下：

1. 依倚關係與因果關係有別，依倚關係較為普遍，因果關係較為特

別。依倚關係者，言有甲乙二現象，甲現象中每起變化，乙現象中亦隨之以生相當之變化。所謂相當者，言兩變化於性質上分量上皆同也。因果關係具備此種條件外，復備依倚關係所不備之條件，即時間上不許關係之顛倒是也。故吾人於精神作用與物質作用之間，斷言其有依倚關係，與斷言其有因果關係，宜慎加區別，不可混而為一。公平之觀察家固亦知精神有賴於身體，而身體有賴於精神，然但認其有依倚關係而已，不認其有因果關係也。唯物論者不察依倚與因果之異，遂以因果關係加之於互相依倚之心物不亦謬乎？

2. 物質之特性在有廣袤，而意識無之。然則有廣袤之物質何以能生無廣袤之意識乎？此理甚不可解也。若謂意識亦有廣袤，與物質無異，此與吾人之經驗相剌謬，乃強辭奪理之談，非學者所當引以為論據也。要而言之，雖極簡單之感覺作用，亦非唯物論所能說明。且唯物論者亦曾自承腦髓之生精神作用，其理為不可明矣。既知其不可明而猶堅持之，得非自相矛盾乎？

3. 唯物論不特不足以說明精神作用也，且亦不能解釋其所引以為唯一實在之物質。唯物論舉凡一切疑難之問題歸之於物質，而以物質為唯一之實在，然未嘗於哲學上舉物質而解釋之。物理上以原子釋物質，復以電子釋原子，可謂進步已，然在哲學上視之，此問題依然故態，不稍進步，而物質之性質待解釋也。夫物質者，色聲香味廣袤形態動靜充塞等諸屬性之結合體也。而此等諸屬性，莫非人之感覺作用，例如生而瞽者，不知有色，生而聾者，不知有聲，去感覺即無物質之屬性。然則諸屬性之外，猶有所謂物質者存乎？此唯物論者所不可不舉以說明者也，而唯物論者未能也。

4. 自認識論上觀之，唯物論實誤解人間經驗之特性，雖巧為辨飾，終莫能逃此咎也。何以言之？所謂主觀與客觀，精神與物質，非本相獨立也。吾人經驗之所得，蓋渾然一體，未嘗判別；及加之思辨，而後始於經驗之資料上，發現主觀客觀概念上之區別，是主觀客觀之區別，乃抽象作用之結果，而造作物質之概念，則又第二抽象作用之結果也。

主觀客觀二要素均為經驗所不可缺，今唯物論者探索宇宙之究竟，不求之於渾然一體之經驗，而以第二抽象作用之結果為根本之原則，不亦誤乎？

　　5. 唯物論者固以物質為自存之實體，而不以為抽象之概念，例如論原子者，以為原子可以目見手捉，而為勢力之所自出。然按之經驗，吾人取經驗之資料，再施抽象，而後物質之概念始得。物質果為概念，則唯物論之基礎不攻自破，唯物論者豈有善法，足以證明物質之非概念，以自維繫乎？

第四章
唯心論

　　唯心論與唯物論，實為形而上學上正相反對之思想，而唯心論之出現於哲學史上也，視唯物論稍遲。誠以人智初發達時，注意為外界所奪，不及內顧，故其殫精竭慮所研究者，莫非物質上之事實。及智識益進，人之注意漸由外界移向內界，始以精神上事實為其研究之對象；於是唯心論乃漸能成立。

　　Plato 之唯心論　在昔希臘，Plato 實為唯心論之第一人。Plato 之哲學淵源於 Pythagoras，Elea 學派及 Socrates 三家之學說，旁採物質人事兩時代諸子之思想，陶冶融合，以成美備之體系。Pythagoras 學派以數為萬物之本源，而其言宗教也，有天國之思想，其言曰：人死之後，靈魂脫肉體而出，生時有善行者，靈魂上升天國，脫形骸之累，享極樂之福。此天國之思想，Plato 受之，遂以觀念界為理想界矣。Elea 學派以 “有” 為萬物之本源，而 “有” 之為體，無始無終，不生不滅，不變不化。此 “有” 之思想，Plato 受之，遂以觀念界為常住不變矣。而 Plato 之以觀念界為實體界，及以善之觀念為萬物之極致，則皆得之 Socrates 之思想。Socrates 承物質研究時代之後，蔑視物質之學，以為無足輕重而注全力於主觀之研究，常持 “明己”（Know thyself）一語，用以自勉勉人。又懼詭辯學派之破壞道德混淆是非也，乃創為研究真理之道，取若干具體之事物，對照比較，抽象其普遍不易之性，以造概念，以致真知。而其致知之目的，則在建設道德之基礎。蓋 Socrates 以為欲修其德，先致其知，知致則德無不修，人苦不能知善耳，苟能知善，必能行之，匪惟能行之，且莫能止之也。Plato 取 Socrates 之概

念，賦之客觀之實在，用以造成觀念之世界。又承 Socrates 道德為究竟目的之思想，遂以善之觀念統攝諸觀念，而為萬物之究竟目的也。

觀念無形無體，不變不化，有普遍之性，有統一之功。是故觀念之理，即萬古不易之真理也。然欲得此萬古不易之真理，非感覺之力所能及。蓋感覺之所得，不過變化無定之形態，而非事物恒久之理法。唯有借助於理性之作用，始能得觀念而認識之。故觀念乃理性之對象，而超然於感覺以上者也。

實體界觀念之於現象界個體，猶形之於影，聲之於響也。形聲為實，影響為虛，形聲來則影響以現，形聲去則影響以沒。觀念之表現於個體，既不能恒久，又不能圓滿；故現象界之個體始終漂泊於生滅變化之中，而莫能常住。實體界之觀念不特為現象界個體之原因，且亦為個體之目的。蓋 Plato 之意，視原因與目的為一事，故曰：發生之原因，即善美之目的。而萬物之所以生滅變化不得常住者，無非欲實現此善美之目的耳。

Plato 之論觀念也，以為真實存在者，不外善美之事物；於是更進一步，遂立善之觀念，置諸觀念組織之絕頂，以為萬物究竟之原因，且譬之太陽，足以照臨萬方也。蓋昔者 Socrates 觀察事物，其著眼之點專在該事物所應盡之職分，以為畫工之所以為畫工，其故在善畫，治者之所以為治者，其故在善治。Plato 益擴充此義，推及於宇宙間一切之事物，以為事物之所以為事物，必各有所宜。而各體之所宜，又必有全體之所宜為之統攝，易辭言之，即各體之目的必緣全體之目的以規定。此全體之所宜，即宇宙之究竟原因，使非善之觀念曷克當此？

Leibnitz 之唯心論　近世哲學之初，Leibnitz 為唯心論之重鎮。Leibnitz 以為哲學猶數學，當應用演繹研究法，自最簡單最明晰最確實者出發，以次推論，庶足以達明確之思想。故為學之道，宜遵從同一律與矛盾律，以規定其界說。而 Leibnitz 哲學之系統，實與其所主張相符合，其重要之思想大抵出自實體之界說。

實體之說，始自 Descartes。Descartes 之界說曰：實體者，不憑

藉他體，而能自存之體也；故足以稱實體者，厥惟神。而 Descartes 又謂精神與物質亦足以稱實體；蓋精神物質之所倚以存在者，不過神而已，外此亦無所憑藉故也。Spinoaz 則否定此含混之用語，而以神為唯一之實體，其界說曰：實體自存而自知，故實體之觀念不必預想他體之觀念以為之淵源。Leibnitz 實體之界說，與 Descartes 同，不過易其一體者為無窮之眾體而已。Leibnitz 且謂自存者必具有活動之力，故自動作用為實體之精髓。而此獨立自存實體之單位。Leibnitz 採用 Bruno（1548-1600）之說，謂之 Monad。Monad 為真正之原子，與自然科學上現象界之原子相反。Monad 為形而上學上之點，故無有形氣，無有廣袤，Monad 為最簡單之元素，故不可以見，不可以分。Monad 之精髓又在自動，故 monad 不能收受外界之印象；其自動之作用，乃其本來所固具者，自行開發，非受之於外也。然各 monad 之間，有預定之調和（preestablished harmony），故雖不互相影響，而能互相一致。惟其相一致也，故觀於一 monad 之狀態，可藉以推知一切 monad 之情況。

　　Monad 為宇宙之縮影，所以表現宇宙之全體。而 Leibnitz 此所謂表現，實與思惟同義；蓋雜多之物表現於一體，外界之事含蓄於內部，其作用實與思惟之作用類似故也。Monad 活動（即思惟）之發展上，有無數之等差。所謂發展者，即自觀念不明瞭之狀態，漸進而至於觀念明瞭狀態之謂也。而推其等差之所由生，Leibnitz 則謂 monad 之活動上，有進行方面與抑制方面，兩相糅雜，爰生等差。Monad 之中，未有不具抑制方面者；其能純然活動而不少蒙抑制者，惟神而已。故 Leibnitz 置神於一切 monad 之絕頂，而謂之最高 Monad。

　　Monad 既無盡同，亦無絕異，其能獨立自展，終相契合者，以神為之原因也。自思想上言，monad 固自無始以來，既已存於神心，易辭言之，即 monad 未有實在之先，亦既存於神心。至於神心思想上以外之實在，必別具充足之理由，而後始獲。其理由維何？曰宜於實在而已矣，即 monad 所具完全之度愈高者，其實在之理由愈大。神於思想上所存之諸 monad 中，擇其完全而調和者，賦之實在，以構成調和之宇宙；其有

未完全未調和者，終止於思想上之存在而已。

　　宇宙萬物莫非成自 monad 之結合，而 monad 本無廣袤，然則空間之為物，何自起乎？Leibnitz 以空間為吾心主觀之所構造，非外界實有之體。吾人仰視銀河，但見延擴之一體，而不辨構成此體個個之星辰；此緣視力不足，不克以真相示人。Monad 結合體之有廣袤，亦猶是也。空間為吾人主觀上之現象，空間中所起之運動亦吾人主觀上之現象也。

　　Berkeley 之唯心論　唯心哲學家中有自認識論出發以建設其學說者，如英之 Berkeley（1685-1753），是其例也。Berkeley 承 Locke 之後，益求精進，初 Locke 之論物性也，設第一性質（primary qualities）、第二性質（secondary qualities）之區別。第一性質為物體所固具，如廣袤形態數量動靜充塞等性是也；第二性質僅存於感覺之上，而非物體所固具，如色聲香味寒煖等性是也。Berkeley 則毀棄第一第二之區別，以為一切物性，莫非吾心之觀念。其言曰：物體之大小，距離之遠近，本非視覺所能知。稽其起源，蓋觸覺所得之經驗與視覺相結合，始能知之；及習慣既久，則一張目便能知之矣。生而盲者，初愈見物，物無遠近，一若咸在目前；此亦足以證視覺之本不能知大小遠近。是故物之大小遠近，以及動靜形態，皆生於觸覺視覺之結合，易辭言之，即於視覺所得之感覺上，吾心有所附加，而後大小遠近等始形焉。大小遠近等性既為感覺間相互之關係，則其無客觀上之存在，又從可知矣。

　　Berkeley 又否定實體之存在，曰：實體之為物，與所具之性質既異，而復具有此種之性質；是實抽象觀念之最甚者，反省吾心，無有若是之觀念。蓋吾人實際所能思惟者，不外各種性質之結合體耳。例如有物於茲，舉其形態大小重量顏色等諸性質胥引而去之，則所餘者夫復何有？故知一切物類不外其所具性質之結合體，而一切性質皆為觀念，故一切物類又不外觀念之結合體耳。然 Berkeley 之否定實體，乃專就物質的實體而言；故謂觀念之外，別立物體，非特無益之業，抑亦非吾人所能想像也。何以言之？吾心之所思惟，不出觀念之外，當吾人之思惟物體也，亦徒以其為觀念而思惟之耳。是故物體存在云者，不過能為精神

所知覺云耳。

存在云者，即可以知覺之謂；此特就物體言耳。至于精神固自存在，易辭言之，即觀念以外，別有思惟觀念之體也。吾人所思惟者為觀念，而思惟之作用為意志，非以意志活動者不能存在，故一言以蔽之曰：惟精神為能活動，惟活動為能存在。森羅萬象不外觀念，非觀念之物體不能存在；而吾心之中，猶有外界之觀念，其故何也？究其起因，蓋吾心所思惟之觀念中，有為吾人隨意所能喚起者，有非吾人隨意所能喚起者。不能隨意喚起之觀念非吾心所能造作，其映入吾心也，必有外界之事實為之原因。而此外界之原因必為兼具智慮與意志之精神。蓋不具意志，則不能活動，不具智慮，則不能與人以觀念也。此外界之原因，即全知全能之神，天地萬物莫非神所直接賦予之觀念。而神之活動自有規律，故吾人對於自然界之事實，咸信其有一定之法則，而不虞其凌亂無序也。

吾心所具之觀念，本為神心中所存永久之觀念。故吾一人之心縱或喪其存在，而天地萬物不隨之俱喪；浸假而有生之屬盡喪其生，盡失其心，天地萬物猶依然無傷也。誠以天地萬物猶得藉無始無終之神以維持其永久之存在故也。

由是言之，Berkeley 之所謂真實存在者，惟神與人之心而已。Berkeley 謂神為無限之精神，而謂人心為有限之精神。

Fichte 之唯心論 Fichte 之哲學始自 “ 我 ” 之研究，而其研究 “ 我 ” 也，不研究 “ 我 ” 之為何物，而研究 “ 我 ” 之何所事。易辭言之，即不論 “ 我 ” 之實體，而專論 “ 我 ” 之行為也。試考吾人之所事，則必先思惟自己，而後能思惟對象，其理可以立見。然則自行思惟，實 “ 我 ” 之最根本的行為也。次察吾人自己思惟時之所事，則肯定自己之作用，亦可以立見。然則自己意識之根本，實在被寫象物與能寫象者之同一。純粹自己非靜的事實，乃動的行為。而此種行為之意識，則知的直覺也。於是 “ 我 ” 立 “ 我 ”（即 “ 我 ” 在）（Das Ich setzt sich selbst）之原理乃得成立。“ 我 ” 之本質，固在于立 “ 我 ” 為實在，然經

驗的意識之事實中，"我" 之思惟外，有與我之思惟正相反對之行為，即有 "非我" 者，反對 "我" 而生是也（Das Ich wird entgegengesetzt ein Nichtich），於是第二原理又得成立。然 "我" 之外，別無與 "我" 反對之實在，故綜合以上二原理觀之，凡 "我" 與 "非我" 皆在 "我" 之中，而互相制限。於是第三原理又得成立。原理維何？即 "我" 於 "我" 之中立分割的 "非我" 以與分割的 "我" 相對是也（Das Ich setzt im Ich dem teilbaren Ich ein teibares Nichtich entgegen）。由是觀之，Fichte 之所謂 "我"，及純粹活動之無實體者，當未活動之先，固無 "我" 之實在。"我" 之實在乃活動之結果，離却活動，無復有 "我" 之實在。

　　第三原理復分為二。甲命題言："我" 立 "我" 以為 "非我" 所制限（Das Ich setzt sich als beschraenkt durch das Nichtich）。乙命題言："我" 立 "我" 以規定 "非我"（Das Ich setzt sich bestimmend das Nichtich）。甲為認識，Fichte 謂之學理的我（das theoretisehe Ich），乙為行為，Fichte 謂之實踐的我（das praktische Ich）。

Schopenhauer 之唯心論　Schopenhauer 之哲學亦淵源於 Kant 之思想。其論宇宙也，自表象與意志兩方面以下觀察。其論表象之宇宙曰：直接所得者厥惟感覺；而以宇宙為外界之存在，則緣於悟性之作用。蓋悟性與感覺不能或離，每遇感覺，則歸諸外界之原因。以為外界原因在時間上自有活動，而在空間上自有存在也。悟性之作用全屬無意識之作用，故人之直觀往往僅以為得自感官，而不知其實悟性之所產也。時間空間與因果法，乃認識力之條件。而此等條件皆出自先天，不緣經驗而始得。由是言之，世界之存在實出自吾人認識力之作用，而世界之內容，則表象之團結體耳。雖然，以世界為表象，第就存在之外的方面言耳。若根據充足理由之原則，以推究其所以表現之故，則非結合內的經驗與外的經驗不為功。意志者，人之本質也，而同時亦於物質之中有其根蒂。人之本質即世界之本質，兩者一而不二，明乎此，而後是理可解；易辭言之，即以人為介，而後世界之理乃能明也。意志與認

識大異，意志超絕理由之法則，而認識必服從之以為進行。意志常住不變，而認識有始終，有變易。意志攝理認識之作用，指導表象之進行，特吾人不自覺耳。意志者衝動也，努力也，而一切感情情緒，亦莫非意志之表現。知識之有發達，意識之有連絡，亦意志為之也。是故人格之統一，實本於意志之統一，而非本於意識之統一。

Schopenhauer 又論意志之宇宙曰：意志之為用，於吾人之內的經驗為意志，於吾人之外的經驗為肉體；易辭言之，即以肉體之相供給於吾人之知識者，與以意志之相表現於吾人之自意識者，固相同也。不過一出於內的經驗，一出於外的經驗，其得之之道不同，故若有異耳。由是言之，筋肉之運動，非意志之結果，乃意志之表現於感覺者。非唯筋肉之活動力與意志為一也，即取血液以造筋肉之作用，亦與意志為一。而身體上各機關各作用之有差異，特以意志之衝動有差異耳。Schopenhauer 更擴充意志之概念，以及於客觀之自然界，以為自然力與意志實為同一之作用。而種種之自然力，如引力，如親和力，實不過自然界中一意志特別之形相；自然界之物質，則意志所表現之形相為吾人所能認識者耳。要而言之，意志乃絕對之實在，通物質精神二界而為其究竟之本源。而其發為表象，以與人之感官相接觸者，則成物質。是故精神與物質，一而不二。精神有思慮，而物質無之，此其差異，不過程度上之差異。且此種程度上之差異亦僅能適用於現象之範圍，而不能適用於所以發為此等現象之本源。

Lotze 之唯心論　Lotze 亦近時唯心哲學之大家也。其言曰：形而上學以研究實在為目的。實在屬於存在之物體，發生之事實，與成立之關係。然物之何以存，事之何以生，此實難決之問題。欲答此問，非置身於一切實在之外不為功。顧欲置身於一切實在之外，非人所能也。雖然，徒知運行之法則，構成之元素，如自然科學之所為，亦未足云真知宇宙之意義。必也於自然之機械作用外，兼知機械作用所向之目的，及世界進化所現之價值，而後可謂真知宇宙。故哲學上於機械的見解以外，不可以無目的的見解也。

Lotze 之形而上學始自存在之分析。Lotze 曰：昔 Beikeley 謂物之存在緣於人之知覺，Herbart 謂物之存在在於獨立自存，此其為說，皆未允洽。夫存在云者，與他物互相關係之謂也。物性有變易，而存在無變易。當一物性有所變易時，他物性亦應之以為變易，然物性之平衡則永無變易也。吾人於客觀之物體上所能認識者，不過此相為關係之運動與反動耳。而此相應活動之何由起，即形而上學上之問題也。因果關係，非吾人所能認識，吾人所謂某物對於某物有影響者，不過謂二物之間有相當之變化耳。必以個個之存在視為唯一無限實體之部分，而後因果之問題始能解決。故吾人不得不承認一涵容一切至高無上之統一，以為萬物之根源，以為存在之基礎。試根據經驗以為推論，唯精神的實在始能於諸變化中維持其統一；是故凡物之有統一，而為吾人所能認識者，其必為精神也無疑。此個個之精神，即 Leibnitz 之所謂 monad。Monad 直接涵容於超絕實體（即絕對精神）之中，於是各 monad 之間遂獲有相互之關係。而此形而上學上所立之絕對實體，又即宗教上人格的上帝是也。

　　對於唯心論之批評　以上除敘哲學史上著名之唯心論，以見學說之一斑。今更轉而述唯心論所不能說明之點，及其與經驗背謬之處，以充唯心論之批評。唯心論之幽玄深邃，固遠在唯物論之上，然其為一偏之見，則與唯物論同也。

　　1. 唯心論之大目的，在否定物質之存在，而舉一切實在悉歸諸心。雖然，物質之否定，豈易言哉？據近時經驗的心理學所垂示，精神作用不能離身體而獨存。大腦皮質為精神作用寄宿之所，某部腦質破壞，則某種精神作用即不免隨之喪失。Gall 所倡大腦半球機能分擔之說，與其骨相之學（phrenology），其詳細之點，雖未足盡信；然其大體之思想，則近時學者所公認者也。精神作用必藉身體而存在，其理至為明悉。公平之觀察家雖未必竟如唯物論者之思想，觀於精神物質間相為依倚之關係，遂以斷定精神為物質之結果。然精神物質之必相依相待，未可誣也。否定物質，則精神無所托；此物質之未可輕易否定者一也。一

切物體不過觀念之結合體，今姑假以唯心論者此命題為非妄。然充足理由原則乃普遍之原則；事物之存也，必有所由存之道，觀念之起也，必有所由起之物。使外界而果無物質，則吾心物質之觀念，何自而起？縱使吾人不能得物質而直觀之，然斷不能以不能直觀之故，遂斷言其無有也。否定物質，則觀念無自起，此物質之未可輕易否定者二也。

2. 物質與精神相對待，一居外界，而一居內界，唯心論者中亦有不否定外界之存在，而但以主觀之精神解釋客觀之物質者。如 Fichet 之 "非我" 乃 "我" 所立，Schopenhauer 之自然界乃意志表現之形態，是其例也。雖然試借用 Descartes 之言，物質之特性在於廣袤，而精神之特性在於思惟，兩者之性質迥不相侔。有廣袤之物質固不能生無廣袤之精神，無廣袤之精神又安能生有廣袤之物質哉？而 Leibnitz 謂廣袤生於妄見，用銀河為喻，以證明空間之為主觀上現象，然構成銀河之星辰與構成物體之 monad，其性質大異，不可以同日而語。此比喻之證明，殊未足以饜人意。是故物質之解釋，乃唯心論者最困難之問題也。

3. 精神之特質在於作用之表現，精神作用以外，別無精神實體之存在；此日常經驗所垂示之事實也。而唯心論者中往往有承認精神實體之存在者。如 Berkeley 對於 Locke 所主張之實體，僅破壞其客觀方面之物質的實體，而猶承認其主觀方面之精神的實體；以為觀念之外，固別有思惟觀念之體也。Berkeley 對於兩種實體，一迎一拒，殊欠一致之理。故 Hume 承 Berkeley 之後，更進一層，遂併精神實體而亦否定之。蓋欲一貫 Berkeley 之說，其結果固不得不爾也。

4. 自認識論上用以批評唯物論之論據，亦可用以為批評唯心論之論據。蓋吾人經驗之所得，渾然一體，主觀客觀未嘗判別；及加之思辨，而後始於經驗之資料上，發現主觀客觀概念上之區別。是主觀客觀之區別，乃抽象作用之結果也。唯物論以抽象作用所得之物質為宇宙之究竟實在，固非探源之論。唯心論以精神為世界之本源，而精神之為抽象作用之結果，與物質同；故唯心論議論之疏漏，亦與唯物論正同。

第五章
二元論

古代之二元論　流俗之人未暇深察，往往持曖昧二元主義（vague dualism）以解釋宇宙，以為靈魂肉體截然異物，方人之生也，則同處共在，相依為用，及其死也，則靈魂脫肉體以去。然其靈魂之觀，猶與物質近似；以為靈魂如氣，目可得而見，手不可得而捉，有肉體之形，而無肉體之質。此固不過流俗之見，未足言哲學也。然希臘初期哲學之中，其具有二元主義之色彩者，如 Empedocles 之四大與愛憎，Angxagoras 之種子與 nous，考其所論，去曖昧二元之思想殆不甚遠。蓋所謂愛憎，所謂 nous 者，猶屬形氣之物故也。

Plato 與 Aristotle 之哲學，亦帶有二元思想之色彩。Plato 以觀念為實，以個體為虛，固純粹一唯心論也。然當其推論觀念之表現於個體也，則於觀念之實有外，又承認非有之存在。非有之義，Plato 未嘗詳說，但言非有無定相，與有相反，凡對於觀念可以形容之語，即可以其反對之語形容非有。而造物主一方面取實有之觀念，以資模型，他方面取無定相之非有，以為材料，於是天地間森羅萬象煥然始備。是故現象界之個體實成自有與非有之結合。而觀念之表現於個體，僅能暫時表現其幻影，不能圓滿表現其真相者，其故亦正以非有為之阻也。由此以觀，Plato 之思想，固亦未嘗不可謂之二元主義也。

Aristotle 之二元思想，與 Plato 近似。Aristotle 立形與質，用以說明宇宙間萬象之生滅。其言曰：形者，實現之性，質者，實現之體，形與質合，乃成世界一切之事物。然形與質，非截然異物，質者，形之始；形者，質之成也。形之實現，非原於外物之附加，蓋質中固具有實

現其形之性也。形自內發，不始於外，譬如物種，各有可以實現之形。而形之實現，以漸不以驟，物之生長變化，即於是乎存。Aristotle 言形質非異物，不外將成與既成之關係，其所說固有似一元論，然觀其推論形質之關係，則又未脫二元之思想也。Aristotle 曰：形雖內居於質，而與質不侔。形為原動，質為被動，形為能造，質為所造，此其關係，以工為喻，最為明曉。譬如築室，必有計畫圖案為之原動，磚瓦木石為之被動，而後所築之室始獲告成。有機之體，其能造所造之對待，雖不若是之明瞭，試加之詳察，則其對待之迹亦歷歷可見。譬如桃種為質，桃樹為形；使質中無形，則桃種之質何以能發為桃樹之形，其理為不可解矣。Aristotle 更進而言曰：形之實現也，質常為之阻。宇宙萬象不能表現圓滿之形，或偶現一形而旋遭破滅者，正以形不能化質，而質為形阻故也。觀乎此，可以知 Aristotle 二元之思想矣。

Plato，Aristotle 之二元思想，傳之中世，為煩瑣哲學所採用，終中古之世，殆莫能出其範圍。故中世之哲學，直可謂為二元主義之哲學也。

Descartes 之二元論　近世二元主義倡自法蘭西之 Descartes。Descartes 既以無限之神為實體，復以有限之精神與有限之物質為實體；其所以異於神者，不過神一無憑藉，而精神物質必憑藉無限之神而後能存耳。而精神物質各有其獨立之存在，不相依賴，精神自精神，無待於物質，物質自物質，亦無待於精神。且精神以思惟為特性，物質以廣袤為特性，思惟與廣袤，固截然異事也。

Descartes 區別生活作用與精神作用為二事。以為生活作用屬於身體之物質作用，精神作用屬於身體之非物質作用，二者之用截然異質，不相同也。下等動物僅有生活作用，故不過一種自動之機械；其見食物而趨赴也，與夫被鞭箠而悲啼也，皆非有意識而為之，其為純粹自動機械之作用，猶鐘錶之被撥而鳴也。至於人類之身體，亦不外運營機械作用之一體；其所以與禽獸異者，徒以有精神作用耳。

精神之作用與物體之運動大異。人既兼具此二者，則人之身體中不

可不有二者相接之點。蓋外物刺激吾身，吾能知之，心有所欲，吾能行之，二者之作用每若相通故也。此二者之相接點，Descartes 得之於腦中，以為腦中有一點，為精神與運動交通之處。而物理之原則曰：物體之運動不增不減。是故物質上之運動與精神相接，用以喚起感覺之時，其運動之量不當因是稍減；而必有所欲，用以喚起身體上之動作時，其物質上之運動亦不得因是稍增。故精神作為對於物質運動之影響，不過能轉移其運動之方向耳，非能新有所造作也。

Descartes 之學說，對於物心二事所以相應之故，猶未有完全之說明，故後之奉 Descartes 學說者，每思所以改革而匡正之。Geulinx（1625-1669）、Malebranche（1638-1715）二氏之機緣說（occasionalism）即懷抱此志以起者也。

Geulinx 以 Descartes 之思想為根據，更進而言曰：凡吾所不能知其行之之道者，吾莫能行焉。外物刺激吾身，吾心緣之以生感覺，其道何如？心有所欲，身體即緣之以起運動，其道何如？凡此皆非吾之所能知。故吾心之作用不能為吾身動作之原因，吾身之運動亦不能為吾心變化之原因。要而言之，真正之原因，不當求之於有限之精神與有限之物質，當於無限之神求之耳。心有所欲，發為動作，凡身體上動作之原因，神也，意志不過為其機緣而已；易辭言之，即心有斯志，則身體為神所動也。反之，身體上之運動亦不過精神作用之機緣。即吾身有變化，則神於吾心之中喚起思惟也。

如上所述，則吾心每有所志，神即當用其力以運動吾身，吾身每為外物所刺激，神即當用其力以喚起感覺。神何不憚煩勞，而僕僕若是耶？曰：是不然，人之意志，物之變化，非能喚起神之動作，使神於一一心身變化時轉以喚起心身之變化也。當神創造心身時，已造就心身相應之作用。譬猶鐘錶匠所造之鐘錶，其長短二針互能相應，既非以一針運動他針，亦非鐘錶匠於一針動時，自用力以運動他針也。

Malebranche 亦言精神作用與物質運動各為機緣，以相喚起，其真實之原因，則在無限之神。其學與 Geulinx 大略相同。

心身之關係　Descartes 學派以後，竭全力以主張二元論者，世不多觀。惟精神與身體間相互之關係，則依然為哲學上之大問題耳。近時哲學之解釋此問題者，約有二派：一曰心身交用說（theory of reciprocal effect），一曰心身並行說（parallelism）。今分別略述如下。

心身交用說以為精神與身體雖截然異質，然方其作用也，則迭相為因，迭相為果，而有互相影響之功。無形無質之精神，於腦髓及神經之中，或興奮其機能，或壓抑其作用，用以左右身體上之生理作用。而身體上諸變動，亦藉神經之媒介，以左右內界之精神作用。主張是說者，其最有力之根據，在於經驗上之事實。蓋心有所志，則手足為之動，體有所接，則感覺緣之起；此乃人人之所經驗，固絲毫不容疑議之事實也。人之動作，大抵精神作用為之因，用以啟發身體上之機械作用。而生存競爭上諸種之事實，其為精神作用之結果，則尤彰明較著也。

反對論者曰：精神與物質截然二事，精神以思維為特性，物質以廣袤為特性。性質絕異之事物豈能相為因果乎？主張心身交用說者駁之曰：因果關係非必以同質為前提。試繹因果法則之意義，初未嘗有同質異質之制限，且謂因果法則不能應用於異質作用之間，更根據此理以否定精神現象與物質現象間之因果關係；此其為說，實有等於循環之論。何以言之？此云異質，蓋專指精神與物質之異故也。

反對論者又曰：物質界之因果關係，以物質作用始，以物質作用終，初未嘗有他種作用夾雜其間。蓋每有物質現象，必有他種物質現象為之因，又必有他種物質現象為之果；因果緜延，有若貫珠。而物質界一切之現象，皆可以此物質的因果之貫珠為之說明，固無煩請精神作用為之說明之媒介，亦不容精神作用中斷其連絡也。主張心身交用說者為之辨曰：物質界之因果關係，始終不出物質作用之外，此不過學問上一類想像之談，決非千古不易之至理也。縱使無機界中有茲事實，然斷不能移無機界之理強有機界以必從。故有機界中仍無傷其心身相為因果也。

反對論者又持勢力常住律，以難心身交用說曰：使物質作用而可以

為精神作用之原因，宇宙間之勢力不將緣是減乎？又使物質作用而可以為精神作用之結果，宇宙間之勢力不將緣是增乎？心身交用說曰：是不然。勢力常住律非僅適用於物質上之勢力也。物質上之勢力與精神上之勢力本非異物，勢力常住云者，言宇宙間物質上勢力與精神上勢力之總數無所增減，非僅謂物質上之勢力常住不變而已。當物質作用與精神作用為因果之時，在物質與精神方面觀之，一若有所增減；自全體觀之，則減於此者增於彼，增於此者減於彼，初未嘗有所增減也。

有倡二重原因說（theory of double cause），以說明心身交用之理者。其言曰：物質上之原因，於喚起物質上之作用外，同時又以其副作用喚起精神上之作用；而精神上原因之以其副作用喚起物質作用者亦然。例如腦中某部起有神經上之變動，則當然有他種物質上之運動為之結果，而其副作用之所及，則又必喚起某種之意識作用也。然當此之時，精神作用與物質作用猶釐然有別，不相混淆，故物質上之勢力，自始迄終，未嘗因精神上之勢力稍蒙增減，易辭言之，即心身雖交相為用，而未嘗與勢力常住律抵觸也。此其為說，已漸接近於心身並行之說矣。

心身並行說與心身說交用相反，以為心身之間決不能有相為困果之關係。而其所以不能相為因果之理由，則上述心身交用說三種之反對論是也。然則精神與身體之間，實際上有密切之關係者，其故何歟？心身並行說曰：心身兩者之作用，常相並行故也。心有所志，則手足為之動者，非心為原因，用以喚起身體上之動作。不過此志與此動，兩相匹敵，以志既起，則此動與之隨行而起耳。其感受刺激而生感覺者，亦以感覺之作用與神經之變動兩相匹敵，隨伴以起，非有直接之因果關係也。精神上作用與身體上作用，各於其自己之系統內，有其始終連貫之因果關係，斷不容異種作用之分子夾雜其間，以相間斷。要而言之，心身之間，僅有並行之事實，而無因果之關係。心身並行之說權輿於機緣論者，其後 Spinoza，Leibnitz 輩亦宗是說，今之 Wundt 又其健將也。

第六章
一元論

一元論之種類　一元主義無偏無頗,殆形而上學上諸主義中之最精者,亦今日哲學界流行最廣之學說也。其立說之要義,在承認精神物質同出一體,而無此主彼從之區別,亦無各相獨立之實體。至其立說之內容,諸家不無互異之處,語其大別,約有二派:一曰具體一元論(concrete monism),以為精神物質合而構成世界根本之實體;故精神與物質乃此同一實體之兩面也。二曰抽象一元論(abstract monism),以為精神物質乃同一實體表現之形式,而非構成之要素。

具體一元論實人間最古之世界觀也。當人智未進之時,往往持此義以解釋宇宙,其在哲學史上,謂之萬有有生論(animism or hylozoism)。蓋古人以一己為萬物之衡,用以推測一切。人類具有有意識之精神,以此為例,遂謂萬物咸具人心,而一切自然界中機械之作用咸具意識矣。聞雷霆之震而驚為神怒,見雨露之順而喜為天佑,宗教家陰陽家之說,類皆附會此義而起者也。

萬有有生思想之具體一元論,在最古之希臘哲學思想中,猶約略見其遺跡。逮夫後世既經進步之哲學,不復有持此義者矣。蓋無機界不能有人類之精神,既為人人所共認,而物質作用與意識作用之差異,亦易辨別故也。求之近世,其與具體一元論之思想近者,實為德之 Wundt。Wundt 曰:心為內界之統一,身為外界之統一,心與身構成一體,而為一體之兩面。然 Wundt 又謂精神作用已足表示實體而無遺漏;是則 Wundt 之思想已偏向唯心論而非復一元論矣。

具體一元論,學者或譏其為二元論之變形。蓋二元論以精神物質為

二個獨立之體，而具體一元論不過合之為一體而已。若夫抽象一元論則與是稍異，其哲學上之功績亦視具體一元論為大。

Spinoza 之一元論　抽象一元論，當以 Spinoza 之哲學思想為模型。Spinoza 系出猶太，幼修猶太教之經典，嶄然露頭角。及壯，懷自由研究之思想，遂見惡於宗教，威脅利誘，無所不至；而 Spinoza 終不為屈，磨鏡自給，樂道不倦。其哲學之根本思想，導源於 Descartes 哲學居多，而 Bruno，Hobbes 之影響亦復不少。

數學之理為最確實之知識，物理研究，藉數學之助始成精確之學術。故哲學亦宜應用數學以祛往日之蕪亂。此實當時學界普通之思想，而 Spinoza 其代表也。Spinoza 於哲學研究之際，應用幾何學的方法，先揭定義，次揭公理，又次揭命題，終揭證明。

Spinoza 根據 Descartes 之思想，以為宜有本性明確之觀念，以作一切推論之基礎，然後藉數學之方法，逐步推論，則天下萬物不難明也。而 Spinoza 所取為根本觀念者，即 Descartes 實體之觀念。蓋 Spinoza 之意以為觀念之中，其明確而無待證明者，莫若實體之觀念，何以故？以實體為萬物所以然之基礎故也。

Spinoza 曰：吾所謂實體，無所憑藉而能自存之謂也。是故實體者，無待證明其實在，實體即實在也。物之實在在於自存；使不能自存，而必有所憑藉，則已非實在，必別有使之實在之真正實在者。Spinoza 之所謂實體，即真正之實在者。故彼實體之觀念，乃自明之觀念，足為一切之基礎也。Spinoza 又曰：實體自存，故無限。使實體而蒙他物之限制，則有所依附而非自存之體矣。夫惟無限，故實體唯一。唯一云者，言一切實在之基礎也。實體之存在，實體自為之因，故其存在必然而不可疑。是謂實體之恆久性。實體自為原因，無為他物役使之虞，故實體亦為自由之體。

實體既自存、無限、唯一，恆久而自由，故吾人對之，但能認其存在。不能下否定限制之詞以形容之。要而言之，實體者，圓滿自足之實在也。

此自足圓滿之實體，Spinoza 視為萬物之原因，而謂之為神，故 Spinoza 之所謂神，與當時歐洲神學者之所謂神稍異。其所謂萬物之原因，亦指數學的原因言耳。申言之，即自一觀念演繹而論其存在，為理所必然者，始謂為該原因所生耳。是故 Spinoza 之所謂萬物因神而存，非謂神運用意志以創造萬物，不過言實體之外，萬物無可存耳。Spinoza 嘗設譬曰：神與萬物之關係，猶三角形與其角度之和等於二直角之關係，三角形角度之和等於二直角，為三角形性質上所具必然之結果。三角形以外，不有角度之和等於二直角者。萬物之不能離神以存，亦猶是也。故神為萬物之內在的原因（immanent cause），而非萬物以外之超越的原因（transcendent cause），神與萬物相即不離。

實體為圓滿完全之實在，而吾人之知之也，知其性也。性者，構成實體之本質，而為吾人智力所能識者也。性既所以表現實體之圓滿相，則性之為數，當無窮盡。然人之智力有限，不能於諸種方面觀照實體；其為吾人所能知者，僅心物二方面耳。心即思惟，物即廣袤，而宇宙萬象其為吾人所認識也，或於思惟之域，或於廣袤之間。含此二者，則非吾人智力所能及，是故實體之真相終非吾人所得而知也。

實體之與吾人相接，在心物二方面。而此二方面中，又有種種駁雜之情狀，是即所謂實體之差別相也。心方面之差別相，為出沒無常之思惟；物方面之差別相，為變化無窮之形體。而實體與差別相有相即不離之關係，Spinoza 又為之譬曰：實體與差別相，猶線與線上之點也。個個之點固不能謂之為線，然點所集成之線，又非能與點離也。Erdmann 嘗取 Spinoza 之意，以設譬曰：萬物之於實體，猶波之於水。自其變易觀之，則森羅萬象，變化無窮；自其不易觀之，則永存常住，渾然一體而已。

Spinoza 又區別實體之情狀為有限與無限。無限情狀者，指心物各方面之全體而言，而位於實體與差別相（即有限情狀）之間者也。無限的情狀直接出自實體，易辭言之，即實體之圓滿相表現於心物各方面之無限情狀也。

　　諸差別相之出沒變化，其原因不在無限之實體，而在有限之差別相。物之動也，必有他物為之因。凡有限情狀之變動，皆可以有限情狀之他變動為之說明。有限之物本無必然存在之理由，徒憑藉他物之存在以為存在；故 Spinoza 謂之偶然之存在。諸差別相因既生果，果復為因，因果連綿，無有窮極。循此以進，終局促於有限之範圍內，而不能達於圓滿之實體。蓋所謂神為萬物之原因者，非謂諸差別相間因果關係之極端，乃指此因果關係所以成立之根本言也。

　　心物二方面各具無窮之因果關係，以為生滅。觀念之起滅，物體之運動，當各藉心物之作用以為說明，不得假心以釋物，假物以釋心也。然則心物二者之間，其關係為何如？Spinoza 曰：心與物一體之二面也，雖不互相因果，而亦互相策應。譬諸素紙，自其表面觀之有所突，自其裏面觀之即有所陷；突與陷相對相待，未嘗或違者也。

　　近時之一元論者　Schelling 以絕對的無差別為宇宙根本之實在。絕對的無差別既非精神，亦非物質，乃超絕主觀客觀之統一的實在也。及絕對的無差別自行意識，於是始有主觀客觀之對立。然兩者之差異，不過分量上之差異，至語其性質，則固平等無差別也；其有以為不同者，特差別見之蔽耳。

　　Hegel 則以絕對的理想為根本。絕對的理想之發現於外也，則為自然界，及其返而自行意識也，則為精神界。宇宙萬物莫非此理想之所表現者耳。

　　Schelling，Hegel 兩家之說，固亦一元思想也。惟二氏於精神物質之間，稍重精神，不免帶有唯心論之臭味耳。

　　近時如 Fechner，如 Spencer，皆倡道一元主義。現時如 Paulsen，如 Haeckel，亦宗是說。

　　精神物質之同在　一元論之要旨，在承認精神物質同出於根本之實體；而此根本實體所表現之現象，當莫不具有精神與物質之二面。雖然，宇宙萬物固皆具有精神乎？此反對論者之所疑，而一元論者之所不可不證明者也。

意識之用，昔人所重，故有以為意識所及之範圍極狹者；而近人之中，有推廣其範圍以底於極端者。Haeckel 嘗網羅重要之學說，列為六項，今揭之如下：

1. 人類意識說（the anthropistic theory of consciousness）。Descartes 為此說之代表，以為意識為人類所專有。人類以外之動物，不過一精巧之自動機械耳。其感覺意志諸作用皆機械的作用，而遵從物理學上普通之法則者也。

2. 神經意識說（the neurological theory of consciousness）。凡動物之有集中的神經系統及感覺機關者，必有意識。試觀高等哺乳動物，其精神上生活實與人間相類似，不過其程度稍不及耳。至於動物進化中，至何階級而意識始發生，是固不易明指其種類以定界線。然意識之不為人類所專有，則固可斷言也。近時生物學家心理學家大抵信從是說，Haeckel 亦自稱為此說主張之一人。

3. 動物意識說（the animal theory of consciousness）。一切動物咸具意識，而動物以外，無復具有意識者。為此說者，以意識之有無區別動物與植物。如 Linne（1707-1778），如 Schopenhauer，皆此說之代表也。

4. 生物意識說（the biological theory of consciousness）。有生之屬必具意識，固無分動植也；其不具意識者，獨無生之礦物耳。為此說者，以為生命精神意識三者，其範圍相等；有生命處，即有精神，有精神處，即有意識。而植物之意識與動物之意識，又相同也。

5. 細胞意識說（the cellular theory of consciousness）。此說以意識作用為細胞性質之一。蓋細胞為生物之元素，一切複細胞之動植物皆集合細胞而成，既為近時生物學家所公認；則以細胞意識為心理學上之單位，而以高等生物之意識作用為細胞意識集合之結果，蓋亦當然之比附也。Haeckel 自稱亦嘗採用是說，近則不復主張矣。

6. 原子意識說（the atomistic theory of consciousness）。此說以為原子之中既具意識，蓋意識範圍諸說中之最廣者也。意識之起源，為哲學上難解之問題，故 Du Bois-Reymond 嘗列為世界七不思議之一。使果如

原子意識說所云，意識作用猶物理上之重力，化學上之親和力，為諸物質原子固有之性質，則意識起源之問題可不解自解矣。

Haeckel 既舉此六項之學說，更自申辨，不屬於第六項之原子意識說。蓋 Du Bois-Reymond 嘗以此攻擊 Haeckel，故 Haeckel 特為申辨也。Haeckel 又謂精神與意識有別，不可混視。原子雖有精神，而具感覺意志之用；然其為用全無意識。意識之作用，必俟神經系統之集中而後生。夫精神之範圍大，意識之範圍小，既為近今心理學所公認，則 Haeckel 原子有精神無意識之說，有足信也。

原子意識說實與古代之萬有有生論同一主張，推一己之性質作用遍及於萬物；擬人之說，固不足信。今之一元主義所欲論定者，亦但謂宇宙萬物皆具物質與精神之二面而已，非謂萬物必皆具意識也。動物界之咸具精神，學者之間，殆無復有懷挾疑義者。植物之有精神，雖同為明確之事實，然學者之間，猶不免稍有異議。至於礦物界之有精神，則反對之論益滋。今試次第申論之。

植物界之精神　吾所得而直接經驗者，吾一己之精神而已；至於他人之精神，則以吾之直接所經驗者類推而得之。心有所思，則發為言語，情有所觸，則形諸顏色，此吾之直接所經驗者也。至於他人之心他人之情，固非吾所得而見，吾但聞見其發諸外部之言語顏色而已。然吾苟一反省吾直接之所經驗，則類推比附，足以斷定他人之心一如吾心，而不容絲毫疑惑也。他人之精神，可以此法類推而得之，動物之精神，亦可以此法類推而得之。至於動物以外，學者或謂不能生類推之效。雖然，Fechner 有言，苟具確實之理由，則雖自人類動物類推以及於植物礦物，固亦無傷也。

植物之有精神，雖為明確之事實，而學者之間，猶有懷挾異議者。其所持理由，約有三端：一曰，植物與動物不同，不可以類推也；二曰，植物無精神系統，故不能有精神；三曰，植物無自發運動之能力，故不能有精神。此三種理由，自一元論觀之，皆無成立之根據。試分述如下：

1. 動物與植物之間，果有明確之界線以相區別乎？常人之見解，或以為動植二物大相懸絕，一若中隔天然之鴻溝，不能逾越者。然自晚近之生物學觀之，則動植二物之間，固不能有明確之界線也。夫但就動植物之高等者而觀之，則動植之間，固若甚異；若更進而考其下等者，則動植甚相接近，其最下者，竟有不能辨其動植誰屬者矣。生物學者網羅此種非動非植亦動亦植無可辨別之生物，總名之曰 Protista，飛潛之屬雖極下等者，亦具精神，既為人人所首肯；則 Protista 之有精神，自屬無疑。非動非植之 protista 尚有精神，乃謂既經發達之植物獨無精神可乎？由是言之，動植二物之間，本無明確之界線，而精神存在之範圍，亦不能緣動植之異以為區別，蓋可知矣。

2. 植物雖無神經系統，然不能緣是以否定其精神。蓋動物之下等者，亦未嘗備有神經也。當生物進化之初，單細胞之動物以一細胞而兼營諸作用，營養呼吸，於焉是賴，感覺運動，亦於焉是賴。及二三細胞合為一體，雖視單細胞動物較為進化，然統一猶未固，分業猶未起也。必更進而至於蟲豸之屬，機關始漸分化，神經始漸完備。然吾人對於未具神經之下等動物，未嘗否定其精神，而獨於植物否定之，有是理乎？

3. 以自發運動之有無區別動物與植物，亦非妥當之見解也。蓋植物非無自發運動，不過不若動物之顯著耳。植物之枝葉每向有光之處而傾屈，植物之根則向富於滋養之地以發展；此其為用，與人之避暗就明，避寒就煖，及求食就餐者，雖有程度高下之不同，其作用之根本，則無以異也。此種作用，植物學家謂之向動作用（tropism），向動作用蓋意志之萌芽，而下等動物之運動，亦大抵可以是理為之說明。飛蛾撲火，是其例也。運動之大小遲速，與精神之多寡厚薄為比例，植物之自發運動視動物為少，故其精神作用亦視動物為微。然雖微，要不能謂為無有。程度上之差異，雖同在動物界中，固亦不能免也。

雖然，動植物之間亦非全無差別也。Wundt 嘗舉其最主要之異點曰：植物體中之細胞，性質近似，而少分化；且各細胞之間，約略平等殆無主奴之別。動物則與是相反，其體中之細胞各掌一職，分業極

繁，其主奴輕重之別亦大相懸殊。而動物之愈高等者，其分化亦因之愈甚。Fechner 亦嘗論動植物之差別曰：植物之發育務外而不務內，英華煥發，枝葉四張，外觀甚盛也；而其軀幹之內部，則化成木質，或竟中虛，徒以供支持其枝葉而已。動物則不然，或被毛羽，或被鱗甲，以自絕於外界。其發育專向內部，以發展其機能。其對於外界，非不接觸，特其接觸之點較少，而其全體之活動則以神經系統為中心，有中央集權之態。Fechner，Wundt 二氏所舉之差別，彰明較著，殆為盡人所承認。然雖有此種差別，斷不能據此以否定植物之精神。動物植物同具精神，其所以猶有此種差別者，則以動植之精神生活異其傾向故耳。植物之精神非吾人直接所能見，故其精神之何似，亦非吾人所能明言。然此種困難之點，非植物所獨有，動物之下等者，吾人亦無從詳知其精神生活之如何也。要而言之，據吾所目擊之外部生活，以推測其目所未見之內部生活，乃動植二界通用之論法，而未見其可以反對之論據也。

無機界之精神　一切植物當莫不兼具精神與物質二方面，既如上述矣。然使物心之兼具限於有機之域，則一元論之目的猶未達也；必更進而證明無機界之亦有精神，而後一元之論乃能成立。無機界之有精神，一若甚屬無稽之論，試深思而熟計之，則亦未嘗不有推論之根據也。

1. 有機體與無機體，其實質本無區別。試檢有機體之成分，蓋無一非無機之物質。當生物生存時，雖常保持一定之形體，然其形體中之實質，則新陳代謝，無有已時。一方面吸取外界之物質，以為體質，他方面取陳腐之體質而排泄之。經若干歲月後，則體中本有之物質悉排泄於外，而本在體外之物質新入體內，為之生命精神之主人翁矣。由是言之，生命與精神之萌芽本存於無機物質之內，及無機物質進而有複雜之組織，精神生活之狀態遂因以益顯，此蓋當然之推論也。

2. 無機界之物質非特入於既成之有機體內，代其舊體質為生命精神之主人已也，宇宙間無數之動植物，方以無機物質為基礎，而新有所組織，新有所發生。一掬之米，播之土中，數月之後，則化而為數升。當此之時，此新生物之精神何自來乎？豈精神本為獨立之體，貯之府庫之

內，及肉體告成，上帝取而納諸其中乎？奇妄之談既不足深信，則吾人自不得不推想精神生活之萌芽本存於無機物質中也。

3. 使無機物質之中本無精神之萌芽，則精神之起源，豈非一至不可思議之問題乎？晚近之生物學，以為生活作用之萌芽，既存於無生物之中，不過無生物中生活之要素未嘗顯著。及無機物質進而有複雜之組織，其作用始顯，而吾人始謂之生活耳。誠以無中生有，為理所必無；生活作用本無萌芽，而於生物發生時，突然出現，是則無中生有之說，非吾人所當許故也。精神作用與生命同理，不於無機物中想像精神作用之萌芽，則生物初生時之精神無所自生而於理背矣。

徵之哲學之歷史，唯精神存在之範圍以及於無機界者，實為哲學家大多數之思想。非特耽於想像者好為是言，即素以科學的研究法為重者，亦左袒是說。不寧惟是，晚近之自然科學者間，亦有主張是說者，如植物學家 Naegeli，即其一人。

第七章
機械論與目的論

唯物論者之機械論　取自然界瞽目而必至之因果關係，以為表現之一般原理者，曰機械論。機械論與唯物論有密切之關係，試觀哲學之歷史，主張唯物之說者類皆倡導機械主義。希臘原子論者 Leucippus，Democritus 為古代唯物論之重鎮，而亦機械論之代表也。

Democritus 曰：宇宙之本原為充實而不可分割之原子。而原子自具動力，兼具重量，故自無始以來，於無限之空間，作無窮之運動。惟各原子之重量不能相均，故方其自上下降也，不能有同等之速力。其大而重者速，小而輕者遲。惟其有遲速也，故重大者得追及輕小者而與之衝突。原子之運動本作垂直之形，及既衝突，遂生斜行之運動；而斜行之原子復與他原子相衝突，衝突復衝突，卒以成回旋之運動。原子自具運動之性質，其所發之運動為必至之事實，遵循機械的因果關係以為生滅外，非別有特別之目的也。

Hobbes 亦主張機械論。其哲學之根本思想曰：一切存在莫非有形之體，一切現象莫非有形體之運動；而物體之運動莫不遵循機械的必然的因果關係以發生。故哲學之職務，在觀察物體之運動，以求現象之原因，更據此原因以說明現象之所以生。

自然之系統一書，乃十八世紀法蘭西唯物哲學之聖經也。其主張機械論之大意曰：宇宙萬物運行不息，此為彼因，彼為此果，繼繼繩繩，莫知其極。而萬物之運行也，及其保存自己之存在也，徒知遵從因果關係而已矣，非有目的，亦非可以善惡評論也。而人或謂之合於目的，而有調和之秩序，善美之形相。此特吾人主觀之所設想，非自然界所固具

也。

一元論者之機械論　雖然，主張機械論者，非皆唯物論者也，一元論者亦往往左袒是說，一元論之代表 Spinoza 實亦機械論之健將。蓋 Spinoza 之所謂原因，指數學的原因而言，申言之，即以一觀念為根據，演繹而推論之，使此事之存在為理所必然者，則始謂此事為該原因之所生。故其原因結果之關係，猶理由與結論之關係也。神為萬物之原因，即是此義；非謂神運用自由意志以創造萬物，直是既有此神，自不得不有萬物耳，Spinoza 又謂：自然界之現象必藉物體之運動以為說明，故非用機械的說明，必不足以當說明之任。目的之論乃推己及物之誤謬；使果如目的論所云，則神不得為完全圓滿之實體矣。何則？神懷抱目的以活動，則神於未達目的之先，不得謂之完全，必待目的既達，而後始得稱圓滿也。

Plato 之目的論　主張宇宙萬象皆趨向一定之目的者曰目的論。然徵之歷史，主張純粹之目的論者，世不多觀，大抵採用目的論以一般原理外，復承認因果關係以為附屬之原理。如 Plato 之目的論，即其一例。Plato 以觀念為實，現象為虛。觀念猶形聲，現象猶影響，形聲為影響之原因，觀念亦為現象之因，而 Plato 之所謂原因，又與目的同視；是故觀念者，目的也，善美之理想也，萬物之極致也。觀念為萬物之目的，故雖常住，而於現象界之間現其形相。現象界之個體則以追求其所志之目的，故生滅變化，不能常住。雖然，現象界之個體，其所以生滅變化不能常住者，固出於目的之追求；然方其生滅變化也，則亦不能逾越因果之關係，以作自由之行動。

Aristotle 之目的論　Aristotle 之思想與 Plato 大略相同。Aristotle 以為自然界之變動，自一方面觀之，不外空間之運動，而純粹服從機械的因果關係；自他方面觀之，則又持有目的以為變動，Aristotle 嘗為四因之說曰：試取宇宙間事物所以變動之故，而分析之，則可以得四種之原因：(1) 質，(2) 形，(3) 力（efficient cause），(4) 志（final cause or end）。譬諸築室，磚瓦木石，質之因也；計畫圖案，形之因也；土木工

事，力之因也；工竣成室，志之因也。是故一室成，先有築室之目的，繼乃搜集材料，加之勞力，賦以定形，四因相合，乃蔚然成一室也。然四因之中，力因與志因，推而極之，不外形因。何則？室之形與室之成形之志，本非異物；而築室之力又緣室之志而起，亦無區別之可言。故四因者，可約而為形質之二因。由是言之，形因之中，含有志因，是形即目的也。而萬物之生長變化，不外形質之關係，申言之，即萬物為欲表現其所涵容之形，故有變動之現象，是萬物之變動當莫不持有目的。

Kant 之目的論　取批評的經驗的態度，以分析目的之觀念，而應用於一切自然現象者，實推 Kant 為第一人。Kant 謂目的適合性有二種：一為主觀的目的適合性；一為客觀的目的適合性。主觀的目的適合性者，言事物之適于吾人之了悟也，客觀的目的適合性者，言事物之各盡其分而各適其性也。自主觀的目的適合性以下觀察，則曰審美上之判斷（aesthetic judgment）；自客觀的目的適合性以下觀察，則曰目的上之判斷（teleological judgment）。Kant 第三批評 "判斷力之批評"（Critique of judgment）即研究此二種之判斷者也。

客觀界諸物之中，其最能表現目的適合之關係者，厥惟生物。蓋生物身體之各機關，及各機關之作用，莫非用以保存一己之身體，與繁衍其子孫。而身體各機關之互相為用，則以有全體為之統攝。故曰生物之成，可謂成於目的，而生物之說明，於機械的關係外，不得不借助於目的上之關係。生物成於目的之說既屬正確，則吾人自不得不推廣此說，而以宇宙全體為一有目的之體系矣。然則宇宙全體之目的果何在耶？宇宙全體之目的在於道德，故一日未達於道德之域，則此志一日不懈也。

目的云者，乃指導之原則（regulative principle），而非構成之原則（constitutive principle）。使吾人能認明此旨，不相混淆，則目的論上之見解，非特不與機械主義相衝突，且足相為補助也。

生力論與非生力論　近生物學者之間，有生力論（vitalism）與非生力論（anti-vitalism）二派反對之議論。蓋生活現象之複雜而富於變化，生物構造之巧妙而合於目的，皆足引人之注意，使人想像有特別之

生活力（vital force）以統攝個人之生命，以運用無機之物質。當十八世紀與十九世紀之初，生力論大盛，以生活力為目的的超自然的原則，而與自然界中普通之力迥不相同。及十九世紀中葉，Mueller（1801-1858）雖猶保存生活力之觀念，然以生活力為自然力之一種，而服從物理化學上普通之規律。故 Mueller 實已啟非生力論之端緒，而當時實驗生理學之進步益助長是說，於是動物學者植物學者幾莫不以生力論為謬說矣。生力論者又遭逢勁敵 Darwin（1809-1883），益被摧殘。蓋動植物身體構造之巧妙，與夫組織之整飭，當時所引以為機械的說明所不易說明者，Darwin 以淘汰之說說明之而無遺憾。Darwin 之後，淘汰之說，進化之論，益臻完備，於是非生力論遂造絕頂，而生力論已不絕如線矣。乃近年以來，舊日之生力論重整旗鼓，以與非生力論相周旋，如 Reinke，Driesch 輩，蓋新生力論之健將也。

機械論目的論之批評　欲討論機械論與目的論之是非，當先審因果性（causality）與目的性（finality）之意義。所謂因果性者，言相為依倚關係之一現象必先他現象而存在，而先存之現象謂之原因，繼起之現象謂之結果。苟有同一之原因，吾人常能斷言其必生同一之結果，然同一結果，則吾人不能斷言其必生於同一之原因。目的性亦指依倚關係而言，而其相為關係之二部則為目的與手段。目的性之特質有二：一曰結果之預期，二曰手段之選擇。預知結果所呈之狀況，實為目的觀念主要之性質。而同一目的，其達之之道，有便有不便，有易有不易，其功效不一，其遲速大異。故不得不於諸手段中，擇其事半而功倍者，以求吾所欲得之結果也。

目的性之特質，既如上述，使吾人猶設想無機界之變動咸具目的，則是無機界之變動，不得不預知結果之狀況，而於手段之中有所選擇矣。此為事理之所必無，不待深論而後知也。若謂冥冥之中，有卓越之知慧，主宰宇宙，而於自然現象中實現其目的；此則懸擬之談，亦難深信，夫自然界之中，自其自存方面言之，原無善惡美醜之可言，本其必至之理法，發為因果之現象，固不能有所是非褒貶於其間也。徒以人

類自作權度，用以衡量天下，見萬物之足以養吾生而利吾用也，遂謂之善，見山川之足以悅吾目而怡吾情也，遂謂之美。是故所謂宇宙間有美備之秩序，有圓滿之調和者，皆主觀上之判斷，而非客觀上之事實。至謂冥冥中，有知慧以主宰宇宙之秩序，則又由主觀之判斷之懸擬者也。且知者見知，仁者見仁，自其善與美者而觀之，則宇宙誠善美矣；自其不善不美者而觀之，則宇宙亦未嘗善美也。火山之爆裂，洪水之汎濫，此豈得謂之善美哉？由是言之，冥冥之中，具有目的，其非至論也，從可知矣。

　　無機界之目的性，目的論者或謂出於有機物之比擬。然則有機界中一切之現象，皆具目的性否乎？人之意識的行為，預知結果而撰擇手段，其具有目的性也，固矣。其在動物之行動，亦具有目的性，不過其結果之預知，不若人之明確，而手段之選擇，不若人之巧妙耳。若謂身體構造之巧妙，組織之完備，皆出於目的性之實現，則又非至論。夫巧妙完備，非一躍所能幾也。當生物之初，有巧者，有拙者，有備者，有不備者。巧而備者以適而存，拙而不備者以不適而亡，愈演愈進，則巧者益巧，備者益備。是故巧與備，蓋長時間淘汰之結果也。今自其既經淘汰以適而存之結果觀之，一若甚合於目的。若夫有機體締造之初，固亦未嘗預期如是之結果，徒以遵循必至之理法，因果之關係，自然而成此有機體耳。且人有好生惡死之情，故以生為目的，而以身體構造之適於生存為合於目的。寖假而有人焉，以生為苦，以死為樂，其志在死而不在生，則必以身體之拙而不備為合於目的，而以巧與備為否矣。由是言之，有機界之目的性，亦徒為主觀上之設想，非必客觀上之事實也。

第八章
必然論與自由論

概論　必然論舉凡宇宙間一切事物，歸諸原因結果之必然關係；自由論則謂道德生活中，有獨立自由而不為因果關係所束縛之行為。故必然論與自由論之所爭，即意志自由與否之問題也。

必然論自由論之對立，一若與機械論目的論之對立有密切之關係，然機械論與目的論皆可與必然論相融合。試徵之歷史，機械論者之主張必然論，固無論已。即目的論者之中，亦往往有祖述是說者。至機械論與必然論，則其關係較為密切，以機械論而主張自由論，歷史上殆未有其人。

意志自由之問題，似尚未為古代哲學所注意，故希臘諸哲學家猶未嘗討論及之。及基督教輸入歐土，意志自由之說始興。自是以來，必然論自由論之爭議，遂於哲學史上放一異彩。

必然論　Spinoza 否定意志之自由；蓋其機械主義之哲學有以引起其必然論上之論斷也。Spinoza 之言曰：行為之際，有自由之感者，非緣意志自由，不受因果關係之束縛，特以其原因晦澀，一時未能盡明故耳。三角形種種之性質為三角形形狀必至之結果，生物行動之出於生物天性之自然，亦猶是也。

Leibnitz 雖主張目的論之哲學，然其對於意志自由之問題，則與 Spinoza 持有同樣之見解。Leibnitz 曰：思惟之為用，有自不明瞭狀態漸進而至於明瞭狀態之傾向。此發展之傾向，謂之衝動。衝動之為吾人所意識者，謂之意志，是故意志之活動出於思惟之裁決，非能絕對的自由也。特是吾人意識之中，往往僅有意志決定之事實，而未嘗自覺意志

所由以決定之作用。於是吾人遂誤信意志之決定無有理由，而絕對的自由矣。

自由論　Kant 於 “ 純粹理性之批評 ”（Critique of Pure Reason）中以意志自由之問題為純理世界論（rational cosmology）上一種之矛盾。此種矛盾，其兩方之立言，苟異其所指之範圍，則可以並真。蓋現象界中無有自由原因，萬事萬物，莫不遵從必然的機械的關係以為生滅變化。若超越現象界而入於實體界，則又可以設想自由意志之存在矣。故自自然科學上言，絕無自由，自道德上言，則有自由。申言之，吾人知識之對境中，一切事物皆成自機械的必然之關係，及入道德之域，則要求自由之存在矣。Kant 既謂實體界中有意志之自由，故於其 “ 實踐理性之批評 ”（Critique of Practical Reason）中論意志之自由曰：因果關係乃現象界之法則，意志自由則實體界之事實也。自純粹理性上言，人之知識不能出現象以外，自實踐理性上言，則道德之要求必與實體界相接觸，而所謂意志之自由，含有二義。實踐理性自立法則而自守之，乃道德上之自由。故此云自由，即遵從道德法之謂，此自由之第一義也。道德法乃無上命令，為吾人絕對所當服從者。使吾人而無服從之能力，無率行之自由，則道德失其根據矣。故吾人於服從機械的困果關係之外，不能不承認喚起行為之自由原因，此自由之第二義也。

Schopenhauer 之論意志自由，與 Kant 大略相同。Schopenhauer 亦區別現象界與實體界。現象界為時間空間因果所束縛，實體界則超越於感覺認識之外。而意志之在現象界也，則服從因果關係；其在實體界也，則可以自由。

自由論者之論意志也，以為意志作用不受束縛，無所根據，獨往獨來，無阻無礙。又自事實上立論曰：吾人之所以對於行事負責任者，非以假定吾人之意志能自由活動。不受外物之干涉歟？假使吾人之意志受外物之影響，為因果之奴隸，不能獨立自由，則吾人對於日常之行為，又何責任之足負？Lotze 亦嘗從此方面立論曰：使吾人不假定意志之自由，則道德上之判斷與夫責任之負擔，皆為無意義之事實矣。

必然論之論據　必然論者則以意志為必然之作用，而無自由之屬性。其所持論據，約有三端：

1. 因果關係為一切現象共通之法則。有因斯有果，有果必有因，因因果果，有若貫珠，推而極之，無有窮盡。使吾人能詳知一切之原因，則事物他日之結束，殆可以預知。是故“自然之系統”之著者以為宇宙萬物殆有宿命，生者不能不生，滅者不能不滅，無可強求，亦莫能倖免也。意志作用亦不能外是理，雖其原因之所自，有並行交用兩說之爭議，然其必具原因而非自由，則可斷言也。

2. 人之意志常直接間接被外界事物之影響，而莫能抗拒，受外界事物之障礙，而不克超越。是故饑者不能不思食，渴者不能不思飲，視不能不礙於雲霧，聽不能不亂於雷霆。由是言之，意志尚得謂自由乎？

3. 人之行為大抵淵源於氣質（tamperamen），而人之氣質則受之祖先父母之遺傳。蓋人之軀體不外父母生殖細胞之結合而生長者；而細胞之中，已具有規定其氣質之物質。是故氣質者，得之祖先父母之遺傳，而規之以生理之組織，根深蒂固，移易為難。夫遺傳之說為晚近進化論所考定，特以其理甚微，其因甚雜，一時猶未能立數學的方程式以賅其一定之理。然其為說，固有足為吾人所措信者，氣質既出於遺傳，而行為復出於氣質，則意志之非無所根據，概可知矣。

夫當意志作用之際，二三動機同時崛起，相傾相軋，各欲制勝以表現於外部；而人能於此二三動機之中，擇其一而制其他。若以此選擇作用為自由，則誠自足矣，然非自由論者之所謂自由也。蓋此諸動機之起，亦皆遵循因果之關係，非無所根據也。而吾人之對於行事所以負責任者，徒以有此選擇能力耳。選擇之用與智識俱進，故律有責任年齡之規定。寢假而意志絕對自由，絕無束縛，則責任年齡之規定固屬無謂，而意志之病的現象亦復不當出現於世矣。

第九章
形而上學上之神學的學派

概論 神學上之學派有三；曰超神論。曰汎神論，曰無神論。超神論與汎神論，對於神之存在，下肯定之判斷；無神論則下否定之判斷；故超神論汎神論正與無神論立於反對之地位。

超神論與汎神論雖同以神為宇宙萬物之原因，而超神論之所謂原因，指萬物以外之超越的原因而言，汎神論之所謂原因，則指萬物以內之內在的原因而言；此則兩說之異也。超神論汎神論又同屬一神論（monotheism），試觀宗教之歷史，一神論之外，猶有他種形式之信仰。如庶物崇拜（fetishism），如多神教（polytheism），其所崇奉之客體不止一事，而於當時社會亦頗受一般人民之信仰。然此種思想從未有主張之於哲學上者，故不在議論之列。

神學上之思想與宇宙根本問題之見解有密切之關係。主張超神論者，大抵屬於唯心論或二元論，主張汎神論者，大抵屬於一元論，主張無神論者，大抵屬於唯物論，雖然，此亦不過就其大體言耳，非謂二者之間有必然之關係，而不得稍變易其主張也。

神之論據及其駁論 縱觀二千餘年哲學之歷史，主張超神論之學者，為數最眾。試就古今最著名之哲學家而言，在上古之世，則有 Plato 與 Aristotle ；在近世之初，則有 Descartes，Leibnitz，在最近之世，則有 Kant，Herbart，Lotze 。此數子者雖各具一家之見，不能盡同，然不同之中有同者然，則以神為人格之存在，創造宇宙，而指導宇宙之進行之說是也。

神之存在為超神論者所欲極力證明者。其論證之道各家互有異同，

今姑撮其最主要之論據分述如下：

　　1. 實體論上之論證（ontological proof）。此種論證，自觀念以推及存在之論證也。其說之大意曰：神之概念中，自含有存在之義。蓋最完全與不存在兩義互相剌謬，不能並容，故最完全之神不能不存在也。倡此說者，在中世有 Anselmus（1033-1109），在近世有 Descartes。然十八世紀 Kant 以前之哲學家已有非難此說者，及 Kant 出，更以犀利之批評破壞之。Kant 之言曰：存在云云，實未嘗構成概念內容之一部，申言之，即未嘗構成完全相之一部也。試取神之概念而分析之，斷不能於此概念中得存在之義。存在之義實後之附加者，非內容中所固具也。故神存在云云，乃綜合的判斷，非分析的判斷也。

　　2. 世界論上之論證（cosmological proof）。此種論證，以因果關係為根據，用以證明神之存在。其言曰：大千世界必有其存在之原因，原因維何，上帝是也。在昔希臘 Plato，Aristotle 實創是說，而近世學者亦多有祖述斯義者。蓋以事物之起必有其因，而因復有因，試逆溯而窮究之，必且底於不可說明之一境。欲去此境，則不得不設想絕對之知慧，以為宇宙之創造主。此種論證，Kant 亦嘗破壞之。Kant 曰：因果關係乃悟性之範疇（category），用之於現象界，以論現象間之關係，則可；若超越經驗之範圍，以論一切現象之絕對原因，則不可。蓋絕對原因從未入吾智識範圍內也。要而言之，此種論證，乃濫用原因之範疇於不當用之範圍內，故不足以奏證明之效。浸假而原因範疇可以適用於超越世界也，然猶未足以證明神之完全相。蓋世界之完全相非吾人所能證明，故世界原因之完全相亦非吾人所能證明也。若必欲證明之，則非返於實體論上之論證不為功；而實體論上論證之不能成立，已如上述矣。

　　3. 目的論上之論證（teleological proof）。目的論上之論證，以宇宙間之目的性為根據，用以證明神之存在。其言曰：觀於宇宙之間，條理井然，適於目的之實現，可以知宇宙之外，必有創造此宇宙而表現目的者。而徵之經驗，目的為精神中之觀念，屬於知識之方面，故知創造此宇宙而表現此目的者，必為聰明智慧之神。此項證論，亦為 Kant 所批

評。Kant 曰：今姑以此項論證為有效，亦但能證明有體焉，賦宇宙以整飭之秩序耳，猶未能證明創造者之存在也。自目的論上論證神之存在者，往往以人造品為喻，以為神之創造宇宙，猶人之製造器物也。今試仍以器物為喻，目的論上所能證明者，不過製物成器之匠，而非創造器物原料之人。是故創造者之存在，終不可以證明。若必欲證明之，非復返於世界論上之論證不可；而世界論上論證之不能成立，已如上述，然則純理神學上神之證明，特勞而無功之業耳。

4. 倫理上之論證（moral proof）。倫理上之論證，或自絕對的道德法之存在，以推定道德法立法之主體；或自道德幸福不能相應之事實，以推定調和兩者之實體。Kant 於 "純粹理性之批評" 中，雖舉上述三項論證悉破壞之，不遺餘力，於 "實踐理性之批評" 中，則持倫理上第二項之論證，以證神之存在。其言曰：惟德與福相即不離，德修則福自至，故積善之人必享福祿，積不善之人必及災殃。此亦道德上所當信從之理法，而不可挾疑者也。然福祿之為用，懸於自然界之事物。使自然界與道德界各相獨立，不能為用，則福德之必不相離，其故為不可解矣。故必承認世有聰明正直之神，統攝自然界與道德界，而引自然界之事物以合於道德界之要求，於是善人多福惡人多災之理，不俟辨而明矣。雖然，倫理上論證之無充足理由，亦猶上述三項之論證也。何以言之？道德現象因時而異，因地而殊，世無千載不渝之道德，亦無萬方共守之倫常。所謂絕對的道德法者，實未嘗為世所公認，則道德法立法者之存在益無從證明矣。道德與幸福之調和，在近時進化論上視之，已有可以解釋之道，則自然界與道德界之上，更無須承認神之存在以為之統攝矣。

合理神學派 超神論中，別有一派，以為宗教之為物，必出於人之理性而後可，凡理性上所不能承認者，宗教上亦不能承認之；故儀式信條之以迷信為基礎者，皆在廢棄之列。且謂神之於世界，但於創造之時，致力以創造之而已，及既成之後，則世界之作用一遵其機械的法則以進行，神不復致力以統攝焉。此類思想，神學上謂之合理神學

派（Deism）。合理神學派之始創者，殆為英之 Herbert（1581-1648）。Herbert 曰：理性與宗教不能或離。理性之為用，所以使人日即於真理而日趨於道德，而宗教之基礎即於是乎存。Herbert 又謂宗教之中，有五要旨，為往古來今眾生之所公認。至於此五要旨以外，則皆僧侶之所捏造，學者之所附會者耳。

　　英國合理神學之思想，至十八世紀而臻於極盛，而哲學史上有注意之價值者，實以 Toland 為最。Toland 謂研究宗教，當脫離教權之束縛，而取自由之態度。故當時 Toland 之徒，英人目之為自由思想家。Toland 之言曰：凡宗教上為人所承認者，莫非合理之事實；背理之事固不待言，即超理之事亦非真正宗教中所宜有。基督教之所垂示，本無不可思議之點，徒為後世僧侶所誤，遂陷入不可思議之境耳。Toland 之次，為哲學史上所宜注意者，乃 Tindal（1656-1733）。Tindal 曰：自然宗教合於眾人理性之所示，而為原人之初所既具。其經歷歷史與變遷以成之宗教，則皆後世之所造，既已失宗教之神髓矣。

　　合理神學派之所主張，雖與超神論略異，然其證明神之存在，則亦不外超神論所持上述四項之論證。是故合理神學派與超神論同陷於論證不足之苦境。

　　汎神論之派別　汎神論可小別為二種：一曰普遍汎神論（universal pantheism），二曰特別汎神論（particular pantheism），普遍汎神論合一神之觀念與世界之觀念，以為神即是世界，世界即是神；特別汎神論則注重世界特別之屬性，用以合於神之觀念。普遍汎神論之在哲學史上，有二大代表：一為古代之 Elea 學派，一為近世之 Spinoza，Elea 學派之 Xenophanes 與 Parmenides 以 " 有 " 為萬物之本源，" 有 " 之外，別無他物。而神之觀念即與 " 有 " 之觀念一而不二，故世界便是上帝。Spinoza 則謂神與萬物之關係，猶三角形與其角度之和等於二直角之關係。三角形以外，不有角度之和等於二直角者。神之外，亦不有萬物之存在。神與萬物相即不離。自萬物之所以為萬物觀之，則謂之神，自萬物既成之態觀之，則謂之萬物。是故神為能造，物為所造。

特別汎神論中，有以世界之外的屬性與神之觀念合一者，是曰自然的汎神論（naturalistic pantheism）。為此說者，大抵屬於唯物主義之學者，其以世界之內的實在為神者，則曰唯心的汎神論（spiritualistic pantheism），如 Stoics 之思想，是其例也。Fichte 之汎神論則與是又異。Fichte 以為宇宙間所流行之道德，即所以代表神聖之實體。是則Fichte 之汎神論可謂為倫理上之汎神論（ethical pantheism）。

汎神論以神為萬物內在之原因。不超越於世界之外，而不必具有人格；其說固視超神之論穩健而可信。然必以神為創造之原理，而具圓滿之德性，則又不得不採用超神論所持諸論證以為證明，遂亦不得不與超神論同陷困難之狀態矣。

無神論 由是觀之，神之存在終未有滿足之證明，足以使吾人於理論之上，信其為正確之事實。夫有與無有，不能容中。有神論諸論證既盡失敗，則無神之論自不得不據以立矣。哲學以窮理為主，故自哲學上觀之，無神論是最為確切而不可移易。至於宗教，則以信仰為歸，故自宗教一方而言，則不得不要求神之存在。使宗教家徒以神為人生最高之理想，而不求理論上之證明，如 Kant 之所謂指導原則者，則於實踐上亦未始無大功也。

第十章
形而上學上之心理的學派

心理的學派概說 近時心理學上關於形而上學之學說，有二種之對峙。第一種對峙以心之本性為標準，主張精神現象之後有心體為之本者，曰實質論；主張直接經驗所得之精神現象即為精神之全體，別無心體之存在者，曰唯行論。第二種對峙以精神作用之根本性質為標準。主張智識作用為他種精神作用之基礎者，曰唯智論；主張意志情緒為一切內的經驗之根本者，曰唯意論。

實質論唯行論概說 實質論之論心體也，謂有四種之特質：(1) 心體為堅實之體，一切精神狀態，莫非此堅實體所發之現象耳。(2) 心體之存在，出於自己構造之作用，故不必憑藉他物而後始存。(3) 心體不可破滅，故常住不朽。(4) 心體為簡單之存在，故不可分裂，不有廣袤。唯行論之所謂心，則指吾人所能經驗之精神作用而言。吾人所能經驗者，感情思想等個個之作用而已，至於心之實體，非人所能經驗也。

實質論 徵之歷史，始倡明確之實質論者，實為法之 Descartes。蓋 Descartes 以前之哲學，視精神與生命渾若一事，故精神與物質之間，其區別猶未大著。及 Descartes 區分思惟之實體與廣袤之實體，於是心體之觀念始益明確，而實質論之思想遂因以益著矣。Leibnitz 以 monad 為宇宙之本源。而若干 monad 合而成一生物也，諸 monad 之中，有思惟作用尤明瞭者，則為生物之靈魂，其不明瞭者，則為生物之肉體。靈魂肉體雖有預定之調和，然不能相為影響，以通其作用。十八世紀之際，Descartes，Leibnitz 二家之說最為盛行，言心理學者，殆莫不遵奉其說。英之 Berkeley 舉 Descartes 之所謂物質的實體而否定之，

以為物質的實體者，不過觀念之結合體耳。然對於思惟之實體，則猶維持 Descartes 之思想，以為一切精神現象之後，固有心體為之基礎也。

唯行論 唯行之說發達較遲，Hume 之學說，殆此說最初之主張也。Hume 承 Berkeley 之後，更進一步，以為精神之無實體與物質正同。其言曰：人或主張心之實體，以為一切心理作用之基礎；此其見解，實與物質實體之主張同為謬見。夫物質實體之觀念出於種種觀念聯合之結果。蓋當吾人知覺之時，事物之內容共居空間，而同為吾所知覺，是故知覺之後，遂遵聯想之律，以相喚起，凡憶及其一觀念時，必聯想及於他之觀念。經驗之次數愈多，則聯合之度愈固。於是遂移其主觀的感情於外界，而想像實體之存在矣，精神之實體蓋亦種種觀念聯合之結果，為吾人想像之所造作者耳。

Kant 於 "實踐理性之批評" 中，雖承認靈魂之存在，以應道德之要求，然於 "純粹理性之批評" 中，則嘗斥心體為純理心理學上之妄論，而加之以破壞。其言曰：於吾人所經驗之心理現象外，設想一統一此種心理現象之實體，即所謂靈魂者，其殆出於論理上之誤謬乎！何以言之？吾人之所以設想我（即靈魂）之存在者，以吾人之意識中有統一作用也。是故意識我之存在，即意識吾心一切經驗之統一，我思云者，即統一而意識之謂也。由是言之，所謂我者，以之為論理上之主即可，以之為實體之主則不可。故一言以蔽之曰，設想靈魂之實體，乃混淆思考之主與實體之主之過也。

近時極力主張唯行之說者，首推 Paulsen 與 Wundt。二氏皆藉反對說之批評以為建設之手段。Paulsen 之言曰：實質說之不能成立，其理由約有四端：(1) 心體之為物不能為吾人知覺之對象。(2) 精神實體與精神現象之間，其關係如何，未嘗為吾人所認識。(3) 心體之諸屬性盡屬否定之事實。(4) 各精神作用發現時，必與精神生活之全體相關聯，故雖不假定心體之實在，亦可以免說明上之困難。Wundt 又舉三事，以排斥心體之假定。(1)Kant 所設現象物如之區別，不能應用諸內界之經驗。蓋內界之事物一如吾直接經驗之所得，故不能設精神之實體，以與

經驗相對。(2) 人之言心體者，一方面既謂為恒常之體，他方面又謂為變化無常。夫恒常與變化不能兩容，是心質之義實有似乎以己之矛制己之盾也。(3) 經驗上之事實，雖不假定心體之存在，亦可以說明其綜合之理法。故心體之佔假定直無益之業耳。

唯智論　唯智論唯意論之對峙，亦至近世而始著。蓋古代之哲學中，猶未有舉一切精神作用而歸諸唯一之本源也。及 Descartes 舉思惟作用為精神實體之特質，用以別於以廣袤為特質之物質，於是唯智之論始具明確之體裁。Spinoaz 繼之，亦以思惟為精神之特質，不過 Spinoza 以個人之心為無限情狀之差別相，而不以為實體，則與 Descartes 異耳。

Leibnitz 以 monad 為宇宙之本源，人之精神肉體莫不成自 monad。而 monad 之為用，有發展進步之活動。且其發展之狀態，乃其本來所固具者，自行開發，非受之於外也。是以其既開發者，涵容於現在狀態之內，而其未開者，亦可於現在狀態預想焉。上智者鑑於 monad 之現狀，可以測知其過去與未來。不寧惟是，各 monad 之間，有預定之調和。故關於一 monad 之狀態，即可藉以推知一切 monad 之情況。夫雜多之物表現於一體，外界之事含蓄於內部，其作用正與觀念思惟等類似。故 monad 之活動實與思惟同義，而其所謂發展者，即自觀念不明瞭之狀態漸進而至於觀念明瞭狀態之謂也。Leibnitz 依據此理，用以造唯智之論，以為觀念思惟等用，亦精神之根本作用也。

近時 Herbart 之學說實為最嚴密之唯智主義。Herbart 以為智識作用乃一切精神作用之基礎；感情意志等皆智識之附庸現象耳，非獨立之作用，亦非原始之活動也。蓋 Herbart 舉一切精神作用分析研究之，遂以觀念為精神作用之原始的要素，而以感情意志等為皆觀念作用之結果也。例如快樂不快樂之感情，生於諸觀念相互作用之結果；諸觀念相為援助，則生快感，相為阻礙，則生痛感。

唯意論　唯意之說始自 Schopenhauer。Schopenhauer 之先，雖已有 Kant 為之前驅，然其為說猶未明暢，及 Schopenhauer，而此說始著也。Schopenhauer 以意志為宇宙之本源，凡外界之自然與內界之精神莫

不淵源於意志。而其所謂意志者，於普通之所謂意志外，復兼含感情而言；申言之，其所謂意志者，指意識作用中情意二要素言也。知識作用不過附加之要素，非人性本然之基礎。其規定吾人之道德的行為者，乃意志之力，非知識之力。知識徒足供意志之役使而已。其在人心之中，耽於美的賞玩，以求解脫時，知識始一脫意志之羈絆也。

　　近時 Paulsen 與 Wundt 亦為唯意說之健將。Paulsen 曰：試觀精神生活之種族進化與個體進化，可以知意志之用實一切精神作用之基礎也。蓋最下等之有機體未具觀念，未具知識，徒為瞽目的衝動所驅策，以經營動作而已。故知衝動之為用，實為內的生活根本之作用。又如小兒初生，其精神作用中之最先表現者，厥惟意志，及小兒精神漸進化，而後知識之用始隨以漸顯。是又足為意志根本說之證據。不寧惟是，在既經發達之精神生活中，意志亦為決定一切作用之原因。賦人生以究竟目的者，意志也。規定注意之方向者，意志也。選擇外界之刺激，而納之意識中者，意志也。舉經驗所得之事實，而決其孰應記憶，孰應遺忘者，亦意志也。

　　Wundt 之主張唯意主義，其理由約有三端：(1) 意志作用為一切精神要素所結合而成者。蓋意志作用可分為衝動行為與有意行為二種。衝動行為，如動物之見食而趨，其作用極簡單；求其要素但有感覺與感情，至於有意行為，則甚複雜；於感覺感情之外，復益以目的觀念與複雜之情緒。是意志作用中，實包含一切之要素，而足為諸精神作用之代表。(2) 諸精神作用流轉不息，變化無窮，而變化之事實於意志作用為最著，故意志作用足為一切精神作用之模範。(3) 意識現象成自精神作用之結合，而為之結合之樞紐者，則意志也。

第三編　認識論

第一章
認識論上之問題

認識論之發展　近時之言哲學者，幾莫不注全力以研究認識論上之問題。其極端者，至蔑視形而上學上之問題，而倡為認識論便是哲學之說。其較為公平者，亦以認識論上之研究，如認識之能力，認識之界限等諸問題，為研究哲學時首先所宜解決者。要而言之，認識之研究，實晚近哲學之中心問題也。

然徵之歷史，哲學之始，非始自認識之研究。哲學以形而上學為出發點，而以宇宙之本源，心物之關係等諸研究，為其本來之目的。及形而上學上之研究既經悠久之歲月，而後認識能力認識界限之研究始繼之以起。蓋形而上學上諸問題歷時愈久，則所以解釋此問題之學說亦因之愈眾。而諸說之間，或稍有出入，或極端反對，而又各持之有故，言之成理，使學者傍徨迷惑，艱於取舍。於是遂有挾疑於人知之能力，而欲考定其能否解釋哲學上之問題者矣。

上古希臘之哲學，始自物質之研究，如 Miletus 學派，如 Elea 學派，皆形而上學上之體系也。雖此等學派不無一二關於認識之研究，然其認識論上之學說，要不過形而上學上學說之附屬品耳。其以認識之能力為主，而致力以研究之者，蓋造端於詭辯學派，而盛於希臘哲學末期之 Academy 派與懷疑派。近世哲學之初，亦以建設形而上學的體系為主要之目的。如 Descartes，如 Hobbes，如 Spinoza，如 Leibnitz，皆屬於此種體系之學者也。及 Locke 之 "人間悟性論"（Essay on the Human Understanding）出，而後認識論始成獨立之研究。Locke 之先，認識論上斷片之研究，雖遠肇自古代之希臘，然以嚴密之意言之，Locke 實為

認識論之始祖。顧 Locke 之研究猶多未備，Kant 繼之，而後認識論之體裁益煥然大備，而世之學者亦益重視之，以為哲學上之中心問題矣。

認識論上之學派　認識論上有三大問題：一曰知識起源之問題，二曰知識效力之問題，三曰知識本質之問題。

關於第一項問題，有三種之解釋：一曰唯理論（rationalism），以為一切知識為吾心先天所固具。二曰經驗論（empiricism），以為知識之起，起於內外之經驗。三曰批評論（criticism），調和於兩說之間而以先天經驗同為知識之源泉。

關於知識效力之問題，有不加徵驗，而斷言其有絕大之效力者，曰獨斷論（dogmatism）。與獨斷論處於反對之地位者，曰懷疑論（scepticism）。懷疑論之論知識也，或以為主觀，或以為相對，於是又有主觀論（subjectivism）與相對論（relativism）之區別。獨斷論懷疑論之外，尚有所謂積極論（positivism）者，則限於經驗範圍之內，承認知識之效力。

關於第三項知識本質之問題，亦有三種之解釋：主張觀念論（idealism）者，以為知識之內容不外意識中之觀念。主張實在論（realism）者，以為意識之外，實別有客觀之事物存於外界。主張現象論（phenomenalism）者，則舉知識之內容歸諸現象，而不欲偏廢上二說之所主張。

第二章
唯理論、經驗論、批評論

概論 茲章所論，為知識起源之問題，而對之以為解答者，有唯理論、經驗論、批評論三種之學派。唯理論一名先天論（apriowism），其學說之要旨曰：人之理性，為一切知識之源泉，而知識之有普遍效力者，尤以出於理性為必要之條件。蓋理性之中，先天的具有正確之原理。以此種先天的原理為基礎，而藉演繹推理法以為研究，則正確之知識不難立致。其緣經驗以致之知識，則非必至之理法，而無普遍之效用。經驗論則舉後天之經驗以為知識之淵源，且謂人心之初，猶素絲白紙，未著痕跡，及既經驗，而後知識始緣以生焉。經驗論之中，又有以感官所得外部之經驗為原始的要素者，以其偏重感覺也，故謂之感覺論（sensualism）。第三派之批評論，則調和唯理經驗二說之思想而折衷之。以為知識之生，必有出自理性之形式的要素與出自感覺之材料的要素，二者缺一，則知識莫由立矣。

Plato 之唯理論 唯理論經驗論之對峙，始自近世之哲學。Descartes 始倡唯理論，後之大陸學者，大抵祖述是說。雖然，唯理論之思想，古希臘時有已言之者矣，如 Plato 之學說實此主義之好代表也。Plato 曰：觀念之世界為實在，現象之世界為虛妄。而人之靈魂本與觀念同類，具有思惟觀照之作用。惟其與觀念同類也，故不生不滅，無始無終；吾生之前靈魂具在，吾死之後，靈魂猶存，其與吾身之結合，特暫時間事耳。靈魂墮落而入於肉體，則為物欲所蔽，而晦其本性。然當其未入塵世，未為肉體所蔽也，亦嘗以純粹之理性目睹實體界之觀念。故轉入今世後，一與現象界之事物相接觸，便能追懷未嘗墮落前所見

之觀念也。是 Plato 之意，以為天地之理，本具吾心，固不待經驗而後得，徒以蔽於肉體，遂昧其真相耳。

Descartes 之唯理論　Descartes 之說，與 Plato 稍異。Descartes 亦嘗倡為天賦觀念之說。然其所謂天賦，非如 Plato 所云靈魂於肉體未生之前，嘗目睹實體界之觀念也。但言人之理性，有不待經驗之證明，而自能發生明確之原理，以為知識之基礎。譬如數學，以定義公理為其第一之原理，而定義公理之確切，出於理性之承認，固不待知覺經驗之證明而後立也。而一切科學，當以數學為模範；有不以自明之原理為基，用以構成知識之系統者，則非真正之科學也。Descartes 本此意以定心物二實體之界說曰：精神以思惟為本質，物體以廣袤為本質。又倡為物質常住，勢力常住之命題，曰：物質之量不增不減，運動之力不生不滅。Descartes 以上述諸原理為自明之理，且欲據以為學問上之定義公理，用以論證自然科學上一切之事項。雖然，此種純主觀上所立之命題果能與客觀上之事實相符合乎？Descartes 曰：數學上之觀念，其確實妥當之證據，在於概念自身，而不在於經驗。上述諸命題亦同是理。蓋概念之清楚而明晰者，即為確實妥當之概念，申言之，凡吾人所能明白思惟者，即天下之至理也。

Spinoza 之唯理論　Spinoza 繼承 Descartes 之思想，以為宜有本性明確之觀念，以作一切推論之基礎，然後藉數學之方法，逐步推論，則天下萬物不難明也。故 Spinoza 之研究哲學倫理學心理學物理學等諸科學也，莫不取範於幾何之研究法；先揭定義，次揭公理，又次揭命題，終揭證明。雖然，此等研究之結果，能與客觀之實在相符合乎？Spinoza 曰：物質界與精神界為一體之兩面，故精神界之所思惟，不能不與物質界之事物相符合。其發於物質界者，謂之事物之原因結果，其發於精神界者，謂之論理上之理由斷案，兩者二而一也。

Leibnitz 之唯理論　Leibnitz 亦主張天賦觀念之說。其言曰：人之思維，自觀念不明瞭之狀態，漸進而至於觀念明瞭之狀態，用以構成無數之階級。然一切階級，皆人心所固具，自行開發，非受之於外

也；即先具於無意識之中，以次出現於意識中也。故人之觀念，胥出天賦。凡憑藉感官以知覺者，不過事物之現象，而非明瞭之觀念。其憑藉理性以認識者，始為宇宙之真理。而理性所依據以為作用之原則，亦為吾心所固具，特人生之初，未能明辨，及精神發達，而後始能自覺耳。Leibnitz 認識論上之學說，蓋出自形而上學上之思想。Leibnitz 以 monad 為宇宙之本源，而 monad 具有自行發展之能力，故人之觀念，亦能自發，無待外求。而此種自發之知識，所以能與外界符合者，則以各 monad 有預定之調和，而同為宇宙之縮影故也。

Wolff 之唯理論 繼 Leibnitz 而起者，為 Wolff。Wolff 擷取唯理學派諸家之思想，以組織整齊之體系。其論哲學之研究法也，則謂哲學之為用，專恃分析概念以推究宇宙之真理。申言之，即彼之所謂研究哲學，不在根據經驗以得歸納之知識，而在抽繹吾心自造之根本概念，以構成哲學之內容。Wolff 雖於純粹演繹的哲學之外，亦嘗承認經驗上之學問；然經驗上之學問不過提供實例，用以示純理的學問所舉諸理法實行之狀況，其價值似不能與純理的學問等也。

Locke 之經驗論 經驗主義始自 Bacon，後之英國學者，大抵遵奉是說，以與大陸之唯理主義對峙，然 Bacon 之說，不過提示經驗的研究之必要與經驗的研究之方法，至於經驗哲學之組織，猶未及大成也。繼 Bacon 之後，盡力以建設經驗主義之哲學者，實為 Locke；故後之學者，或推 Locke 為近世經驗學派之始祖。

Locke 先自消極方面攻擊唯理學派天賦觀念之思想，然後更於積極方面建設一切知識出自經驗之學說。其言曰：觀念之為物，非能與生俱存也。夫天賦觀念論者之所說，不外以觀念之有普遍價值為其主張之理由。今姑假以神之存在與論理倫理上諸原則為眾人所同具之觀念，然同具云云，猶未足為觀念天賦之證明。蓋吾人類遭逢同一之境遇，經營同一之生活，則推此等同一之經驗以造同一之觀念，亦理所當然也。是觀念雖有普遍之價值，尚不足以為天賦之證明，而況實際上並普遍價值而未之有耶。道德上之規律，非能通於各國之國民，論理上之原則，非兒

童野蠻人所能知。皮之不存，毛將焉傅，觀念天賦之說，益莫與立矣。或曰：兒童野蠻人之不知此種原則，非無此觀念也，特以其精神之發達未充足，未能喚起此觀念而意識焉耳。信如是言，凡吾人智力發達之後，始能具有之觀念，猶得謂之天賦；則一切觀念莫非天賦，又何待普遍價值為之證明耶？且存於吾心而不為吾所識，此為理之所必無。天賦觀念論者以為觀念本存於無意識之中，以次出現於意識，此直無意義之遁辭耳。

　　Locke 既否定觀念之與生俱存，更進而積極的說明其起源。Locke 謂一切觀念皆成自經驗。而經驗之中，有藉吾之感官以得者，有反省吾之精神作用以得者，前者曰感覺，又曰外官（external sense）。後者曰反省，又曰內官（internal sense）。至於構成觀念之順序，則感覺居先，反省居後。即先有感覺所得之觀念，用以經營精神之作用，吾更返觀此精神之作用，而後反省之觀念始得焉。心之初生，如素絲白紙，經驗印之，始有痕跡。而舍此外官內官二途外，別無攝取觀念之他道，故曰，吾人之心獨有二窗耳。

　　Hume 之經驗論　Hume 祖述 Locke 之思想，而分 Locke 之觀念為二類：一曰印象，二曰觀念（狹義）。印象者，或自內官，或自外官，初現於吾心之狀態也。例如張目見物，或心有憂樂，是皆屬於印象之部。觀念者，印象之再生者也。例如記憶想像皆屬於觀念之部。然吾人之知識，於內官外官二途外，別無可以得之之道，觀念不外印象之再生者，故一切知識之淵源莫非印象。

　　Hume 經驗論上之功績，尤以其因果之說為最著。蓋唯理論者持因果律為武器，用以鞏固其所持之學說，以為事實上原因結果之關係，等於論理上理由斷案之關係；故因之生果，可於論理上演繹而得焉。Locke 雖以反對唯理主義著稱，然對於唯理論所持之因果律，匪特未嘗覆滅之，且往往引以為推論之助也。及 Hume 出，始以因果律為謬見，而益擴充經驗主義之說。其言曰：因必生果，非吾人直覺所能知，吾人直覺所能知者，不過觀念異同之關係與其時間空間上鄰接之關係耳。且

因果之律，非論理上所能論證。若專就論理上之關係而言，則亦未嘗不可以作反對之主張也。蓋因果之關係，非分析的真理，吾人雖取原因而分析之，未必即可於原因之中得其結果。表示因果之命題，不過以客詞附加於主詞耳。是故於未嘗經驗二物相繼存在之先，而謂可以先天的知彼必生此，此必不可得之數也。然則吾人將緣經驗以認識因果關係乎？吾人雖嘗見一物發生或變化之後，他物或繼之以發生，或繼之以變化，然吾人所真實經驗者，止此事實。至於此等事實之間，有無必然相繼之關係，則非吾人所知也。而所謂因果律者，乃指此物必生彼物之關係而言。然以此必然之關係，吾人何由而想像及之乎？在吾人確實經驗範圍之內，固但見物物之繼起，而未及知繼起之必然。然吾人之心有特異之作用，不以過去之經驗自畫，且進而據過去以推未來；以為過去時中某物既生某物，推之未來，亦必如是。此對於未來之預期，實為因果律由來之根據，而此預期之所以生，則又觀念聯合之力也。蓋過去時中，屢見甲乙二物相繼以生，相繼以變，遂於心中養成習慣，每念及甲，不得不聯想及於乙。於是對於未嘗經驗之事實，亦作甲乙相繼之思想，而更擴張經驗當時印象之強度與明度，以成一種堅固之信念。要而言之，因果之為律，不論其一般之形式與特殊之形式，皆以吾人之主觀信念為根據，而移植於外界，以為客觀之事實亦有此必然關係也。

Mill 之經驗論 唯理論者以為數學出自先天，無待經驗，且引以為各種科學之模範。而 Locke 之評唯理論也，但排斥其模範之說，而未嘗反對其無待經驗之說，以為數學之為學，固純以演繹推理為主，而無待於經驗上之事實；然物理學心理學等以研究對象之作用為主，故非憑藉經驗，則莫從而認識焉。Hume 雖主張一切真理不外吾心之習慣，然亦設一例外，以待數學，以為數學上之公理乃自明之理也。及 Mill 出，始舉經驗主義而一貫之。以為一切知識莫不出於經驗，雖算數之學亦屬經驗的科學；其所含真理，本非先天自明之理，亦徒以習慣聯想而真耳。

感覺論 Locke 之學，於法蘭西啟蒙時代，輸入法國，以革新其思想。而其認識論上之學說，自移植法國後，為 Condillac（1715-1780）

等所師承，遂漸變而為純粹之感覺論。Locke 以為觀念之來，有內官外官二淵源，而人心之中具有比較抽象諸作用。Condillac 則舉觀念之起源及心之活動歸諸更簡單之作用，以為觀念之淵源不外感覺，而人心之活動不外感受感覺之能力。至於此較判斷諸作用，皆成自感覺之感受，非別有此種特別能力也。Condillac 之學說，以觀念及其他一切心理作用之淵源歸諸感覺一事，故曰感覺論。

Kant 之批評論　批評主義始自 Kant。Kant 以為唯理經驗二論均屬一偏之見，不足以說明知識之起源，其言曰：試分析吾人所具之知識，可以發現二種之要素：一曰形式（Form），二曰材料（Stoff），材料為經驗所貢獻，故屬於後天（aposterioi），形式為吾心所固具，故屬於先天（apriori）。Locke 僅以經驗所貢獻者為知識，而不承認天賦之觀念，Leibnitz 等又僅承認吾心所固具者，而否定吾心所固具以外之知識；是皆一偏之見，掛此而失彼者也。經驗所貢獻之感覺，不過可以為知識之材料而已。然徒有材料，猶未足以構成知識，必別有施之整理，供以形式者，而後知識始成。而此種施整理供形式之作用，實為吾心之所固具，非自經驗來也。顧形式雖為吾心先天之所固具；然徒有形式，不有材料，則空虛無物，亦不足以成知識。故形式與材料相需相成，不可偏廢。

經驗主義之誤謬，在不知知識之先天的要素，是故以經驗主義為基礎者，其所謂知識，必不能有客觀的普遍性與必然性。誠以後天經驗之所得，非其時，非其處，或不必皆如是也。唯理主義應用純粹演繹的研究法，以作判斷，其判斷固普遍而必然矣，然不能出同一的判斷與分析的判斷之外。同一的判斷無論已，即分析的判斷，亦止於概念之分析，不足以開示實在之知識。此唯理主義之失也。綜合的判斷以主詞概念中未含之義表諸客詞，而為之綜合。故綜合之用，有待於後天之經驗。惟其為後天也，斯不能有普遍必然之性。然則綜合的判斷亦可以先天的成立乎？亦可緣是以得普遍必然之性乎？此實認識論上之大問題也。Kant 為欲解釋此問題，析知識為二要素。以為形式之為用，所以整理混淆之

材料，故形式之研究，即認識上最重要之研究也。

　　數學物理學哲學中，頗不乏綜合的判斷之例。如算術上五加七為十二，此一綜合的判斷也，又如幾何學上之定理，亦綜合的判斷也。自然科學中諸原則，其為綜合的判斷者甚多。哲學之目的亦在造作綜合的判斷，以論世界之本源。然則此種綜合的判斷如何而後可以先天的成立乎？ Kant 先論數學上綜合的判斷之成立，而後次第論及自然科學與哲學。

　　純直觀之形式　吾人之經驗事物也，莫不於時間空間之形式中知覺之。而此時間空間之形式，絕非概念，乃純直觀而先天的也。惟時間空間之形式為先天的，為純直觀，此數學上普遍必然之綜合的判斷所以能成立也。Kant 論時間空間形式之為先天的曰：(1) 時間空間非由經驗而來。蓋經驗之事物不足以生時間與空間，而空間上之共在，時間上之繼續，轉足以助成其為經驗之事物。要而言之，時間空間乃知覺成立之根本條件，非待知覺而後生也。(2) 時間空間，必然之觀念也。何以言之？他種事物，吾人或可設想其無有，惟時間與空間，不能作無有之設想。是時間與空間，實事物存在之必要條件也。Kant 又論時間空間之非概念曰：空間乃是一個互相連接之空間，時間乃是一個互相繼續之時間，初未嘗概括許多之空間或時間而為之概念也。此時此處，乃時間空間之一部分，其對於時間空間之關係，與個體對於概念之關係絕異。個體之在概念中，不過隸屬之一物，非概念之部分也。若夫一時一處，則時間空間之部分耳。時間空間無有際限，此亦足以證時間空間之非概念。蓋概念之為用，必指若干一定之性質而言，即概念之中，其部分有定數也。至於時間空間之分量，吾人斷不能賦以一定之制限，故時間空間所含之部分無定數也。

　　惟時間空間為先天的直觀，斯數學上之綜合的判斷乃能成立。何以故？使時間空間而為概念，則人之認識且不能超越概念所含之外，申言之，即徒能分析的以進行而已。而時間與空間為純直觀，故吾人於幾何學上，得連接空間之部分以成形體，而於算術上，得繼續時間之部分以

成數目，其相互間之關係，遂可以綜合的直觀得之矣。

時間空間之直觀，本於先天，而無待於經驗，故時間空間中所得之綜合的判斷，具有普遍必然之性。誠以吾心不能去時空之用，心之所向，即時空之所趨；萬事萬物莫不入於時間空間之形式中，以為吾心所經驗也。

感覺為材料，時空為形式，二者相合，乃成感官之直觀。試更究時空之異同，則空間為外官之形式，時間為內官之形式。蓋所謂外物者，莫不共存於空間之上，而吾心所意識者，莫不連續於時間之中也。然空間上之事物，亦為吾心所經驗，而吾心所經驗者莫不入於時間之形式中，故時間不僅為內官之形式，亦間接為一切事物之形式。

時間空間為吾心直觀之形式，萬事萬物莫不入於其中，故時間空間既非實體，亦非實體之德，乃主觀的而心性的也。

純悟性之概念即範疇　經驗上之事實，非僅時間空間上相先後相鄰接而已。申言之，即所謂自然界者，非僅若干之感覺互相鄰接互相先後而已也。必且遵從若干之法則以為成立，如因果之法則，其一例也，Kant 於是進而研究自然科學上知識所由成立之原理，亦可以先天的成立否乎？此 Kant“純粹理性批評”中之第二問題也。

Kant 曰：感覺入於時間空間之形式中，以成直觀，直觀更經概念之有統一作用者為之組織，以成經驗之事物。蓋 Kant 之意，以為感覺之所供給，雜統而無序，必藉概念以整齊而統一之，而以此統一概念供給吾人者，則所謂悟性（Verstand）是也。

以悟性所供給之概念，整齊事物而統一之，是謂思辨（Denken）。故悟性之概念，即思辨之形式也。思辨之際，不能無此種概念，亦猶直觀之際，不能無時間空間也。惟其不能或無，故足以證其為先天之形式；惟其為先天之形式，故吾人對於自然界之事物，能構成普遍必然之知識，而自然科學於以成立焉。要而言之，整理經驗上之事物，賦之統一，而使之成客觀上之事物者，不外吾心所具先天的形式之作用耳。

然則吾人之悟性具何種概念以作用乎？夫悟性之概念，不外思辨時

所施行之統一方法，而思辨時之統一，又即論理學上所謂判斷作用，故
悟性之概念，當得自論理學上種種判斷之形式。試取諸種判斷，去其內
容之事實，而存其純粹之形式，即可以得純悟性之概念。於是形式的論
理學上之判斷，遂一變而為認識論上之範疇（category），專以指悟性之
統一作用矣。列表如下，以資對照。

（形式的論理學上） 　　　　　　　　（認識論上）
　　　判斷 　　　　　　　　　　　　　範疇

分量 (quantity)
- 單獨 (singular)………一體 (unity)
- 特別 (particular)……多數 (plurality)
- 普遍 (universal)……合計 (totality)

性質 (quality)
- 肯定 (affirmative)……實有 (reality)
- 否定 (negative)……非有 (negation)
- 不定 (infinite)……制限 (limitation)

關係 (relation)
- 斷言 (categorical)……體德 (substance and accident)
- 設言 (hypothetical)……因果 (cause and effect)
- 擇言 (disjunctive)……動應 (action and reaction)

情狀 (modality)
- 或然 (problematic)…可能不能 (possibility and impossibility)
- 信然 (assertorical)… 存在不存 (existence and non-existence)
- 必然 (apodictical)…必至偶然 (necessity and contingency)

　上列統一的概念，凡十二類，是曰十二範疇。十二範疇之中，分量
性質六類，曰數學的範疇（mathematic categories），關係情狀六類，曰
力學的範疇（dynamic categories）。此十二類者，經驗所由成之先天的
條件，非積經驗而後生者也。故凡經驗上事物之所存，即此種範疇之所
施，使無範疇，便無經驗可言已。
　應用範疇以統一感官的直觀，於是吾人遂得於自然界之中，設立
種種之法則，以構成自然科學上普遍之知識。蓋自然界之為物，緣吾人

所賦之法則以為成立，申言之，即吾人知識之對象，乃吾人知識力之所造，非外界之既成者映寫於吾心也。夫惟自然界之成立出於吾人所賦之法則，故吾人所賦之法則，能通行於自然界全體而莫或悖也。

　　吾人於自然界之中，固可以得普遍之知識矣，顧此種知識，其效力之所及，限於現象之範圍，而莫能逾越。蓋範疇為經驗之先天的條件，每有經驗，固莫能外是理，而經驗以外之範圍，則又非範疇之力所能及也。是故吾人知識之所及，不出現象之範圍，至於現象以外之實體，則非吾人所能知。

　　理性之觀念　人之知識不出經驗範圍以外，苟有藉概念之用以思辨經驗範圍以外之事實，則其知識空洞，無有實際。是故形而上學上之綜合判斷，不有確實之根據。然雖無確實之根據，而人猶留意而考究之，則亦知識上自然之要求也。何言乎知識上自然之要求？蓋範疇之統一作用乃局部的統一，不過取若干現象而施之統一耳。例如因果云者，但言此一現象為彼一現象之原因或結果耳，至於一切事物之絕對原因未嘗言及也。要而言之，當吾人應用悟性之概念時。不能出相對的統一之外；吾人之經驗中，未嘗有絕對的統一也。

　　人既應用概念，以統一事物，而構成知識，則必求所以擴張其統一之範圍，以達於絕對的統一。顧欲完成絕對的統一，勢不得不超越於經驗範圍之外。何則？吾人經驗之範圍中，本無絕對的事實故也，此努力以完成絕對的統一之作用，Kant 謂之理性（Vernunft），而完成此統一時所用之概念，謂之理性之觀念，所謂形而上學者，則藉此種理性之觀念以構成者也。

　　理性之用於形而上學上也，有三方面：一曰靈魂之觀念，即以絕對的統一供給於內的經驗者，而純理心理學（rational psychology）上之根本觀念也。二曰以宇宙為一體之觀念，即以絕對的統一供給於外的經驗者，而純理的世界論（rational cosmology）上之根本觀念也，三曰神之觀念，即以究竟的統一供給於內外經驗之全體者，而純理神學（rational theology）上之根本觀念也。然此三種觀念均非正當，蓋皆出於經驗之外，而無可論證故也。

第三章
獨斷論、懷疑論、積極論

概說 認識論上第二問題，即知識效力所及範圍之問題也。哲學史上解答此問題之學說，有獨斷論、懷疑論、積極論諸說。獨斷論、懷疑論處於極端反對之地位，而積極論實折衷之。

獨斷論 獨斷論一名始自近代，而其應用之範圍今昔稍異。昔日之所謂獨斷論，其義較廣，舉凡哲學組織之未有認識論的研究以論證其確實之程度者，皆得以獨斷論之名名之。今之所謂獨斷論，其義較狹，凡主張經驗的知識與超絕的事物之間，不必設明確之界限者，始得謂之獨斷論。此狹義之獨斷論。既謂經驗的知識與超絕的事物同在吾人知識範圍之內，故對於人間知識效力之問題，斷言其有絕大之效力，而毫不疑其有一定之界限。

獨斷論與唯理論有密切之關係，主張唯理論者幾莫不主張獨斷論。蓋唯理論以為一切真實之知識盡出於純粹之理性，而無待外求，則人之知識自無客觀上之界限，而知識效力之範圍自無窮矣。十七十八世紀唯理主義之哲學家，如 Descartes，如 Leibnitz 皆主張獨斷主義，而尤以 Spinoza 為諸家之冠。Spinoza 純藉定義公理等以為演繹的研究之基礎，而對於此等定義公理，則未嘗有絲毫認識論上之證明。

獨斷論之名雖始自近代，獨斷論之實則已備於古代之哲學中矣。如 Plato 之以觀念為宇宙之實體，Democritus 之以原子為現象之根源，此皆獨斷之論，與十七十八世紀之唯理論者同一論調，未嘗於知識之效力上作精密之論斷也。古人之獨斷，其最大原因，在於認識論之未嘗發達。蓋知識效力範圍之問題未興，則知識之有無界限，自無人論及，而

於不知不識之間，默認知識效力之無窮矣。

經驗主義初亦帶有獨斷論之污點。經驗論以經驗為知識唯一之源泉，而往往混淆內存者與超絕者，以為不可分離。此實與唯理論同屬獨斷主義。及 Hume 出，始明言科學上之敘述與形而上學上之見解不能居於同等之地位，而積極主義當然為經驗主義之輔助。

自 Kant 嚴斥獨斷主義以來，獨斷主義幾已絕跡學界，而成歷史上之陳跡矣。

懷疑論　獨斷主義對於知識之效力，加以絕對無限制之肯定，懷疑主義則加以絕對無限制之否定。故極端之懷疑主義，以為人之知識殆不能有所論斷，雖如 Socrates 之所謂我自知無知，在極端之懷疑主義視之，似亦未易遽下斷定。要而言之，常人之所謂知識，皆無稽之談耳。

主觀論及相對論　懷疑主義可小別為二派：一曰主觀論，一曰相對論，今分別述其學說之大要。

相對論曰：(1) 一切知識皆相對的也。相對云者，言人之知識憑藉經驗當時之特別狀況而成立，故其效力之所及，僅限於某時某地與某狀況之下，非可通於一切時一切地與一切狀況者也。(2) 經驗之時，必預想主觀與客觀之對峙。吾人斷不能離卻主觀之關係以認識客觀之事物，故一切知識之作用莫非相對的也。

主觀論者 (1) 於經驗之際，注重主觀之作用，以為人之知識僅有主觀上之價值，此主觀上價值以外，別無效用也。又曰：(2) 試察人之推理與證明，可以知推理證明之終不可以有斷案。何以言之？一切論證必設想他之論證以為基礎，而他之論證之確實與否，又必待第三論證以為證明之基礎；等而上之，無有窮盡。是吾人於推理之時，不推源窮委，以作無量數之論證，則擅取一事，不復證明，聊以充一切論證之根據耳。夫逆溯論據，不知底止，則斷案之不能成立，已可概見。而擅取一事，以充論據，則基礎先危，所得斷案又何從證其為確實乎？

詭辯學派之懷疑論　懷疑主義發生甚早，希臘之詭辨學派（sophist）實開其端。詭辨學派中著明之學者，首推 Protagoras（紀元前

480-411），次為 Gorgias（略與 Protagoras 同時）。

Protagoras 以 " 人為萬物之衡 "（Man is the measure of all things）一語，為其懷疑論之根據。其意蓋謂吾儕知覺外物，僅知外物接觸吾感官之狀況，非能知外物之實相也。吾儕感官之狀況設有變化，則吾儕之知覺亦不能不與之俱變。所謂知識者，存於外物及感官接觸之關係，感官之所見即萬事之知識。故知識為個人的，亦為一時的；異其人，異其時，則知識亦隨以異。彼我異見，前後異宜，固不能定其孰是孰非也。一切知識既為主觀的，相對的，故絕對的萬古不易之真理非吾儕所能想像。

Gorgias 之言曰：(1) 世無物。(2) 假令有之，非吾人所能知 (3) 假令知之，亦非能傳諸人。

(1) 世間無物之論證曰：夫 " 有 " 者 " 非有 " 者與 " 亦有亦非有 " 者，均無可以存在之理也。何則？使其為 " 有 " 也，將為所生乎？將為非所生乎？將為一乎？將為多乎？使其為非所生也，則必無始。無始則無窮矣。無窮之物其烏乎存？蓋容物者必大於所容，物既無窮，豈更有大於無窮而為之容乎？使其為所生也，將生於 " 無 " 乎？將生於 " 有 " 乎？" 無 " 固不能生 " 有 "，" 有 " 亦不能生 " 有 "。蓋 " 有 " 無變化，" 有 " 無生滅也。使其為一也，一不可分，不可分，斯無體積，無體積，斯不能成物矣。使其為多也，多成於一。一既無有，多又何存？故 " 有 " 者不能存也。然則使其為 " 非有 " 乎？" 非有 " 既為無有，而又謂之 " 有 "，" 非有 " 與 " 有 " 並存，是自相矛盾也。故 " 非有 " 者不能存也。然則其為 " 亦有亦非有 " 乎？" 有 " 與 " 非有 " 不能相合，故 " 亦有亦非有 " 者亦不能存也。

(2) 縱令有物，不能知之。蓋外界之實物自實物，吾人之思想自思想，本非一體，故不能通也。

(3) 縱能知之，亦不能傳諸人。蓋思想之傳達，必藉言語為符號。符號與實物既屬別體，且人之解此符號也。不能保其必如吾所欲傳之意；故欲以吾之知識傳諸他人，誠不可能之事也。

希臘末期哲學之懷疑論　希臘哲學極盛之後，懷疑主義又復盛行。當時主張此說者，約可分為三派：一曰舊懷疑學派（the older scepticism），二曰新 Academy 學派，三曰新懷疑學派（the later scepticism）。

舊懷疑學派 Pyrrho（紀元前三百年時人）所始倡，故亦曰 Pyrrho 學派。Pyrrho 未嘗著書，其思想賴其弟子 Timon（死於紀元前二百四十年時）以傳諸世。其言曰：吾人之知識非能知事物真實之本體，不過知事物偶然之現象耳。感覺之機關，理性之作用，拘於各人之主觀，皆不能示人以普遍不易之真理。是故一切事物，吾人對之，但能主張吾見如此，不能斷言其必若是也。

Pyrrho 尤注重於懷疑說實踐上之利益。其意以為對於一切事物，既不可以固執己見，則是是非非，皆屬武斷之說，而無正當之根據。故吾人處事接物之際，允宜息是非之論，作齊一之觀。物既齊一，則吾儕對之，更無善無不善，無可無不可，心地坦蕩，不為外物之興衰所擾，而臻極樂之境矣。

Academy 學派出自 Plato。Plato 嘗集弟子講學於 Academy 體育會，其弟子所繼承之師說，遂因以為號焉。Academy 學派傳至 Arcesilaus（紀元前 316-240），始採懷疑之說。至 Carneades（紀元前 213-128）。而其懷疑之思想益盛。Arcesilaus 以後之學派，謂之新 Academy 學派，以別於從前猶遵奉 Plato 學說之學者。Arcesilaus，Carneades 為欲攻擊 Stoics 之學說，專從懷疑的方面以破其知識之論；其極也，遂至拋却 Academy 學派本來之立腳點，而採用 Pyrrho 之懷疑說。其學說要旨，亦不外主張事物真相之不可知，而知覺概念之不足恃耳。

新 Academy 學派後，主張懷疑主義者，有 Aenesidemus（紀元前一世紀人）與 Agrippa（年代不明），是曰新懷疑學派。Aenesidemus 之所主張不出 Pyrrho 之思想。其言曰：事物之真相決非吾人所能知。故無論何種判斷，吾人對之，皆可以同等之理由作正相反對之主張。別是非，

辨誠偽，無益之爭不如其已。人固無知，然若自稱無知，又屬妄見。誠能去是非之心，除膠固之見，自能從容自若，而心地安矣。

Aenesidemus 嘗取其懷疑論之學說，列為十條，謂之 Pyrrho 之十句義（Ten Tropes）；Agrippa 約為五句。(1) 人之知覺相對而非絕對。(2) 人之意見不相一致。(3) 一切論證遞推可以至於無窮。(4) 以未嘗證明之事實充論證之前提，則其論證為無效。(5) 常人之議論中，往往有前提之事實，必待今所欲立之論而後證明者。

近世之懷疑論 近世懷疑主義之足舉者，除法蘭西哲學外，殆未有其人。當煩瑣哲學式微之時，法蘭西學界頗多懷疑之思想，而懷疑論者中之傑出者曰 Montaigne（1533-1592）。Montaigne 以個人意見紛紜不一，為其懷疑思想之基礎。其言曰：世之真理不可不一，而人各異其見，豈以人之理性薄弱無能，不能勝發現真理之任耶？果爾，則吾人日常感覺理性之所認識，全不足恃，而吾人不能不以懷疑態度為哲學之本領矣。雖然，吾人之懷疑止於學理方面，一入實踐方面，則吾人之所當行當事者，皦然甚明，固不容有所疑慮也。

Montaigne 之後，紹述其懷疑思想以辯護宗教者，曰 Charron（1541-1603），Charron 曰：懷疑之目的有二：一以喚起研究之精神，一以發生信仰心而維持焉。夫真理者，神之所獨有，人但能研求而認識之耳。故懷疑與研究，人類唯一之職務也。

Hume 於形而上學上，不許於印象之外，擴張人之知識；且以實體因果之觀念為生於主觀的想像之移植，以自然界之法則為人之信念而非確實之知識。故後之論者或稱 Hume 之說為懷疑說。然 Hume 之懷疑說，止於理性之範圍，其對於直接之印象及其異同之關係，鄰接之關係，則未嘗挾絲毫之疑念。Hume 學說之要旨，以直接所經驗之印象為知識唯一之淵源，去印象愈遠，則知識確實之程度愈減。故 Hume 之說與其謂為懷疑主義，不若謂為積極主義之適當也。

懷疑論之難點 懷疑之說，近人罕言，縱有言者，亦但就某種特別目的言耳。極端之懷疑主義乃自滅之說也。何以言之？懷疑者不得有是

非之論，人固無知，然若自謂無知，又屬妄見。今懷疑論者斷言人之知識不能有所論斷，是自知無知，而有所論斷矣。在懷疑主義視之，得非獨斷之說乎？雖然，懷疑說之精神，於科學研究上，實有至大之價值。疑惑之念既足以喚起知識之欲望，又足以戒人之速斷，而慎密其研究，誠研究學問者所宜留意焉。

積極論　積極論折衷於獨斷論與懷疑論之間，以為認識之能力自有一定界限，而知識之效果亦各異其等差。凡普通知識之範圍與經驗之範圍相符合；一切學術之研究不能出此範圍以外，苟越此限，則知識為不確矣。觀念者，事實之符號。觀念之結合，固足供人以新知識，然離却事實，則觀念非有特別之內容。故欲以概念為基礎，用以推論實體，誠不可能之事也。

Comte 之積極論　Hume 承 Bacon，Locke 之後，發揮經驗主義而一貫之；其對於知識效力之問題，已取積極論之見解。然積極哲學之名，至法蘭西之 Comte 始克成立。

Comte 謂科學之目的在使吾人預知事物進行之程序，藉以攝理宇宙而左右其進行也。故科學上之知識，不外自然現象各種之規律，而專以經驗為基礎。然科學之知識非可一躍而幾也，人之知識大抵經三階級以發展。試徵諸各種科學，其經歷之跡歷歷可見。

第一階級曰神學的階級（theological stage）。此神學的階級實人知之出發點也。當此之時，為一切理論之基礎者。實惟想像。而其解釋世界之現象也，一惟統攝此現象之神是賴。人之思想既不出神之實體以外，故人類努力所求者，世界之絕對的說明耳，神學的階級中，又有若干小階級，最初之思想為庶物崇拜，其次為多神教，其終為一神教。

第二階級曰形而上學的階級（metaphysical stage）。此階級之說明宇宙現象也，不以人格的本體，而以抽象的概念。申言之，即務欲依據唯一之原理，以說明宇宙間萬般之現象也。當本階級之初，見有特殊之現象，即假定特殊之力以為說明，其卒也，合種種之力而統一之，用以建設唯一之大原力。神學的階級與形而上學的階級均求世界之絕對的解

釋，此為兩階級之所同；神學的階級重想像，形而上學的階級重推論，此則兩階級之所異也。

　　第三階級曰積極的階級，亦曰科學的階級（positive of scientific stage），積極的階級排斥想像與推論，而專以觀察為主。其所判定之命題，莫不與事實有關係。積極主義不求自然現象之絕對的原因，但求現象間通行之一定法則耳。夫經驗之所示，止於有限之關係，而世間多數之現象，實有不能與他現象合一之勢。故積極論之見解，以為舉宇宙間一切事物而歸諸唯一之原理，實為學問上不可能之事。第一原因，究竟目的，在積極論視之，直無意義之語耳。

　　由是言之，神學的階級與形而上學的階級皆不足使人得正確之知識，而神學與形而上學皆無成立之根據，對於人之積極行為亦無絲毫之影響。積極哲學者彙集事實上所得之法則，而整理之，排列之；即舉特殊科學所得之法則，結合統一之，以矯正知識界分業之弊害也。是故科學之分類，乃積極哲學上重要之事項。

　　批評論　批評論對於知識效力問題之態度，大略與積極論相同。其所不同者，積極論不特疑形而上學之不甚確實，且進而疑形而上學之不能成立，批評論則認形而上學為理性自然之要求，其知識雖無確實之根據，然亦人所宜留意而考察者也。

第四章
實在論、觀念論、現象論

　　概說　關於知識本質之問題，有實在論、觀念論、現象論三種之解釋。實在論曰：知識之內容，出於外界之事物，而外界之事物，有獨立之存在，不必藉能知之主觀而後成立。申言之，即知識之內容，非僅主觀上之符號，亦客觀上之符號也。實在論又可小別為二派：一曰素樸的實在論（naive realism），二曰批評的實在論（critical realism）。素樸的實在論以為耳目之所見聞者，即為事物之真相，批評的實在論則加以科學上之修正，而承認感覺之主觀性。

　　觀念論之言曰：一切經驗之對象，自其本質言之，莫非意識上之事實。而觀念論之解釋此意識上事實也，又有小異。以此事實為各個人之純粹主觀的作用者，曰主觀的觀念論（subjective idealism）。但泛言一切經驗存於觀念，而不言及觀念所屬之主觀者，曰客觀的觀念論（objective idealism）。現象論以為經驗之材料出自現象，而所謂現象者，為主觀客觀所兼制，非有所偏頗也。

　　素樸的實在論　素樸的實在論以為外物與觀念之關係，猶人之容貌與其所攝之像也。故吾人感覺之所得，與客觀之事物相類似，輕重厚薄，剛柔大小，以至色聲香味，莫非事物之所固具。觀念所含之性質，即描寫事物之性質而成者也。素樸的實在論為一般通行之見解，世俗之士未加深察，殆莫不奉此以為圭臬。而古代希臘哲學中，亦有持此義以解釋知識之本質者。如物體之微分子持物體之本形，以刺激感官之說，見其例也。

　　通俗之見，所以設想主觀之外有獨立自存之物體，以作觀念之模型

者，非無故也，其主要理由約有二端，列舉如下：

1. 記憶觀念與知覺觀念，其度之強弱甚相懸殊，而其所含性質，亦往往不一。且記憶之為用，可以隨吾之意志以為起滅；知覺作用則為外界之刺激所束縛，必待刺激之生而後生，亦必待刺激之滅而後滅，其生其滅，皆非意志所得而左右也。實在主義以記憶之再生歸諸意志，而以知覺之發生歸諸外物之刺激；蓋亦說明記憶與知覺之差異之簡便法也。

2. 人之知覺作用固時有間斷，而可以為吾感官所知覺之物體，則常住永存，未嘗或息。何以明之？以感官作用之際，無時不能知覺物體故也。物既常住，烏能無存？ Mill 亦嘗舉此理由，用以證明外界之存在。

素樸的實在論之難點　素樸的實在論簡而易喻，為通俗之士所歡迎。然少加審察，即可以發現其困難之點，而知此說之不能倖存也。

1. 錯覺幻覺夢境等，皆足以證明感官知覺之誤謬，觀念與實物之不相一致。感官之所得，固未必常誤，然亦有時而誤。植木水中，視之若折，此豈非視覺之迷妄乎？患熱病者，往往無形而有所見，無聲而有所聞，而熱病者方自以為真有所見真有所聞，不自知其為幻覺也。藉帶而寢則夢蛇，飛烏銜髮則夢飛。方夢之時，夢者亦信為真蛇真飛，而不自知其為夢境也。

2. 錯覺幻覺夢境等之屬於迷妄，猶為常人所易知。亦有知覺，在常人視之，方謂得事物之真相，而在科學視之，實未嘗與事物相符合。例如食糖而甘，飲藥而苦；素樸的實在論者以為甘與苦，乃糖與藥固具之性質也。雖然，物與味覺機關相接觸，始有甘苦之分，使糖與藥不與舌相接，而與目相接，或與耳相接，則糖何由能甘，藥何由能苦？用知甘與苦，不存於糖與藥，而存於人之知覺。夫糖與藥固具有引起味覺之能力，然非具有甘苦之性質，必待味覺機關之作用，而後甘苦始生。匪惟物味為然，即聲與色亦莫不如是。無有耳，何有聲？無有目，何有色？吾人所可信為客觀事物所具者，僅引起此種感覺之能力耳。

3. 吾人自外物所得之印象，往往因所處情況不同，而異其性質。即此事實，亦足以證明觀念與外物之不相一致。譬如有物於此，其所被明

度不同，則其色彩即隨以異，明度適當，則色彩飽和，明度過當，則色彩漸失其本質，而終底於無色。又如吾人所處之位置不同，或與物體相隔之距離不同，則物之形狀大小亦隨以異。凡此事實，皆觀念與外物不同之明證也。

4. 外界之刺激增益時，內界之感覺非必與之俱增。據近時實驗研究之結果，感覺強度增益與否，當視感官當時所感受刺激之強弱如何而定。昏夜囊螢，足以照書，置之白晝，或且熟視無睹。同一螢光，而晝夜有明暗之辨者，以當時感官所感受之刺激有強弱之分故也。刺激增益之度與感覺增益之度，其間有一定之比例。譬如聽覺，必加舊刺激三分之一，而後始有增益之感。此刺激強度與感覺強度間之差異，亦足以證觀念與外物之不相一致。

批評的實在論　由是言之，色聲香味，不存於物體，而觀念與外物未必一致。素樸的實在論之見解，全無科學上之價值，不足信也。批評的實在論以科學上事實為根據，知色聲香味之存於感覺，而不存於物體，故但言物質之能力與運動，於意識之外，有獨立之存在。至於感官所感之性質，固非物體之所本具也。物質之運動，刺激感官，用以喚起感覺。然刺激與感覺，初無類似之點，如聲音與空氣之波動，光線與 ether 之波動，其間未嘗有一致之點也。

Locke 之說，可為此說之代表。其言曰：吾人感官所得之觀念，平時即觀為外物之性質。然此種性質之中，有宜區別者，即若干性質屬於外物之體，而莫能離，若干性質但存於感覺之上，而非物所固具者也。廣袤形狀數量動靜及充塞之性為物體所固具，是曰第一性質（primary qualities）色聲香味寒暖之性質僅存於感覺之上，是曰第二性質（secondary qualities）。顧此種第二性質雖不得謂為物體之所固具，然其於吾心喚起此種感覺之力，則固物體所本具者也。

主觀的觀念論　Berkeley 乃主觀的觀念論之學者。Berkeley 承 Locke 之後，毀棄第一性質第二性質之區別，而一致之。以為一切物性，莫非吾心之觀念，而物體存在云者，不過能為精神所知覺云耳。誠

以第二性質既存於感覺，則第一性質豈不能以同一理由斷言其亦存於知覺乎？無鼻與舌，固不能知香味，然視覺觸覺不全，則廣袤充塞等第一性質亦莫從而知也。Berkeley 本此理由，以建設觀念論，且以一切外物之存在，歸諸主觀之認識。然 Berkeley 亦嘗承認天地萬物不因個人主觀之消滅而喪失其存在。蓋吾心所具之觀念，本為神心中所存永久之觀念，故吾一人之心縱或消滅，而天地萬物不隨之俱喪，浸假而有生之屬盡喪其生，盡失其心，天地萬物猶依然無傷也。是則 Berkeley 之說，亦非純粹主觀的觀念論也。

　　Fichte 之思想，亦為主觀的觀念論。Fichte 之言曰：真實存在者，惟 “我” 而已。凡吾人所得而認識者，皆存於吾人意識之內。是故實在云者，即經驗之謂也，舍此之外，別無他義。夫 “我” 之外，固別有 “非我” 與 “我” 相對，然此分割的 “我” 與分割的 “非我” 皆 “我” 之所立，非謂 “我” 之外真有 “非我” 之實在也。一切事物皆出自 “我”，故常人所認之外界，實亦 “我” 之內界，而知識之內容，莫非意識之觀念耳。

　　客觀的觀念論　始倡客觀的觀念論者，實為希臘之 Plato 。蓋 Plato 於形而上學上以觀念為實體，以現象為觀念之影。而其所云觀念，即 Socrates 之所謂概念，而益以客觀的實在性者也。Socrates 之致知，以通觀事物普遍之真相為其主要之條件，Plato 承 Socrates 之後，亦以認識觀念為確實有效之智識。

　　Kant 之後，主張客觀的觀念論者，如 Schelling，如 Hegel，皆其佼佼者也。

　　現象論　現象論折衷於觀念論與實在論之間，以為知識之內容，非純粹主觀，亦非純粹客觀，實為主觀客觀所兼制，而無所偏頗也，蓋不有內界之精神，則無以營知覺之作用，不有外界之物體，則無以供知覺之內容。主觀客觀固不能偏廢也。Kant 之說，亦為現象論之一種。然 Kant 之言物如（Ding-an-sich）也，以為物如之實相固無從探索，即物如之存在與否，亦無從斷定。此則與近時之現象論稍異其趣，近時之現

象論斷言物如之存在，且引以為感覺之原因。如 Wundt，如 Mach，如 Kuelpe，雖其細點不盡同，其大旨則一也。Kuelpe 之言曰；吾人經驗之所得，渾然一體，未嘗有主觀客觀之區別。及加之思辨，而後始於經驗之資料上，發現其主觀的要素與客觀的要素。蓋吾人專就能知之主觀而言，則謂之主觀，然斷不能謂經驗之全體為主觀也。專就所知之客觀而言，則謂之客觀，亦斷不能謂經驗之全體為客觀也。

《理則學大意》

目　次

第一章
理則學的意義

　　理則學有三大源流，一是中國的名學，二是印度的因明，三是希臘的邏輯。中國在先秦時代，名家輩出，一方面固多玩弄詭辯淆亂黑白的人，他方面也不少正名明辨以一是非的人。當時思想界的情形頗與邏輯創始以前的希臘相似。墨翟荀卿都有很精到的理論，足為理學的先驅，可惜後來沒有繼起光大的人，終於不能使名學成為一種有系統的學問。印度因明相傳為足目所創，至陳那天主而體系益增精密。其根本原料完全與邏輯相同，不過趨向稍異，所以形式上不相一致。完備的程度雖不及邏輯，但因明也有獨到之點和特別的用處。邏輯創始於亞里士多德，中古教會的學者又多所貢獻。不過亞里士多德所創的尚偏於演繹方面，及培根增補了歸納部分，於是邏輯始稱完備。近時邏輯的研究日益深刻，範圍日益廣大，派別遂因此日益紛歧。亞里士多德派的邏輯，普通稱之為形式邏輯，此外尚有數理邏輯，心理的邏輯，玄學的邏輯，智識的邏輯。所以學者所著的書雖同用邏輯的名稱，而內容可以大不相同。但形式邏輯總尚不失為邏輯的門戶，升堂入室應當仍由斯道。且又切於適用，頗足為慎思明辨的指針。邏輯自傳入中國以來，有種種譯名，明季有一本講邏輯的書，叫做《名理探》，近數十年，或譯辯學，或譯名學，或譯原言，或譯思維術，或採用日本譯名論理學。又有人以為義譯總難確當，不如逕採音譯邏輯。國父在《心理建設》第三章中主張譯為理則學，實在是最適當的譯名，從此當可以一掃以前的紛歧的了。

　　理則學所研究的是思想。思想是人所獨有的。禽獸雖然也有慾望知覺感情，而且有些知覺比人的知覺更銳敏，但是沒有思想的能力。因為

不能思想，所以禽獸的智識只是斷片的，其動作總是衝動的。人的精神發展得最高，除了慾望知覺感情而外，又具有思想的能力。小而言之，小學生在教科書上認識了一橫一豎相交錯的是十字，其後在別的書上見了同樣的字也知道其為十字了，小兒看見火球，光耀可愛，伸手一摸，皮肉受傷疼痛，此後看見火球，便不敢再摸了。大而言之，見了蘋果落地，可以推想到萬有引力。鑑於古來強梁者之不得其死，遂自知斂抑，勉為君子。思想能夠這樣舉一反三，能夠這樣鑑往知來，於是智識乃得構成系統，不會只是片斷的行為，乃得知所趨舍，不會盡是衝動的，而學問道德等一切文化現象，亦得隨以發生。所以我們可以說，人之所以異於禽獸者在於有思想，人之所以為萬物之靈者也在於有思想。思想的功用，如此偉大，爲得不引起我們的注意而加以研究。但所謂思想者，若用分析的眼光來看，其中實在含有好幾個方面，而理則學所研究的只是思想的一面，並不是思想的全面。

　　一切思想必須有能思和所思湊合起來方能成立，能思是用以思想的，即是人的思想能力或思想作用，所思是以資料供給思想的，即一切事物，假使只有能思，沒有所思，則空洞無物，不成其為思想。又假使只有所思，則不起思的作用，也不成其為思想。我們可用鏡子照物來做比喻。鏡子是能照，物體是所照。倘然只有鏡子，而沒有物體，投影其上，不會有照的現象發生。倘然只有物體而沒有鏡子來收其形象，也不會有照的現象發生。所以能思和所思在思想的生存上是不能分離的。但在研究上卻不妨加以分析，而令其為異類的研究對象。又所思之中，尚可分析，試以鏡子照物來做比喻，處於鏡外而投影於鏡上的物體是所照，鏡中所收的物形，從能照的鏡子看來，也是所照。所思也有同樣的分別。例如我現在思想，中央政治學校設在小溫泉。此項思想的所思之中，一方面有中央政治學校設置在小溫泉的這件客觀事實，他方面又有相應於這件事實的思想內容。所以把思想分析開來可以有這樣三個方面。為便於分別起見，能思可稱為思想作用，所思中的客觀事物可稱為思想對象，存於思想，而與事物相應的可稱為思想內容，思想作用是心

理所研究的；思想對象是各種社會科學和自然科學所研究的，都不屬於理則學的研究範圍。理則學只在思想中抽出內容一方面來研究。這是理則學和其他學問的分界，同時也足以表示理則學和其他學問相互間的關係。思想內容又可分析形式和實質。譬如一方盂的水方是形式，水是實質。同此實質的非必始終同此形式，同此形式的也不一定要同此實質。把方盂中的水注入圓盂內，實質依舊，而形式卻變成圓的了。把先前盛水的方盂改盛菜油，實質已變，而形式如故。所以形式與實質可以分開研究。就思想而言，如說君子居仁由義，良馬日行千里。此中所說君子的德行和良馬的迅捷是這兩種思想的實質，其肯定的語氣，是思想的一種形式。所以這兩個思想的實質大不相同，而其形式卻完全一致。若說君子不居不仁不由不義，形式雖改成否定，其實質卻仍和君子居仁由義毫不分別。思想內容，有的正確，有的錯誤。如說二五等於一十，或說人是哺乳動物，這些思想是正確的。如說月中有兔，或說鯨是魚類，這些思想是錯誤的。人的思想既然真偽互見，若任其自然則偽者終偽，無法歸於真。這樣本是有益人生的思想，反足以惑世亂民。古今詭辯邪說，顛倒是非，迷亂社會，正可為我們的殷鑑，所以我們必須研究真偽之所由起，定出一種標準來，領導思想入於正途，而防止其走邪路。理則學的職務，就在於研究這種真偽的標準，而思想內容的真偽，又可分由形式和實質兩方面來考察。如說哺乳類都是脊椎動物，人是哺乳類，所以是脊椎動物。對於這個思想，我們一方面可以從思想本身的結構上來考察，見其合於理而認之為真，這是形式上的真。他方面又可從人體的構造上來考察，見其背於事實，而認之為真，這是實質上的真。又如說，魚是生息水中的，鯨也是生息水中，所以是魚。這個思想在思想本身的結構上不合於理，這是形式上的偽，並且與鯨的生理不相應，這是實質上的偽。這兩種真偽有著很密切的關係，而且常常互相影響。理則學對於實質上的真偽當然非常重視，絕不稍存輕忽的意思。但實質所涉及的範圍過於廣大，一切自然現象社會現象，凡可以為我們所思想的，都可以包括進去，決不是理則學單獨所能研究得了的。假若理則學竟想

包辦一切，則理則學便成了全部學問的總體，而各種學問都要喪失其獨立性了。理則學決不敢存此野心，也決沒有這種偉力。所以關於實質上的真偽，只好借重其他學問而利用，其研究所得的結果。理則學自身則偏重形式方面加以探討。綜上所述，可為理則學下一簡括的定義，理則學是從形式方面研究思想內容真偽的學問。

　　理則學雖偏重形式方面來研究真偽，但形式和實質在事實上是不能分離的。所以若求思想真而不偽，必須形式和實質兩方面俱真。倘然有一方面不真，那思想便不能算是確實，實質的種類非常繁複，而形式的種類卻甚簡單。各種實質具有共同的形式，並不是各有其特殊的形式的。一切科學既求實質上的真，同時也求形式上的真。科學思想的實質雖各不相同，各有其研究的範圍，但其形式總是相同的。而形式方面真偽的標準正是理則學所欲研究而樹立的。所以在這一點上講起來，一切科學都應當遵守理則學所揭櫫的規律，方能獲得真理。思想之所以足貴，又在乎持之有故，言之成理。假使沒有理由而貿然思想，縱使所思想的是真理，也無從顯示其真實不妄，更無以鞏固自信而取信於人。他人有錯誤的思想，我欲糾正之，也須提示理由，方足以令他人醒悟。所以思想貴有理由，但思想所貴的是正確的理由，而且是和結論具有必然關係的。假使理由本身不合事實，或雖合事實而與結論不相關著則一定無力證明其結論，雖有理由也等於沒有理由了。所以思想尤貴有正確，而必然的理由，理則學研究形式上的真正所以研究如何始可以獲得正確而必然的理由。形式上的真理，即是具有堅強理由的真理。現代研究學問不僅以知道事物之如此為滿足，常欲更進一步知道其何故如此，即現代科學都欲進展為說明的科學。從這一點講起來，一切科學又都應當遵守理則學的規律，方足以完成其任務。此一義所以平常稱理則學為科學之科學。理則學不但是思想的準繩，同時也是行為的規範。人和禽獸不同，除了一小部分動作出於衝動而外，其餘都是經過深思熟慮，而後發行於行為的，行為受著思想的指導，所以必須思想先正確行為方能隨以不陷於邪僻。例如我們知道了，有生必有死，便不會相信方士妄求不

死之藥，認清了對於國家民族之應當盡忠盡孝，便不致有賣國媚敵的舉動。他若撥訂計劃處理事務，也必須遵守理則，慎思明辨，方能有條不紊，施行無礙。所以理則學的功用，誠如國父以昭示我們的，「凡稍涉乎邏輯者，莫不知此為諸學諸事之規則，但思想行為之門徑也。」世間或不免有人對於理則學的功用，抱著懷疑的態度，以為學了理則學，思想未必便能從此沒有錯誤，我們對於這種懷疑，可引用孟子的話，予以解釋，「梓匠輪輿，能與人規矩，不能使人巧。」理則學只能教我們以真偽的標準，至於能不能善用這種標準以便思想進於至真的境地，則存乎其人了。

第二章
概念

　　在思想中為一件事物或一類事物的代表的，叫做概念，也可叫做名詞。例如毛筆是一個概念和名詞，因為代表著一類物體。在思想則稱為概念，在言語文字則稱之為名詞，這是概念和名詞的分別處。但思想和言語，有著密切的關係，離開言語幾乎不能思想。我們常人總是借助言語以進行其思想，雖不必噭然出聲，而沉默之中，卻念念有詞。且我們的思想必須依靠言語，方能寫出說出以傳達於他人。概念和名詞，關係既極密切，又同為事物的代表，所以不妨視作同義而不加分別。理則學上的概念或名詞和文法上的詞類，不一定一致。只要所代表的是一件事物，或一類事物，不管其所含詞類是一種或多種，總是一個概念。如說毛筆，誠然是一個概念，若說湖州毛筆，總指湖州所出產的毛筆，並非分指湖州與毛筆，所以還是一個概念。甚至於說，這枝舊而且委不能寫字的湖州毛筆，雖為多種詞類所構成，仍舊不失為一個概念。概念之所以能夠代表事物，因為概念之中，含有若干意義，與事物所具的性質正相符應。例如毛筆這類物體，是把毛紮成圓錐形，納入管中，可用以書寫的。概念毛筆也正含有這幾種意義。具體的事物，於通性之外，又有特性。例如毛筆，上面所說的幾種性質，是任何一枝毛筆，所必具的，這些就是毛筆的通性。又因為這些通性之中，無論缺了那一種便不成其為毛筆，所以通性，也可叫做本性。毛筆或是羊毫，或是紫毫，或是狼毫，或用以寫大字，或用以寫小字，這些是各種毛筆所獨有的性質，不是一切毛筆所同具的，所以叫做特性，對本性而言，也可叫做偶性。概念的意義，只與通性相應，不更包括其特性。設若把概念毛筆的意義

擴充，加入羊毫這種意義，則變成另一概念，羊毫筆，不復是原來的毛筆概念了。概念的全部意義總稱為概念的內容。所以概念內容，正代表著事物的通性。毛筆這個名詞，可用以稱呼羊毫，也可用以稱呼紫毫狼毫。可用以稱呼大字筆，也可用以稱呼小字筆。只要毛製而有書寫功用的，不管其具有何種特性，都得以毛筆名之。所以毛筆這個概念，可以代表一切毛製的筆。概念所能代表的事物的總數，稱之為概念的外圍。

內容和外圍有聯帶的關係，一方面有所變動，他方面亦即隨以變動。就大體而言，若內容方面，有所擴展，外圍方面即隨以減縮，反之，若內容方面有所減縮，外圍方面即隨以擴展。外圍方面有所變動時，其及於內容方面之影響，亦大率類是。例如毛筆的內容若予擴展，加上羊毫這一種意義，便只能於全部毛筆中代表其羊毛製的部分，不復能用以稱呼紫毫狼毫，概念的外圍減縮而局於其中的一隅了。又若把內容予以減縮，舍棄毛製這一種意義，則於毛筆以外，並可代表鋼筆鉛筆等，外圍即隨以擴展了。由此可見，同一系統中的概念，其內容越多的，其外圍越狹，其內容越少的，其外圍越廣。例如就筆、毛筆、羊毫筆這三個概念而言，筆的內容最少，而其外圍最廣，毛筆的內容多於筆，其外圍也狹於筆，羊毫筆的內容最多，其外圍也最狹。筆是書寫工具的總稱，統攝著一切不同的筆，毛筆鋼筆鉛筆等，都隸屬於其版圖之內，所以平常稱內容少外圍廣的筆概念為上位概念，或綱概念，稱內容多外圍狹的毛筆等概念為下位概念，或目概念。毛筆、鋼筆、鉛筆等同屬於筆而地醜徑齊不相統屬，故稱同位概念。但上位下位的區分，只是相對的，不是絕對的。毛筆對於筆，是下位概念，對於羊毫筆，則又轉為上位概念了。

概念可有若干種分類，茲但就理則學上關係最重要的略說四種。（一）概念的內容異常簡單，只含有一種意義，不更具有第二種意義的叫做簡單概念。所以簡單概念必是最高的上位概念。例如有，又如存在，都是簡單概念，因為這些概念的內容是無可以再加以分析的。含有多種意義的，叫做複合概念。例如毛筆這個概念含有物體，毛紮成的圓

錐形的，一端納入管中的，用以書寫的諸種意義，而這些意義又各自為一概念，所以複合概念是二個以上概念所合成的。簡單概念甚少，大多數的概念，都是複合概念。（二）外圍至狹，只能代表一件事物的叫做單獨概念，外圍較廣，足以代表一類事物的，叫做普遍概念，例如筆或毛筆，所代表的不止一枝筆，所以都是普遍概念。又如人物山川，非指一人一物一山一川而言，故也是普遍概念。若說這一個人，那一枝筆，或說長江峨嵋，則所代表的只是一人一物一江一山，不能用以兼指其他人物山川，所以是單獨概念。（三）只能適用於個體所集成的團體，而不能適用於所由以集成的各個體的，叫做集體概念。例如國會這個概念，只能用以稱呼議員所集成的團體，卻不能用以稱呼各個議員。又如軍隊這個概念，只能適用於士兵所集成的整體，不能適用於各個士兵。對於各個體可以周遍而分別適用的，叫做個別概念。例如議員這個概念，既可以統攝一切議員，又可以分別適用於任何一個議員。士兵這個概念，也是如此。但概念之為集體或個別，並不是固定的有許多概念，從一方面看，應當是集體概念，從另一方面看，又應當是個別概念了。如師與旅，對士兵至言，是集體概念。但世間師旅為數甚眾，師旅兩個名詞可以周遍而分別適用於各師各旅，所以又是個別概念。再如市民這個概念，若分別適用，云趙某是市民，則是個別概念，若云市政府的施政應以市民的意志為依歸，則是集體概念。（四）表示某種意義之存在的叫做積極概念，表示某種意義之不存在的叫做消極概念。例如生物，表示其具有生命，又如色與香，表示其具有色香，所以都是積極概念，若說非生物表示其不有生命，或說非色非香，表示其無有色香，便是消極概念。積極概念和消極概念是兩相矛盾的，所以互為矛盾概念。矛盾概念和反對概念不同。反對概念，如冷與熱，多與少，憂與樂，雖不能並容，卻可有第三者存乎其間。冷熱之間，有不冷不熱的溫度，多少之間有不多不少的數量，憂樂之間有不憂不樂的心境。矛盾概念則不然，兩者之間無法容許第三者的存在。冷的矛盾概念是不冷或非冷。不冷云者，其真立意義只是沒有冷性的存在，並不一定是熱。不冷不熱

的溫度中既亦沒有冷性的存在，當然也應稱之為不冷。冷熱間的第三者已經攝入不冷之中，所以不會受有第三者的不冷而亦不不冷。長與不長之間，憂與無憂之間，同樣也不會有不長又非不長，無憂又非無憂的第三者。消極概念只否定某種意義，並不於否定之外更有所肯定，所以消極概念的外圍，除了其矛盾概念所代表的事物以外，可統攝其餘一切。如曰無色，除了有色的物體以外，皆得以此名之，又如不紅除了紅色物體以外，不論其為青為黃，甚至於並無顏色可言的，都得攝入其中。所以有些理則學家主張，用了兩個互相矛盾的概念，可以把世間一切事物攝盡無餘。反對概念和矛盾概念，雖其只是程度有深淺的不同，但都是不能並容的。所以兩個反對概念或矛盾概念決不能結合以構成一個複合概念。假若一個複合概念之中含著相反的或矛盾的意義，這個概念一定是不可思議的，亦即是不能成立的。例如白與黑是相反的，烏是純黑的鳥，所以我們決不能有白烏這樣的概念。冷與不冷是互相矛盾的，所以我們決不能說不冷的冷水。他如方球，寒夏，不黑的驪馬，無名的名士，也都是不能成立的概念。所以烏頭白，黃河清，古人用以比喻不可必得的事。但我們日常言語之中，未嘗沒有相反的概念連綴成詞而並非不可通的。例如熟與荒是反對概念，不能並容，但我們對於某種土地，有時稱之為熟荒。這個概念的真意是說從前開墾過的地現在又荒廢了，前熟後荒，並非同時又熟又荒。又如有一種方桌，四圍各垂一塊弓形的板，支起來便成圓桌，這樣先方後圓先圓後方的桌子未嘗不可稱之為方圓桌。這些概念雖含有兩個相反的意義，但因其是就異時說的，所以不能算作並容，因此也不違背上面所說的道理。至如巾幗鬚眉，是說女子而有丈夫氣的，鬚眉二字取其胸襟而遣其形體，所以和巾幗也不真正相反。

　　每一事物有一個名稱，每一名稱，專指一類事物，同實同名，異實異名，這是我們理想上所期望的。但事實上有同實而異名的，也有異實而同名的。如曰華曰夏曰中國，又如曰日，曰太陽曰金烏，其名雖異，實則同。至於同名而異實的，其數尤多，例如泉字可作水泉解，亦可作

泉幣解。又如色字可作紅綠等顏色解，可作喜怒等容色解，可作美貌解，可作性欲解，佛家更推廣其義，總稱一切物質現象，曰色法。大抵最初造名的時候，智識未豐所以造名不多。其後新知日增，不及一一為之創造新名，並且有些新知的事實和舊識的很相類似，沒有另造新名的必要，於是遂取舊有的名，引申借假，以名新知的事實。孳乳益繁，涵義益雜，卒至一名而可作多種不同的解釋，甚且一名而涵有相反的意義。我們若拘於名言之相同，而不詳察意義，往往為其所誤。一名多義容易引致思想的混淆，這在理則學看來，正是一件極大的憾事。但弄詭辯的人方居奇貨，利用之以顛倒黑白，淆亂是非。《呂氏春秋》內有一段話可引以為例。「齊有事人者，所事有難而弗死也。遇故人於塗。故人曰，固不死乎。對曰然。……故人曰，子尚可以見人乎。對曰，子以死為顧可以見人乎。」現代侵略主義者也正效法詭辯家，用種種美名，來掩護他們的惡行，稱侵略為自衛，稱擾亂為和平。名實混淆，為害甚大，所以荀子要提倡正名，要提倡辨別同異。荀子說道，「貴賤不明，同異不別，如是則志必有不喻之患，而事必有困廢之禍。故知者為之分別制名以指實，上以明貴賤，下以辨同異。貴賤明，同異別，如是則志無不喻之患，事無困廢之禍。」所以辨別同異，也是理則學上一件大事。能把概念的同異辨別清楚，便可以免掉思想的混淆，並且也可以省卻許多不必要的紛爭。因為有許多論爭不一定起於意見的不同，卻只是起於用語的分歧，例如哲學是否科學的論戰，頗有這樣的情形。有人把科學用作廣義，以凡是有系統的學問都是科學，所以主張哲學是科學。有人把科學用作狹義，必須能夠應用數理的精確學問，方得稱為科學，所以主張哲學不是科學。其實這兩種主張，若把科學這個名詞的意義辨別清楚，並不一定衝突，不但不衝突，論戰雙方或竟可互相同意的。所以因明定有規律，辯論時所用的概念必須極成，極成是立敵共許的意思，即言立敵共同承認該概念所代表的確有其事物，並且所取的意義也完全相同。假使概念不極成，辯論一定不會有效果，因為或則雙方意見本來並不相違，根本用不到辯論，或則辯論的焦點，要移轉到概念所代

表的事物與其所涵容的意義上去，而拋卻了本題，例如團體是法人，但不是自然人，這是大家所公認的。今若立論者把人字解作兼攝法人，而主張團體是人，敵論者把人字詮作專指自然人，而主張團體不是人，取義不同，便可引起辯論，但若立敵雙方一旦互相瞭解其意義，則見解原是相同，用不到辯論的，所以因這樣的不極成而引起的辯論，只是枉費唇舌，沒有什麼效果。又假有鬼論者主張一切疾病出於鬼祟。敵者若是無鬼論者，不信有鬼，則辯論的焦點便要移到鬼的有無上去，若敵者信有鬼，而不信木妖山魈，其鬼字的內容外圍與立論者所用的鬼字不同，則辯論的焦點又要移到鬼字的意義上去，這種不極成所引起的辯論離開本題，也不會有什麼效果。

　　欲令思想明確，必須先把概念弄得清楚明白。而致概念於清楚明白的方法，不外定義與分類。定義用以顯示概念的內容，劃定疆界俾與其他概念有所區別而不相混。我們常用的名言，粗看起來，好像人人都能了解，用不到解釋，更用不到定義。但若仔細一想，便覺得迷離恍惚，不易得其真義。常用的名言，尚且如此，稀用的名言，或新創的名言，當然更有明白規定其意義的必要。否則或完全無法了悟，或望文生義引起誤解。至若常用的名言，不取常義或加以減縮，或加以擴展，或竟用作他義，則尤非予以明白的定義不可。世上不無故弄玄虛不取本義，矯寄他意，以增風趣以見機巧者，然往往誤人誤事，為害甚深。《列子》內有一段話可引以為例。「齊之國氏大富，宋之向氏大貧，自宋之齊請其術。國氏告之曰，吾善為盜。……向氏大喜……遂踰垣鑿室，手目所及，亡不探也。未及時，以贓獲罪，沒其先居之財。向氏以國氏之謬己也，往而怨之。國氏曰……吾盜天地之時利，雲雨之滂潤，山澤之產育，以生吾禾，殖吾稼，築吾垣，建吾舍。陸盜禽獸，水盜魚鱉，亡非盜也。夫禾稼土木禽獸魚鱉皆天之所生，豈吾之所有，然吾盜天而亡殃。夫金玉珍寶穀帛財貨，人之所聚，豈天之所與，若盜之而獲罪，孰怨哉。」原來國氏之所謂盜，別有一種解釋。而事先又未明言，害得向氏做賊犯罪。列子還批評向氏，說他：「喻其為盜之言，而不喻其為

盜之道。」但在我們看來，只能怪向氏之敢於從惡，卻不怪向氏之誤解其意。荀子說得好：「名無固宜，約之以命，約定俗成謂之宜，異於約則謂之不宜。」所以我們用名，必須依照成俗，不得已而異於約，尤須詳切說明。一切科學，對其所用名詞，必先為之明立定義，令其內容確定，絲毫沒有游移的餘地。科學之所以見重於世，這也不失其為原因之一。字典所載解釋，尤其古代辭書所載的，大都未足以當，理則學上所說的定義。因為字典所載，或用同義字轉注，或僅標明其所屬的種類，或只敍述其功用，不一定能夠顯示其事物的本性，因此也不一定能夠表示其與他概念的區別。例如《說文》云：「柟，梅也」「梅，柟也」梅柟二字，互為注釋。又如「杏，果也」，「李，果也」，「桃、果也」祇表明了桃杏李柰之為果類，未令人了解其究為何種果類。再次如「口，人之所以言食也」，「舌，在口中，所以立言別味者也」，說明口舌的主要功用，雖為完善，但界限猶未十足分明。理則學上所云定義，一方面須把全部內容明白說出，他方面又須與其他概念，清楚劃分。欲達此項目的，莫善於舉示其最近的上位概念而聯以目異。所謂目異者，即是與同位概念所由區分之點。例如三角形與方形等為同位概念，而其與方形等區分之點，則在於由三條直線，所圍繞而成，所以三條直線圍繞而成，便是三角形的上位概念是平面形。我們可把這上位概念與目異聯結起來，為三角形下一定義道，三角形是三條直線所圍繞而成的平面形。這樣的定義是定義中最妥善的。舉上位概念，所以示同綱共有的通性，舉目異，所以示本目獨具的特性。一個概念的內容，無非同綱的通性和本目的特性所構成，定義之中，既能把這兩種性質統統說出，便已把概念的全部內容說出了。又因為舉示了目異，所以與同位概念的界限也已劃分得很清楚。為概念作定義必須遵守上述的原則。理則學為了便於實現此項原則起見，定有若干禁條，戒人觸犯。茲舉其較重要者三條如下：

（一）定義不可犯重言之弊。所貴乎定義者，在其能夠顯示概念的內容。今若仍用被定義的名言來作定義，如曰理則學是研究理則的學問，重複說一遍，內容依然未能顯示出來。這樣的定義，等於不說，等於沒

有定義。以同義字轉注的，如「枏，梅也」，雖可幫助懂得梅字的人，藉以了解枏字的意義，但若當作定義看，實與重言無異。（二）定義不可過寬，亦不可過狹。定義必須與被定義的概念恰恰相稱，不可多說一分，也不可少說一分。少說了一分，範圍過寬，便變成上位概念的定義，而不復是本概念的定義了。如說三角形是以線為界的平面，此中所具的性質為方形等所同具，所以變成了平面的定義，不復是三角形的定義。多說一分，範圍過狹，則又必變成下位概念的定義。例如三邊相等的平面形，只可等邊三角形的定義，不可作三角形的定義。（三）定義不可用否定語。定義的目的原在顯示該概念之具有何種內容，不在顯示其不具何種內容。否定語不能積極有所表示，故用否定語作定義，不能盡定義的功用。如曰馬不是牛，只能顯示馬之不具牛性，但未能說出馬之所以為馬的意義。

分類是就綱概念列舉其所攝之目，以示該概念所可適用的範圍，例如狹鼻猴類，據動物學所說，攝有獼猴科類人猴科人類科，茲若將此三科一一表而出之，便成了狹鼻猴的分類。所以分類也可以說是將綱概念分成若干目概念。一方面既用定義以顯示內容，他方面又用分類以規定外圍，雙方並進，概念自能超於清楚明白，不會再有模糊影響的毛病。把一個綱概念分成若干目概念時，必須依據綱概念的某一性質以為分類的標準。而複合概念的性質不止一種，所以分類標準也可不止一種。每一標準又都可產生一種分類，所以一個概念可以有多種不同的分類。例如三角形有三條邊，又有三個角，以邊為標準，可分為等邊三角形、二等邊三角形、不等邊三角形三類。以角為標準，可分為直角三角形、鈍角三角形、銳角三角形三類。概念的性質雖都可充作分類標準，但不可同時並用，每一種分類只可採用一個標準。倘然違反此義，則其結果，必錯雜而不成類。如即前例而言，若把邊與角混合用作標準，分三角形為等邊三角形、二等邊三角形、不等邊三角形、直角三角形、鈍角三角形、銳角三角形六類，然不等邊三角形之中，可以有直角三角形、鈍角三角形、銳角三角形，銳角三角形之中，也可有等邊三角形、二等邊三

角形、不等邊三角形，交相錯雜，界限不清，不成其為類。又各種分類標準，其價值不一定盡同。性質之中，時或有一種性質，彷彿居於主動的地位，只要這一種性質有差異，大多數別的性質亦即隨以有差異。能夠把握住這種性質作標準，則其所分得的類格外系統分明，條理清楚，是最有價值的分類。例如脊椎動物，以哺育幼兒的方式為標準，分為哺乳類，最足以代表脊椎動物間差異。這樣的分類，叫做自然分類。科學所孜孜以求的，就是這種分類標準。又諸性質之中，有重要的，有不甚重要的。例如書籍的內容，和書籍的大小相比，當然內容較為重要。所以依據內容分書籍為文學哲學等類，較有價值，依據大小分為八開本六開本等類，則無關輕重。但若我們具有特殊目的，則本來無關輕重的，分類也可變成有價值的分類。例如為了庋藏起見，有分別大小的必要時，則八開本六開本等分類全於當時的目的，反足重視了。這種適合於特殊目的的分類，叫做人為分類。分類之際，必須把目概念盡數列舉，不得有所遺漏。但列舉無遺，不是一件容易的事。目概念多時，注意稍一不周，即難免有所漏列。為妥慎起見，最好採用二分法，先把綱概念分成兩個互相矛盾的目概念，然後依次照樣分列，直至無可分而止。程序雖繁，結果易正。因為兩個矛盾概念可以攝盡一切，所以不會有漏列之弊。設例如下：

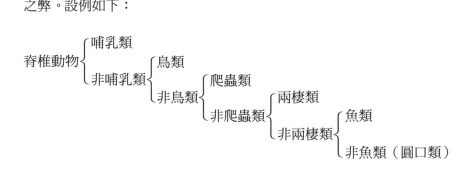

分類與分析不同。分類將概念的外圍分成若干部分，而其分類所得的部分依然具有被分概念的全部內容，故得以被分概念之名名之。例如把毛筆分成羊毫狼毫等類，羊毫狼毫仍不失其為毛筆。所以分類所得的

是內容多、外圍狹的下位概念。分析是將概念內容分為若干成分，所以分析所得的只具有被分概念的一部分內容，不復具有其全部。例如把毛筆內容分析為書寫工具，及毛製兩個概念，書寫工具只可稱為筆，不復能稱毛筆，其內容已縮減，其外圍則隨以擴展了。毛製概念亦如之，所以分析所得的是內容少外圍廣的上位概念。

第三章
判斷

　　判斷亦稱命題。在思想為判斷，在言語為命題，故此二名亦可通用。判斷是關於事物的一種主張，即墨子所云以辭抒意。所謂主張者，無非說某事物是如此。某事物是一個概念，是如此或不是如此，又是一個概念，所以必須有兩個概念聯結起來，方能構成一個判斷。倘然只有一個概念，如單說一個馬字，不說其為哺乳動物，也不說其能任重致遠，那便無所主張，即亦不能成為判斷。所以判斷是就兩個概念斷言其相互間的關係的。但若我們看見房屋著火，而呼曰火，或看見下雨而說下雨了，雖各只有一個概念，卻已成為一種主張。照這樣看來，似乎一個概念也未嘗不可以構成一個判斷。然呼火的真義，是說火災起來了，說下雨的真義，是說下雨這件事開始了，實際上也是兩個概念所結合，不過在言語上把其中一個概念省略了。判斷是一種主張，所以和文法上的所謂句子，稍有出入。例如願望句，花長好，月長圓，人長壽，只是表示主觀的願望或頌禱，本用不到以真偽來衡量，所以不是判斷。又如疑問句，表示疑惑，未有決定，也算不到判斷。但若貌似疑問而實際上有所主張的，便不可以一概而論，如曰「人不知而不慍，不亦君子乎」，雖是疑問句的口氣，但實際上卻是一種主張，並且是一種堅決的主張。用否定疑問句的口氣表示主張，常比用肯定語的來得更有力量，所以我們說話，作文，不論中外，往往採用這種方式。既是堅決的主張，當然是判斷了。依上所述，似乎必先有了概念而後始可以有判斷。自既成概念言之，不妨如此說。若從概念的構成方面來看，則概念之構成實亦有待於判斷。因為必先確知某事物具有某性質，有了這些判斷，

而後該事物的概念始得成立，所以判斷實在是思想中的基礎。

　　判斷中的兩個概念，就以有所主張的叫做主詞，所主張的叫做謂詞，如說馬是哺乳動物，此兩概念中，馬是主詞，哺乳動物是謂詞，判斷的正常形式，主詞在先，謂詞在後，所以因明稱主詞為前陳，稱謂詞為後陳，但在實際說話作文時不一定依照這個順序，如說「大哉堯之為君也」，堯之為君是主詞，而居於後，大哉是謂詞而居於前。主詞和謂詞間的關係，可從兩方面來說明。從內容方面看，謂詞所說的是主詞內容的全部或一部分。如說三角形是三條直線所圍繞而成的平面形，這個判斷的謂詞舉示了主詞內容的全部，若說馬是哺乳動物，祇舉示了主詞內容的一部分，謂詞所說的既是主詞的內容，所以一個判斷可說是一種分析作用，而因明之稱主詞為體，稱謂詞為義，亦同此意，次從外圍方面來看，謂詞所說的是主詞所應當從屬的範圍，三角形是三條直線所圍繞而成的平面形，這是說，主詞的外圍與謂詞的外圍兩相符合，馬是哺乳動物，則說主詞的外圍小於謂詞的外圍而為其所含攝。從此義言判斷是一種歸類作用。主詞和謂詞之間既有這樣的關係，所以兩個不能並容的概念決不能聯結起來構成一個判斷，如說我母是石女，既是生我的母，怎麼會又是石女。這樣的判斷，因明稱之為自語相違，是不可通的。但上面說起過，同名的不一定同實，所以儘可有許多概念，在名的表面上是反對或矛盾的，而在實的骨子裡卻並非不能並容。這種實際不相抵觸的概念當然可以聯結起來構成一個判斷。如說「父不父，子不子」，在名的表面上，父與不父，子與不子，是互相矛盾的，但在實際上前一父字與後一父字並非同義。前一父字是從血統上講的，後一父字是說為父之道，不父猶言不能盡為父之道。所以父與不父，並非真的矛盾概念，子與不子亦同此情形。至於「白馬非馬」這句話是否可通，要看如何解釋。若照通常的意義解作白馬不具有馬的性質，不屬於馬的範圍，這句話當然是不合理的。若說白馬是下位概念，內容多而外圍狹，馬是上位概念，內容少而外圍廣，所以這兩個概念，不能完全相等，如此解釋，這句話是可通的。不過通雖可通，究竟不是尋常說法。

普通理則學上分判斷為三大類：（一）定言判斷；（二）假言判斷；（三）選言判斷。定言判斷不附條件，逕行斷定某事物是如此，或不是如此，如說馬是哺乳動物，或說馬不是牛，故其根本形式，為甲是乙，或甲不是乙，只有一主謂。但若兩個以上判斷同主異謂，或同謂異主的，也可聯成一個複合判斷。如馬是哺乳動物，牛也是哺乳動物，則可聯合為一個判斷云，馬和牛都是哺乳動物。假言判斷是附條件的判斷，意謂假使具有某種條件，某事物一定是如此，或不如此。如曰「民不正則言不順」，意即倘有名不正這樣的條件，一定會引起言不順這種情形。而名不正和言不順又各是一個判斷，所以假言判斷是兩個判斷所合成的。其根本形式應為若甲是乙，則丙是丁。此中若甲是乙稱為前件，則丙是丁稱為後件。假如判斷雖是定言判斷，異類但可轉變為定言判斷，而不失其原義。如曰戰敗則國亡，是一個假言判斷，若改云戰敗之國必亡，則便是定言判斷了。選言判斷列舉若干謂詞，而可於其中加以選擇決定，如曰鯨是魚或非魚。選言判斷的形式為甲是乙或丙，其謂詞乙丙稱為選肢。選肢必須互相拒斥，不能並容。上例的魚與非魚是最適當的選肢。若說花是有色的或有香的，色與香可以並容，許多花是色香兼備的，所以這樣的判斷，只是貌似選言，不是真正的選言，又選肢必須盡舉，不可遺漏。如說花是白的紅的或黃的，漏列其他可有的花色，便不能盡選言的功用。選言判斷實在即是分類或歸類。如說生物是動物或植物，這是分類，鯨是魚或非魚，這是歸類，所以必須把分得之類，或可歸之類盡數舉出。

定言判斷，以立言的性質為標準，可分為肯定與否定兩種，斷言某事物之如此者是肯定判斷，如曰馬是哺乳動物，斷言某事物之不如此者，是否定判斷，如曰鯨不是魚。次以言的分量為標準，可分為全稱特稱二種，言及主詞概念之全部外圍者，是全稱判斷，如曰一切馬都是哺乳動物，僅涉及外圍中之一部分者是特稱判斷，如曰若干馬是白的。質的分類與量的分類合起來，共成四種判斷，普通用 AEIO 四個字母來分別代表。現在把這四種判斷的名稱形式和符號列表如下：

全稱肯定判斷——一切甲都是乙——　A

全稱否定判斷——一切甲都不是乙——　E

特稱肯定判斷——若干甲是乙——　I

特稱否定判斷——若干甲不是乙——　O

　　判斷中所用的概念，舉示其全外圍的，叫做周遍，只涉及其一部分的，叫做不周遍。所以周遍同於全稱，不周遍同於特稱。其分別處，全稱特稱專用以說判斷。各種判斷的主詞，何者周遍，何者不周遍，在判斷的名稱上已明白表示出來，用不到再說。至於謂詞，在肯定判斷中，有的周遍，有的不周遍。如 A 判斷，一切三角形都是三條直線所圍繞而成的平面形，這個謂詞是周遍的。因為三角形之外，沒有其他三直線所圍繞而成的平面形，同樣三直線所圍繞而成的平面形之外，也不會更有三角形，主詞謂詞兩個概念的外圍完全相等，判斷中既說及三角形的全部，當然也說及三直線繞成的平面形的全部。次如 I 判斷，一部分的生物是動物，這個謂詞也是周遍的。因為生物之中只有動物和植物兩部分，而動物的全部均為生物所攝，今就生物中的這一部分說其為動物，故已舉示了動物的全部。但若說，一切馬都是哺乳動物，因為哺乳動物於馬之外，尚攝有許多其他動物，如虎狼犬羊等，而此判斷中的哺乳動物只就是馬的一部分而言，所以是不周遍的。又若說，若干馬是白的，也只於白的物體之中說及其是馬的一部分，故亦不周遍。在 A、I 兩種判斷中，謂詞周遍的少，不周遍的多，且以周遍代表不周遍，有容易陷入思想錯誤的危險，以不周遍代表周遍，則甚安全。所以肯定判斷的謂詞，在形式上姑且一概認為不周遍。否定判斷的謂詞都是周遍的。如 E 判斷，一切馬都不是牛，意謂馬與牛絕對分離，遍察牛中，找不到一匹馬，所以此處的牛是周遍的。又如 O 判斷，有些馬不是白的，亦謂在全部白的物體之中找不到主詞中所說及的這些馬，所以此處的白也是周遍的。茲將各判斷主詞謂詞的周遍與不周遍列表如下：

判斷	全稱肯定	全稱否定	特稱肯定	特稱否定
主詞	周遍	周遍	不周遍	不周遍
謂詞	不周遍	周遍	不周遍	周遍

　　AEIO 四種判斷，其主詞謂詞相同時，其相互之間可以發生四種對當關係，如下圖所列。

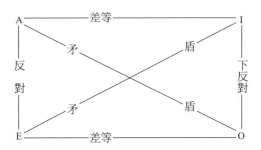

　　（一）構成反對對當的 A 與 E，分量相同，性質相反，不能同時並真，卻可同時並偽。例如馬都是動物，這個 A 判斷是真的，其反對的 E 判斷，馬都不是動物，是偽的。又如 E 判斷，馬都不是牛，是真的，其反對的 A 判斷是偽的。所以凡具有反對對當關係的判斷，我們若確知其一方為真，即可據以推定他方的必偽。再如上述的兩例，反對判斷的一方偽時，其他方均真。但如馬都是白的，馬都不是白的，則 A 與 E 皆偽，因為馬類之中確有一部分是白的，一部分不是白的。所以一方偽時，他方可真可偽，沒有一定。（二）構成差等對當者，為 A 與 I 或 E 與 O，性質相同，分量有別。一切馬的確都是動物，所以若就一部分的馬而說，當然也是動物。故 A 真時 I 亦必真。馬都是白的，此 A 判斷為偽，有些馬是白的，卻是一個真的 I 判斷。然如馬都是牛，有些馬是牛，A 與 I 皆偽。所以 A 偽時，I 的真偽不一定。次從 I 來看，有些馬卻是白的，但若謂一切馬皆白，則不合事實。然有些馬是動物，與一切馬是動物卻又俱真。所以 I 真時 A 有真有偽。有些馬是牛，這是一個偽的 I 判斷。既然任何一部分的馬都不是牛，更何能說一切馬都是牛。所以 I 偽時 A 亦必偽，E 與 O 間的關係也與此同。（三）矛盾對當的 A 與 O 或 E 與 I 性質分量都不相同，不得同時並真，亦不得同時並偽，其一

若真，其他必偽，其一若偽，其他必真。例如一切馬都是動物之 A 判斷既真，則馬中必無不是動物者，故有些馬不是動物之 O 判斷必偽。又如一切馬都白之 A 判斷既偽，則馬中必有不是白的，故有些馬非白之 O 判斷必真。翻從 O 來看 A，其情亦同。E 與 I 間的關係也是如此。（四）下反對對當的 I 與 O，分量同，性質異，可以同時並真，但不得同時俱偽。例如有些馬是白的，有些馬不是白的，這兩個判斷俱真。但如有些馬是動物，有些馬不是動物，則 I 真而 O 偽。所以依據一方的真不能推定他方之為真為偽。至若 I 判斷偽時，依矛盾對當之理，E 判斷必真，又依差等對當之理，O 判斷亦必真。故一方偽時，可藉以推知他方的真。茲綜括以上所說，將 AEIO 四種判斷間的真偽關係列表如下：

	A 真時	E 真時	I 真時	O 真時
A		偽	不定	偽
E	偽		偽	不定
I	真	偽		不定
O	偽	真	不定	

	A 偽時	E 偽時	I 偽時	O 偽時
A		不定	偽	真
E	不定	真		偽
I	不定		真	真
O	真	不定	真	

判斷的性質可以轉變，主詞謂詞的位置也可以轉變。此種轉變，普通理則學上稱之為直接推理，其實不過是形式上的變更，未足以當真正的推理，故附述於此。我們作一種主張，往往既得以肯定語句出之，又得以否定語句出之，而其意義完全相同。例如我們想主張人之有情，可以肯定地說，人是有情，也可以否定地說，人莫不有情。所以肯定判斷可以轉變為否定判斷，否定判斷也可轉變為肯定判斷。這樣的轉變叫做變質。變質之時，必須把原判斷的謂詞改成其矛盾概念，否則變質以後便與原義相反了。茲將四種判斷的變質結果列表如下：

原判斷	變質後的判斷
A 一切甲都是乙（馬都是哺乳動物）	E 一切甲都不是非乙（馬都不是非哺乳動物）
E 一切甲都不是乙（馬都不是牛）	A 一切甲都是非乙（馬都是非牛）
I 若干甲是乙（有些馬是白的）	O 若干甲不是非乙（有些馬不是非白的）
O 若干甲不是乙（有些馬不是白的）	I 若干甲是非乙（有些馬是不白的）

　　把原來的主詞改作謂詞，把原來的謂詞改作主詞，就是把判斷的主詞謂詞倒置一下，以另成一個新判斷的，叫做易位。易位的時候，只可把周遍的改用為不周遍，不可把不周遍的改用為周遍。因為原來周遍的，現在減縮外圍，改就一部分來說，沒有超出原判斷的範圍，當然不會有錯誤的危險。原來是不周遍的，現在若擴展外圍，就其全部來說，超出原判斷的範圍，則是否可以合理，便不能保證了。現在依據此項原則，分別就各判斷檢討一番：（一）A 判斷的主詞是周遍的，其謂詞有的周遍，有的不周遍。所以 A 判斷易位的結果，其謂詞原來周遍的仍可為 A 判斷，其謂詞原來不周遍的，只可改作 I 判斷。例如一切三角形都是三條直線所圍繞而成平面形。易位以後仍可作 A 判斷，一切三條直線所圍繞而成的平面形都是三角形。次如馬都是哺乳動物，只可改作 I 判斷有些哺乳動物是馬。但若純從形式方面看 A 判斷以謂詞不周遍為模範，所以 A 判斷的易位也應以改作 I 判斷為模範。（二）E 判斷的主詞謂詞都是周遍的，易位後，仍可是 E 判斷。例如馬都不是牛，可易作牛都不是馬。（三）I 判斷的主詞是不周遍的，其謂詞雖也有些是周遍的，但究以不周遍的為正規。故 I 判斷易位以後仍是 I 判斷。例如有些馬是白的，改為有些白的東西是馬。（四）O 判斷的主詞不周遍，謂詞周遍。今若把有些馬不是白的改作有些白的東西不是馬，則把原來不周遍的變為周遍，違反了易位的原則。而欲令易位後的謂詞仍保持其原來的不周遍在 O 判斷中又無法做到。所以 O 判斷是不能易位的。

第四章
歸納推理

　　以既知的判斷為理由，從而推出另一新判斷的，叫做推理。做理由的判斷叫做前提，推理所得的新判斷叫做結論。推理除去上述的直接推理外，可分為演繹歸納二大類。歸納推理由特殊原理，演繹推理則自普遍原理以進至特殊原理。此云普遍特殊，亦只是相對之義，例如哺乳動物是生物一判斷，持以與馬是生物相比較，前者所涉的範圍大，是普遍原理，後者所涉的範圍小，是特殊原理。然若持以與動物是生物相比較，則哺乳動物之為生物，只是特殊原理，而動物之為生物，方是普遍原理。歸納與演繹，其程序正相反，但其功用卻是相輔相成的。思想的淵源是經驗，我們若無所見無所聞，便不能有所知，若無所知，便不能有所思。我們看見庭中的紅花而思想道，此花是紅的。這是以當前所見為思想的根據，即是直接以經驗為淵源的。此外也有許多思想，雖不直接出於經驗，但以經驗為間接淵源。譬如我們知道了一切人都要死，於是斷定道，所以某人一定也要死。這個論斷所依據的理由是一條普遍原理，不是一個簡單經驗。然而我們試進一步追問，我們何以知道一切人都要死，這條普遍原理是怎樣成立的呢。尋根究底，最後一定還原到經驗，我們在經驗上間接知道，古代的人都已經死盡了，又直接知道，親戚朋友，如甲如乙，也都死了，出生在六十年以前的，生存者已無幾人了。積此無量數的經驗，知道過去世中無人不死，而鑑往足以知來，過去既是這樣，未來也必如此，遂歸納以成人無不死的普遍原理。所以必先由歸納推理把各個經驗綜合為普遍原理，然後演繹推理始得有所根據。而演繹推理依據普遍原理以推定各種特殊原理，觀其合於事實與

否，又足以反證歸納推理之是否確當。例如既經綜合甲乙丙丁的死以成人無不死的原理，復由此原理以推定某人之必死。而某人之死確是事實，足令我們益信此原理的真實與此歸納的確當。又如綜合金銀銅鐵之為固體，歸納以成金屬皆是固體的普遍原理，復由此原理演繹，推定水銀之亦為固體。而此項論斷不合事實，足令我們反悟前項歸納之未盡妥善。各種學問，雖或偏重歸納方法，大抵皆兩法並用，互為補助，茲先略述歸納推理的大意。

歸納推理根據若干特殊的事實，用綜合的方法以發現其間所存的普遍原理，亦即藉部分的經驗以獲得整體的智識。例如關於人的死亡，我們所經驗的只是甲死乙死丙死丁死等一件一件的具體事實，並不是一切人都死的那件抽象事實。又我們所能經驗的，只是甲乙丙丁等一部分人的死，並不是全部分人的死。過去世中人的死亡，我們可以直接或間接地知道，並世活著未死的人，當然尚未經驗其死，至若干日以後以至千萬載以後出生的人，更無從經驗其死亡了。歸納推理根據已知的過去事實擴而充之，通過去現在未來三世，斷言一切人之莫不有死。又如金屬之受熱而熔解，我們所知道的不過某金某銀某銅某鐵之有此種現象，至於我們所未見其熔解，甚且埋藏地下尚未開採者更不知凡幾。歸納推理根據此已知的若干事實，擴展為一切金屬莫不受熱熔解的普遍原理。故歸納推理的特色在於以既知推斷未知，由部分擴及全體。至其推理形式，應如下列。

　　　　子丑寅卯是乙

　　　　子丑寅卯是甲

　　　　故一切甲都是乙

此中的前提都是複合判斷，如子丑寅卯是乙，乃子是乙、丑是乙、丙是乙、丁是乙等判斷所聯合而成。前提中概念和判斷的數目，並沒有一定的限制。概念的多少，依判斷的多少為轉移，判斷的多少，則依所知事實的數目而決定。執簡御繁，是科學的大功用，也是文化所賴以進步的。假使我們只有許多散漫的經驗，各自獨存，不相統攝，則我們將

與禽獸相等，無由舉一反三，也無由鑑往知來了。歸納推理把無數的散漫經驗，整理綜合，造成有限數的普遍原理。於是對於世間無窮、繁複的事物，得藉若干原理，分別羈來，而不患其不受控制了。所以歸納推理之重要，是不待煩言的。

　　歸納以經驗為資料，故求歸納之確當，必須先求經驗之正確。經驗或是直接的，或是間接的，自己親身經歷的是直接經驗，得諸他人的是間接經驗。經驗有正確有不正確，見色而知其為色，聞聲而知其為聲，這是正確的經驗，「杯弓蛇影」，「草木皆兵」，便是不正確的經驗。經驗之所以不正確原因甚多，舉例言之，如注意不周到，認識因而有誤，精神恍惚，遂致發生錯覺幻覺，以自己為本位，誤船行為岸移，習慣了不復有所覺，故「入鮑魚之肆，久而不聞其臭」。大體講起來，直接經驗較為可靠，間接經驗錯誤更多。至於間接經驗之所以多誤，或因他人的經驗原來是不正確的，或因多人傳說以後，失去了真實性的，出於第二種原因的尤居多數。大抵傳述之詞不能盡如其所聞，難免於無意之間有所渲染增損，甲既增損以傳諸乙，乙復增損以傳諸丙，以訛傳訛，訛上加訛，傳述愈廣，去真愈遠。社會上種種無稽的謠言大率由此而起。所以傳聞之詞不可輕信，摭拾報紙上的記載來做研究的資料，是應當極端慎重的。孟子說：「盡信書則不如無書。」此言足資我們的警惕。但這並不是說，我們研究學問間接經驗一律不可採用。要知我們自己的直接經驗也多缺陷，不可不參考他人的經驗，以資校正。而且天下的事物無窮，直接的經驗有限，所以也不可不博採間接經驗，以資補助。不過我們對於間接經驗，必須慎重選擇，詳密考證，信其所可信，疑其所當疑。荀子說得好，「信信，信也；疑疑，亦信也」。對於某事物懷有研究目的，謹慎細密，以經驗其變化者，理則學上稱之為觀察。所以觀察比通常的經驗更有價值，更為可信。觀察又可分為二種。就天地間現有的現象，不加人工的造作，隨其自然進行而加以觀察者，謂之自然的觀察，亦即通常之所謂觀察。目前無此現象，以人力造作之或就目前已有的現象，以人力變更之，凡以人力干涉自然而後觀察者，謂之人為的觀

察，亦即通常之所謂實驗。實驗有種種優點，非觀察所能及。觀察必須等待現象，自然發生，實驗則可隨己所欲，臨時造作現象，不受時間的限制。觀察必於現象發生地行之，實驗則可於他處創設同樣條件，以造作同樣現象，不受地域的限制。自然現象有時進行過速，一瞥即逝，實驗則可改令徐徐進行，以便仔細觀察。有些自然現象不常發生，因此不易得到觀察的機會，實驗則能連續造作以便反覆詳察。又有些自然現象過於複雜，不適合研究的目的，實驗則能設為條件，令其趨於簡單，俾便研究。實驗有這些優點，所以現代科學均努力採用實驗方法，以期益臻精密。但有些自然現象，如天體的運行等，不是人力所能造作或變更的，那便只好純靠觀察，無法實驗。

　　要經驗正確。（一）必須實地觀察，不可拘泥名言。人類進化，乃有語言文字以名〇[1] 所知的事物。然而事物是主，名言是賓。我們思想時，雖不能不借助於名言，但亦不可喧賓奪主。倘然拘執名言，而忽略事實，難保不有錯誤發生。譬如中國文字，大抵有偏傍以示所名事物的類別。這在實用上誠然是很方便的。但古人造字的時候，智識尚未豐富，難免有所誤解，或經過輾轉借假，已非原來的意象。如鯨字從魚，珊瑚從玉，我們若因此斷定鯨是魚類，珊瑚是玉類，則未免太不合科學常識了。所以我們研究事物，必須即事即物以窮其理，不可拘於名而遺其實。《韓非子》有一段寓言道：「鄭人有欲買履者，先自度其足，而置之其坐。至之市，而忘操之。已得履，乃曰，吾忘尺度。反歸取之。及反，市罷，遂不得履。人曰，何不試之以足。曰，寧信度，無自信也。」拘名遺實的人，毋乃與此鄭人相類。（二）必須自知感官的不足，而謀所以補救。一切經驗得自感官的知覺。故不耳聰目明，感官健全，而後知覺始克清楚，經驗始克正確。然我們的感官不一定都健全，縱或健全，其能力極有限。天生的盲者未嘗見色，天生的聾者未嘗聞聲，若緣

1　編按：文字難辨。

是便謂世間本來沒有聲色，當然不合於理。色盲的人，或不辨紅綠，或不知青黃，若因此便謂沒有紅綠青黃，也不是確論。自己的感官倘有缺陷，即不可專憑自己的經驗來衡量一切，應當借助他人的經驗以補自己的不足。感官健全的人，其知覺能力也有限度。過遠過小的物體，不是人目所能見，過高的聲音，也非人耳所能聞。人類嗅覺的靈敏又遠不及許多別的動物。幸而人類智慧卓越，發明了許多儀器，如望遠鏡顯微鏡等，足補知覺的不足。所以我們倘欲精密觀察必須借助儀器，不可專憑感官。（三）必須擺脫成見。心裡懷了成見，則經驗思想都容易為成見所束縛，而不能得事實的真相。好像戴了藍色眼鏡便覺得世上一切都帶著藍色。《列子》說道：「人有亡鈇者意其鄰之子，視其行步，竊鈇也，顏色，竊鈇也，言語，竊鈇也，動作態度無為而不竊鈇也。俄而抇其谷而得其鈇，他日復見其鄰人之子動作態度無似竊鈇者。」成見影響之大，有如是者。預先有了一種主張，找材料來證成其說，也很容易犯這種毛病。我們研究學問，解決問題，雖然不能不先立一種假定，但我們不可拿假定來拘束我們的經驗思想，應當拿經驗思想來糾正我們的假定。我們若發現我們的假定不合事實，便要勇於放棄假定，切不可曲解事實來牽就我們的主張。現代的人在思想上戴了著色眼鏡，曲解事實的依然甚多。我們要思想明晰正確，必須努力把思想上的著色眼鏡卸除。（四）必須慎防感情的影響。我們的經驗思想很容易為感情所影響，因以致不正確的結果。大凡感情激揚的時候，知覺每多疏漏，而所知覺到的事情也往往夾雜著許多錯誤，這個道理，在我們日常經驗中，已可得到例證，心理學家又嘗舉行實驗，以證實之。某心理學家嘗令學生二人，於上課時按照預定計劃，始而怒詈，繼以兇毆。其他學生不知實情，方以為真個打架，心中都惴惴不安。事後令各學生就當時情景作詳細報告，見其陳述之粗疏錯誤遠過平時。我們對於事物所抱的見解尤易為愛憎所束縛，所以愛憎一旦變遷，見解也便隨以變動。《韓非子》說過：「昔者彌子瑕有寵於衛君。衛國之法，竊駕君車者罪刖。彌子瑕母病，人聞有夜告彌子。彌子矯駕君車以出。君聞而賢之曰，孝哉，為母

之故，忘其犯刖罪。異日與君游於果園，食桃而甘，不盡以其半啗君。君曰，愛我哉，忘其口味，以啗寡人。及彌子色衰愛弛，得罪於君，君曰，是固嘗矯駕吾車，又嘗啗我以餘桃。故彌子之行未變於初也，而以前之所以見賢而後獲罪者，愛憎之變也。」我們常人聽到了愛聽的消息，便信以為真；聽到了不愛聽的消息，便斥其為妄，而且還要曲為解釋以證明之，這也是出於同一道理的。所以我們若想認識清楚，判斷正確，我們必須冷靜地觀察，冷靜地思想，切不可為感情所蒙蔽。（五）事物的主要性必須分別清楚。各類事物都具有若干性質，而這些性質之中，有些是主要的，有些不是主要的。例如人類，身體直立，手足分工，能有思想道德，這些是主要性；至若姓氏名號，便是非主要性。我們觀察事物，必須把握其主要性，方能認識該事物真相。若只觀察其非主要性，則是徒勞而無功的。例如我們若只研究人的姓氏名號，必不緣是認識人之所以為人及其與禽獸之所由分。既想把握主要性，所以主要性與非主要性必須分別清楚，不可混淆。若把非主要性誤認為主要性，不但觀察不會有效果，甚且鑄成思想上的大錯。其最顯而易見的，如《韓非子》所云：「鄭縣人卜子，使其妻為袴。其妻問曰，今袴何如。夫曰，象吾故袴，妻因毀新令如故袴。」這當然是一個極端的例，有常識的人，決不會犯這樣的錯誤，《列子》云：「楊朱之弟曰布，衣素衣而出，天雨，解素衣，衣緇衣而反。其狗不知，迎而吠之。楊布怒，將撲之。楊朱曰，子無撲矣，子亦猶是也，嚮者使汝狗白而往黑而來，豈能無怪哉。」此中所舉的比喻，可謂擬於不倫。衣服可以隨便脫卸，所以緇素可以隨時不同。狗皮固著於狗身，狗尾的黑白豈容隨時變換。把衣色與毛色相提並論，實在也是犯了主要性與非主要性混淆不清的毛病。

　　歸納所用的資料既須求其正確，又須求其充實，斷不可依少數的經驗，作輕率的概括。歸納推理誠然是根據已知的一部分以推定未知的他部分，用不到全部經驗了方纔綜合。然所根據的事例必須相當豐富，不可太少。以少概眾，是理則學所大忌的。社會現象，比自然現象尤為複雜，更不可根據一二經驗，率爾斷定其全局皆然。旅行異國，走馬看

花，歸來著書立說，縱論某國的民族性，如何如何，這種輕率的論斷最為危險。甲於旅途中，偶遇欺騙，遂謂其民性狡詐，乙於旅途中，受人優待，遂謂其民性識篤。同游一國論斷相反，都是以少概眾的過失。所以我們歸納的時候，一方面須多集資料，他方面尤須注意例外。遇到與眾不同的事情，不可因其是少數便加以忽視，我們誠能重視例外，則輕率概括的毛病，當可不至於發生了。

　　歸納推理，尤以發現因果關係為其重要的職務。因果關係無形無聲，不是耳目所得而見聞的。我們所能經驗的只是甲事存在的時候，乙事亦必隨以存在。例如水在尋常氣壓之下，煮至攝氏一百度，立即沸騰。無量數的經驗都保證此甲乙二事之必相隨逐，未嘗有一次例外，於是我們遂得依以推知其間的因果關係。然亦有雖相隨逐始終不渝，而其間卻並沒有因果關係的。如晝與夜，晝後必繼之以夜，夜後必繼之明晝，但我們不能說晝是夜的原因，也不能說夜是晝的原因。因為晝夜之所以相繼出於地球的運轉，別有其總原因的。又有雖不每次相繼而起，然其間實具有因果關係的，如火柴一經摩擦，立即著火，但若受了潮溼，便不會發生著火的結果。這是有了消極條件，把原因的力量抵消了的。理則學上探求因果關係的方法，共有五種：（一）同求法，（二）異求法，（三）同異併求法，（四）共變法，（五）剩餘法，現在分述其大意如下：（一）諸種事例中，凡具有甲現象的，也都具有乙現象，至其他丙丁等現象，則或有，或無，參差不一。遇有此種情形，則甲乙之間，可推知其必有因果關係，例如冰受了太陽的曬而化為水，鐵受了火的鍛冶而熔為液。冰與鐵，日曬與火鍛，各不相同，其中唯一相同的即為受熱與液化兩種現象。故知熱與液化之間，其有因果關係。從各事例之同然以求得因果關係，故曰同求法。（二）設有一事，當其具有甲現象的時候，也具有乙現象，若把甲現象除去，則乙現象隨以消滅，至其他現象，先後完全相同。有這樣情形時，甲乙二現象之間，必有因果關係。例如把一隻鳥放入排氣鐘內，空氣存在時則生，空氣抽去後便死，故知空氣與生活之間，具有因果的關係。這是從前後僅有的差異，以探

求的,故曰異求法。(三)許多同類事例中,凡具有甲現象的都具有乙現象,凡不具有甲現象的也都不具有乙現象。這些積極事例所由以區分的現象,其間必有因果關係。例如若干患白喉的人,同打血清針。甲乙丙丁諸人因就診甚早,次第奏效而愈,這是積極事例。戊己庚辛諸人拖延過久,雖打血清針,不及在體內循環周遍,已次第死亡,這是消極事例。此兩類事例,病症相同治法相同,其唯一區分之點,只在就醫的遲早,與效果有無。由此可以推知,越速治療是病愈的原因。從事物的同異,兩方面以求得因果關係,故曰同異併求法。(四)甲現象起變化時,乙現象也隨以變化,則甲乙之間必有因果關係。例如氣體,溫度增高時,其容積也隨以增大,溫度減低時,其容積也隨以縮小,故知溫度的增減與氣體容積的大小間一定有著因果關係。這是依據兩現象的共同變化以決定的,故曰共變法。(五)某一事實,具有若干現象,其中一部分已確知其有因果關係的,將其除去,則其剩餘的部分之間,可以推知其必有因果關係。例如買米一袋,先將米與麻袋一起秤,次將米倒出,專秤麻袋,從總重量中減去麻袋的重量,則其剩餘的重量,我們可斷定其必為米的重量。這是從剩餘以推定的,故曰剩餘法。

第五章
演繹推理

　　演繹推理成自三個判斷，故亦稱三段論法。判斷有定言假言選言三種，故三段論法亦可分為定言假言選言三種。凡論式中的三個判斷，都是定言的，叫做定言的三段論法。如說一切動物都是生物，一切馬都是動物，所以一切馬都是生物，便是一個定言的三段論法。在此論式中，拿動物是生物與馬是動物兩種道理做理由，用以推定馬之為生物，所以前兩判斷是前提，後一判斷是結論。而在此三個判斷之中，共有三個概念，即動物生物與馬。這三個概念的功用各不相同，因此各有特殊名稱。馬是結論中的主詞，是推理結果所欲就以有所主張的，生物是結論中的謂詞，是推理結果所用以主張的。就通常的判斷而論，主詞的外圍小於謂詞，故結論中的主詞稱為小詞，結論中謂詞稱為大詞。而馬與生物間所以能斷定其有如是關係者，則以有動物為之媒介。動物一方面與馬有關係，他方面又與生物有關係，牽引雙方，令其亦發生關係，所以叫做媒詞或中詞。兩個前提之中，其為大詞與中詞，所構成的叫做大前提，其為小詞與中詞所構成的叫做小前提。這三個判斷的次序，依理則學所定，應當大前提居首，小前提次之，結論居末。這個順序，與因明宗因喻的次第卻正相反，茲比較列表如下：

理則學	因明
大前提（一切動物都是生物）	宗（馬是生物）
小前提（一切馬都是動物）	因（是動物故）
結論（所以一切馬都是生物）	喻（一切動物都是生物如雞犬等）

　　定言的三段論法有規律五條附則二條，為推理時所不可不遵守者，

茲分述如下：

（一）定言的三段論法中必須具有三個概念三個判斷，不得增多，亦不得減少。三段論法是藉某一事的媒介以論定其他二事間的關係，而每一事件都是一個概念，所以從三段論法的構成和功用上講，概念的數目決不能少於三個。又媒介的概念溝通變方，必須與雙方都有關係，方能盡媒介的功用，所以只可有一個，不得有兩個。倘然有了甲乙兩個，各與一方有關係，則媒介的作用便無從實現。所以三段論法的概念不得多於三個。兩個概念可以構成一個判斷，三個概念互相配合，可以構成三個判斷。所以三段論法的判斷，至少必有三個，而多也不會超過三個。違反這條規律而具有四個名詞的叫做四名的過失。如曰馬是動物，牛是生物，前提中有了四個概念，缺乏共同的媒介，便無法得到適切的結論。凡完整而單一的三段論法，沒有不合乎這條規律的。至於實際作文說話時，或只說兩個判斷以上，而猶能論斷明確者，並不是這條規律，沒有實用，而是論式有所省略或有所聯繫。若把省略的加以補足，聯繫的予以分析，則各論式依然是三個判斷所構成，未嘗違反這條規律。如說，你是讀書人，應當明白道理，這是明明省略了大前提讀書人都應當明白道理。因為大前提雖不具陳，而意義已很明確，所以為簡潔計，便略而不說了。又如說，明白道理的人不應當侮辱他人，讀書人都明白道理，你是讀書人，所以不應當侮辱他人。這個論式有四個概念四個判斷，考其實際，是下列兩個論式所合成的，且每一論式只有三個概念三個判斷。

第一式

明白道理的人不應當侮辱他。	讀書人都不應當侮辱他人。
讀書人都明白道理。	你是讀書人。
所以讀書人都不應當侮辱他人，	所以你不應當侮辱他人

實用的論式既可省略，又可聯繫。而且大小前提與結論的先後亦非必依照理則學所定的次第，所以有些議論，粗看好像是無法爬梳，但細

加檢討，都可分析而排比為若干三段論法。試舉一例，如《荀子》云：
「負石而赴河，是行之難為者也……然而君子不貴者，非禮義之中也。」
此論若加分析並予補充，便可列成如下的兩個三段論法。

第一式	第二式
非禮義之中者君子所不貴。	行之難為者君子所不貴。
行之難為者非禮義之中。	負石而赴河是行之難為者也。
故行之難為者君子所不貴。	故負石而赴河君子所不貴。

　　亦有三段論法，因中詞意義紛歧之故，表面上雖只有二個概念，
實際上卻犯了四名的過失。如曰（食）色性也，紅綠是色，所以紅綠是
性。這個三段論法的前提沒有錯誤，推理也未違反規律，然所得結論是
不可通的，其致誤的原因即在於前後兩個色字的意義不相一致。這兩
個色字表面上是一名，實際上是兩個不同的概念，所以不能盡媒介的
責任，而釀成四名的過失。茲再設一例，如曰，人有血肉之軀，法人是
人，所以法人有血肉之軀。這個三段論法的前提與推理也都沒有錯誤，
只因為前一人字偏重人類學上的所謂人，後一人字專指法律上得為權利
義務主體的人，兩種不同的意義混為一談，便造出不合理的結論。所以
一名多義，是最足以誤事的。

　　（二）媒介概念至少須有一度周遍。中詞是小詞與大詞的媒介，至
少須有一度舉其全外圍以與小詞或大詞相關涉，而後小詞大詞間的關
係方得明瞭。倘然沒有一度周遍，每次均只涉及其一部分，則其所涉及
的部分或合或離，不可得知，於是小詞大詞的關係也便無法確定了。如
曰，一切動物都是生物，一切馬都是動物，動物這個概念，一度周遍。
現在若把這兩個判斷做前提，動物全體既是生物，而馬又是動物的一
部分，則我們自可確實論定，馬是生物。若說馬是動物，牛是動物，中
詞未嘗一度周遍，各局促於所指事物的一隅，兩不關涉，則馬與牛間關
係如何無法推知。雖有媒介概念，等於沒有。所以媒介概念必須一度周
遍，方能盡媒介的功用，而達到實切的結論。違反這條規律的，叫做中
詞不周遍的過失。

（三）概念在前提中未嘗周遍的不得於結論中變為周遍。推理原不過把前提中涵蓄著的意義在結論中顯現出來，並不是新有所創造。所以結論中所論及的不得超越前提原有的涵義。如曰中國是古國，中國是大國，所以一切古國都是大國，這樣的結論便超越原有涵義了。因為前提中所說古國，只指古國中的一國而言，未嘗遍及古國的全體，現在結論中竟遍說一切古國，違反推理的職責，故不能與事實相符。有上述兩個前提時，我們只可作結論道，古國之中，也有是大國的，結論中依然不周遍，方可符合前提的原義，違反這條規律的叫做不當周遍的過失。

（四）兩個前提都是否定判斷時，不能有結論。所謂否定判斷者，即言主謂兩個概念之間沒有關係。如曰馬不是羊，意即馬與羊不相同，而無關涉。三段論法的功用，本在於藉一事的媒介以論定其他二事間的關係，則媒介概念便無從發揮其媒介的作用，而其他兩個概念之間有無關係，也沒法知道了。例如說道，馬不是羊，牛不是羊，這兩個前提表示羊和馬、羊和牛都是沒有關涉的。羊和牛馬既無關涉，便不能發揮媒介的作用，於是牛羊之間關係如何，牛是馬嗎？牛不是馬嗎？都無從推知。事實上雖知道牛不是馬但這是用別的方法所認識，而不是從這兩個前提所推知的，違反這條規律的叫做否定前提的過失。但否定判斷與肯定判斷本可藉變質以相通，所以若把前提中的否定判斷變為肯定判斷，而又能與他條規律不相違背，則亦可以成為無過失的三段論法。如曰，非生而知之者非能安而行之，人非生而知之者，故人非安而行之。這個小前提可以有兩種看法。若把生而知之看作謂詞，則是否定判斷，若把非生而知之看作謂詞，則是肯定判斷。而且看作否定判斷，則小前提的謂詞與大前提的主詞是兩個矛盾概念，不是一個概念，論式中因此便有了四個概念，看作肯定判斷，恰好是三個概念。所以這樣的論式，至少須把小前提看作肯定判斷，或竟把兩個前提都看作肯定判斷，而認其為違反本條規律。

（五）兩個前提之中有一個是否定判斷時，其結論也必是否定判斷。兩個前提，其中一個是肯定判斷，一個是否定判斷，來媒介概念與

其他兩個概念，一有關係，一無關係。由此便可推知，其他兩個概念之間，一定是沒有關係的。譬如說道，英國人不是黃種人，則英國人必居黃種人之外，而與黃種人沒有關涉。又說道，中國人是黃種人，則把中國人收入黃種人的範圍以內了。一在媒介概念的範圍外，一在媒介概念的範圍內，不能相涉，故知中國人必非英國人，而結論必是否定判斷了。上述的道理也可以翻轉來說，欲得否定判斷的結論，必須有一個前提是否定判斷。

　　附則（一）兩個前提都是特稱判斷時，不能有結論。這條附則，可以分三方面來考察。（一）假若兩個前提都是特稱肯定判斷，則前提中沒有一個周遍的名詞，而依第二條規律，中詞必須一度周遍。現在既不能有一個周遍名詞，則中詞也必不能周遍，所以一定得不到合理的結論。（二）假若兩個前提都是特稱否定判斷，雖有周遍的名詞可以充中詞之用，卻又違反了第四條規律，也不能有結論。（三）假若一個前提是特稱肯定判斷，另一個是特稱否定判斷，其中周遍的名詞只有一個。而依第五條規律，此時的結論，必是否定判斷，其謂詞一定周遍，又依第三條規律，此項大詞在前提中必須也是周遍的。再次依第二條規律中詞必須一度周遍。現在前提中只有一個周遍名詞，若以之位置大詞，則中詞不能周遍，違反第二條規律，若以之位置中詞，則大詞不能周遍，違反第三條規律。無論如何必有所違，所以得不到結論。

　　附則（二）兩個前提之中，有一個是特稱判斷時，其結論也必是特稱判斷。（一）假若這兩個前提都是肯定判斷，則只能有一個周遍的名詞。依第二條規律，此唯一的周遍名詞，必須以之位置中詞，故所餘小詞大詞都無法周遍。小詞既不能周遍，則依第三條規律結論便不能不是特稱判斷。（二）假若這兩個判斷之中一個是肯定判斷，另一個是否定判斷，則周遍的名詞共有兩個。第二條規律，其中至少一個必須為中詞所占，依第五條及第三條規律，大詞又須占去其一。周遍的名詞無法輪到小詞，所以結論勢必限於特稱。

　　定言三段論法必須遵守以上七條規律，不可有所違反。但光是遵

守這些規律，猶未足以達到完全的真理。因為這些規律，只是形式上的真，尚未足以盡真之全體。假使在形式以外，別有過失，則推理雖合規律，而所得結論未必盡真。形式以外所最宜注意的首推前提實質上的正確。如曰，一切能飛的都是鳥，蝙蝠都是能飛的，所以蝙蝠都是鳥。這個三段論法未嘗違反任何規律，其結論之所以不合事理，完全出於大前提實質上的過失。鳥雖是能飛的，然能飛的不一定是鳥，如蜂如蝶，都可為例。現在大前提竟把一切能飛的都謂之為鳥，理由既誤，結論也便隨以有過。又如說一切魚都是卵生的，鯨都是魚，所以鯨都是卵生的。此項結論的錯誤，出於小前提實質上的過失，因為鯨是哺乳動物，根本不屬魚類。所以我們推理時，首須運用正確的前提。前提若有過失，推理是不能正確的。縱或所得結論合於事理，然理由既有過失，證明也便無效。如曰一切魚類都生息水中，鯨都是魚，所以鯨都生息水中。鯨之生息水中，雖合事理，然決不是這個小前提所能證明的，其次所宜注意的是經權的分別。對於這一點，孟子早已見到，現在引其說如下：「淳于髡曰，男女授受不親，禮與？孟子曰，禮也。曰，嫂溺則援之以手乎？曰，嫂溺不援，是豺狼也。男女授受不親，禮也；嫂溺援之以手者，權也。」世間有常理有變例。在經常的情形下，我們可以用常理來論斷，遇到特殊的情形，必須通權達變，不可復以常理論了。若猶拘執常理，則刻舟求劍，一定會遭遇到說不通行不通的苦楚。動物植物都遺傳著父母所具的性質，但也時時有出人意外的突變。人事複雜，變例更多。王氏的子孫世世姓王，但遇有出贅或做他家養子的，便不復姓王了。毀損他人的財物，應當負賠償的責任，但為了救護自己或別人生命而毀損的，便用不到賠償。所以經常與特殊的分別，也極重要。推而廣之，有了特殊的障礙，或未到實現的時機，則經常的道理，同樣不能實用。例如人能言語，這是人所應有的通性，應具的能力，但啞者因為生理機能上有了缺陷，便阻礙其言語能力的發展，而不能言語。至人所應具的通信言之，啞者並亦具有言語的能力，至現實的故障言之，則此項能力已受阻塞而無由發展。所以我們不得根據啞者是人這個道理而強謂

啞者亦如常人之能言，更不得根據，啞者不能言語這件事而妄說啞者之非人。又如男子有鬚，這是男子的通信。至於男童，身體尚未成熟，猶未發展到生鬚的階段。所以我們不得以男童之屬於男性而謂其有鬚，亦不得以其無鬚而謂其不屬男性。

定言的三段論法涵有小中大三個名詞。在結論中小詞為主詞，大詞為謂詞，其所占位置是有一定的。在前提中，三個名詞都沒有一定的位置，可以為主詞，也可以為謂詞，如此錯雜排比起來，可得四種不同的方式，叫做定言：三段論法的格。此四格之中，第一格的小中大三詞，其所占位置最順適，其效用也最大，所以稱之為正格，其餘三格總稱變格。現在把四格列表如下：

第一格	第二格	第三格	第四格
中詞—大詞	大詞—中詞	中詞—大詞	大詞—中詞
小詞—中詞	小詞—中詞	中詞—小詞	中詞—小詞
小詞—大詞	小詞—大詞	小詞—大詞	小詞—大詞

假言的三段論法，或純由假言判斷所構成，或由假言判斷與定言判斷所混合而成。如曰，若陽光照入，則室內光明，若室內光明則精神爽快，這是純由假言判斷所構成的。如曰，若陽光照入，則室內光明，現在陽光照入故室內光明，這是假言判斷與定言判斷所混合而成的。關於混合的假言三段論法，亦有應守的規律，即推理時只可承認前件因以承認後件，或否認後件因以否認前件，不得否認前件，因以否認後件，或承認後件，因以承認前件。凡於小前提承認前件因而於結論承認後件的，叫做構成式，於前提否認後件因而於結論否認前件的，叫做破斥式，舉例如下：

構成式	破斥式
若陽光照入則室內光明	若陽光照入則室內光明
現在陽光照入	現在室內不光明
故室內光明	故陽光未照入

　　上列二種推理之能夠成立，其理甚明。前件所說是一種條件，後件所說則是此條件下，所必然發生的事實，所以只要大前提沒有實質上的過失，則此項條件一經成立，便可斷言其一定發生此項事實，反之，若此項事實並不發生，則可見此項條件，一定尚未完備。至於否認前件不得緣以否認後件者，因為有些事實，不是出於唯一的條件，而是多種條件所可分別引致，前件所說容或只是條件之一，雖不存在，但若當時別具其他條件，則後件所說事實依然可以發生。例如陽光照入，可令室內光明，點上電燈，也可令室內光明。所以晚上雖無陽光照入，而室內仍有光明的可能。若僅以陽光不照之故，遂斷定其不有光明，那是理由不充足的。承認後件不得緣以承認前件者，其理亦同。因為室內的光明，可來自陽光，亦可來自電燈。若於晚間室內光明時推定陽光之照入，豈非大背事理。此處所云承認否認，與肯定否定的意義○[1]能不同。順取原義的謂之承認，逆取原義的謂之否認。在大前提中原是肯定或否定的，在小前提及結論中照舊肯定或否定之，這都是承認。把原來肯定的，改作否定，把原來否定的改作肯定，這都是否認。如曰：若身體不健康則精神不振作。今若以此為大前提而推論道，現在身體不健康，所以精神不振作，或推論道，現在精神振作，所以身體健康，第一個推理承認前件緣以承認後件，第二個推理否認後件緣以否認前件，都合乎規律，而可成立。若說，現在身體健康，所以精神振作，這是否認前件緣以否認後件；若說，現在精神不振作，所以身體不健康，這是承認後件緣以承認前件，兩個推理都違反規律，而有過失。否認前件與承認後件之所以有過既出於條件之紛雜，故若某一事實只有一種條件，而非其他條件所能引致，則對於前件後件，承認否認，無所不可，而四種推理都可成立了。如曰，三角形的三條邊倘然相等，則其中的三個角亦必相等。前件所說是後件所說的唯一條件。所以我們若以這個判斷為大前提，則規

1　編按：文字難辨。

律所不許成立的，兩種推理也都確實可以成立。三邊相等是三個角所以相等的唯一條件，所以三邊不相等時，三個角必不能相等，三個角相等時，三條邊亦必相等。假言判斷可以轉變為定言判斷，故假言三段論法之有過無過，亦與定言三段論法相符。凡在假言三段論法有過失的，改作定言三段論法，同樣也有過失。否認前件因以否認後件的，有大詞不當周遍的過失。承認後件因以承認前件的，有中詞不周遍的過失。茲比較如下：

若陽光照入則室內光明	陽光照入的室是光明的（大詞不周遍）
今陽光不照入（否認前件）	此室不是陽光照入的室
故室內不光明（否認後件）	故此室不光明（大詞周遍）
若陽光照入則室內光明	陽光照入的室是光明的（中詞不周遍）
今室內光明（承認後件）	此室是光明的（中詞不周遍）
故陽光照入（承認前件）	故此室是陽光照入的室

　　純粹的假言三段論法也有構成式與破斥式，且其推理規律亦與上述者相同。如曰，若智識發達則文化進步，若教育普及則文化進步，這是一個構成式。此式之所以能夠成立，可分析以說明之。結論的前件承認小前提的前件，故依照規律即可緣以承認小前提的後件。而小前提的後件與大前提的前件相同，故承認小前提的後件，即無異承認大前提的前件。既承認大前提的前件，自可依照規律，又承認其後作。最初所承認與最後所承認者合而言之，便成結論。若把此意表之以論式，則可列成兩個混合的假言三段論法：

若教育普及則智識發達	若智識發達則文化進步
今教育普及（承認前件）	今智識發達（承認前件）
故智識發達（承認前件）	故文化進步（承認後件）

　　而且把這個純粹假言三段論法變成定言三段論法，也是合乎規律，而沒有過失的。如曰，智識發達之地為文化進步之地，教育普及之地為智識發達之地，故教育普及之地為文化進步之地。其破斥式，如曰，若身體康健則精神振作，若營養不良，則精神不振作，故若營養不良，則

身體不健康。此式既於結論的前件中承認小前提的前件，故得緣以承認其後件。而承認小前提的後件，即等於否認大前提的後件，於是又得緣以否認其前件，而用以充結論的後件。依據此項分析，亦可列成兩個混合假言論式：

若營養不良則精神不振作	若身體健康則精神振作
今營養不良（承認前件）	今精神不振作（否認後件）
故精神不振作（承認後件）	故身體不健康（否認前件）

選言的三段論法或純由選言判斷所構成，或與他種判斷混合而成，舉例如下：

第一例　人或是男性或是女性

（一）趙某是男性	（二）趙某不是女性	（三）錢某是女性	（四）錢某不是男性
故不是女性	故是男性	故不是男性	故是女性

第二例　物體或是動物或是植物或是礦物

（一）馬是動物	（二）馬不是植物或礦物	（三）細菌是動物或植物	（四）細菌不是礦物
故不是植物或礦物	故是動物	故不是礦物	故是動物或植物

第三例　季節或是春或是夏或是秋或是冬

（一）現在是春或夏	（二）現在不是秋或冬	（三）現在是秋或冬	（四）現在不是春或夏
故不是秋或冬	故是春或夏	故不是春或夏	故是秋或冬

如上例所示，選言推理不外兩途，或於小前提中承認一部分選肢，遂緣以於結論中否認其他選肢，或於小前提中否認一部分選肢，遂緣以於結論中承認其他選肢。所以選言推理之有過無過，以選言判斷之能否合於條件為依歸。選言判斷的條件有二，一須選肢互相拒斥，不能並容，二須盡舉選肢，無所遺漏。選言判斷能合乎這樣條件，選言推理便可以無過。因為選肢既互相拒斥，所以承認了某選肢，便可緣以否認他選肢。又因為選肢是盡舉了的，所以否認了某選肢，便可斷然承認他選

肢。例如人或是男性，或是女性，其選肢是互相拒斥的，不會同時是男又是女，所以知道了趙某是男性，便可斷言其決非女性，其選肢又是盡舉了的男女之外，更沒有不男不女的人，若以知道了趙某不是女性，便亦可斷言其必是男性。若說書籍或是文辭優美，或是有益人生，亦有文辭惡劣，並且有害人生。所以我們不得由此推論，某書文辭優美，所以無益人生，也不得由此推論，某書文辭不優美，所以有益人生。

《理則學（思維術）》

目　次

一、思維術的功用

思維是我們人類獨有的一種心理作用。禽獸雖然也有欲望知覺感情，而且有些知覺比人的知覺更銳敏，但是沒有思維的能力。因為不能思維，所以禽獸的智識祇是斷片的，其行動盡是衝動的。人的心理發展得最高，除了欲望知覺感情以外，又具有思維的能力，能夠舉一反三，能夠鑑往知來，於是乃有學問道德等一切文化現象的發生。所以我們可以說，人之所以異於禽獸者在於有思維，人之所以為萬物之靈者也在於有思維，但人的思維，有時雖正確，有時卻不免錯誤。譬如說，人都是要死的，所以某人也一定要死，這思維是正確的。若說，傷人者有罪，外科醫生傷人，所以應當有罪，這思維是錯誤的。人的思維邪正互見，若任其自然，則邪者終邪，無法歸於正。這樣，本是有益人生的思維，反足以為惑世之資。古今詭辯邪說，顛倒是非，迷亂社會，正可為我們的殷鑑。所以我們必須研究邪正之所由起，定出一種標準來，領導思維術於正途，而防止其走入邪路。思維術所要研究的，就是這種防邪歸正的方法。思維術的原名叫做邏輯，在中國有多種譯名，如辯學，如名學，如論理學，總理在《心理建設》第三章中譯為理則學，實在是一個最適切的譯名。

思維術教我們以思維時所應遵應舍的道路，我們的思維，順之則正，逆之則邪。我們人沒有不思維的，而且思維時也沒有不求其正確無誤的，所以邏輯這種學問實在異常重要，應當是人人所習知而遵守的。研究各種學問，不論是自然科學，必求其內容正確，條例清晰，體系整飭。欲達到這種目的，非依賴邏輯不為功，所以世人稱邏輯為學問的學問。不但研究學問為然，他如言論行動以及處理事務，也應當以邏輯為指南針，至少也應當借助於邏輯。因為言行事業莫不以思維為基礎，故必思維正確了，而後言行事業也得隨以正確。我們有了生者必死的正確思想，我們便不會作人有不死的謬論，更不會效法古人妄求不死之藥。我們在思想上明白了外科醫生為治療而傷人，與惡意的傷害大不相

同，我們便不在言論上詆毀外科醫生，更不會在行動上把外科醫生執付
有司了。總理有言：「不知理則之學者，不能知文章之所以然。」所以
我們發表正論，開導他人，必須根據邏輯的理則來立論，令對方明瞭其
所以然，庶可心悅而誠服。他人有謬見邪行，我們要想加以糾正，也必
須根據理則學，講明其所以然，好讓他領悟而樂於遷善改過。至於訂定
計劃，處理事務，欲其有條不紊，施行無礙，亦必先之以縝密的思維，
即必導之以邏輯的理則。邏輯的功用如此其重且大，所以總理說道：
「凡稍涉獵乎邏輯者，莫不知此為諸學諸事之規則，為思想行為之門徑
也。」

二、思維的對象

　　天地間的一切，細者如電子原子，大者日月星辰，乃至行為的善
惡，形相的美醜，無一不可為我們所思維。所以思維的對象，紛紜繁
複，幾於不可究詰。然從大處著眼，為之分別，則思維對象不外二類，
一類是事實，另一類是價值。這兩類對象的質，根本不同。事實是客觀
的，有其獨立的存在，有其一定的屬性，不隨主觀之變動以為轉移。
價值則不然，是主觀的，是由主觀根據某種標準品評以得的，隨主觀以
為轉移，並不能有客觀的存在。譬如阿米巴，其自身有獨立的存在，與
我們的知覺思維絲毫沒有關係。現在有了顯微鏡，我們固可以在顯微鏡
下看見他，在生物學上思維他，但他並不因我們的知覺思維而始獲得其
生存。在顯微鏡沒有發明，我們還未能知道他的有無以前，他早已存在
了。他的沒有一定形體，他的具有偽足，也是自昔已然，不待我們知覺
思維了而後纔如此的。又如眼前所看見所接觸的桌子，當我們眼見手拊
的時候，桌子固然存在。到了夜間，沒有人見，沒有人拊，桌子依然是
存在的。所以桌子自有其客觀存在，並不因有人知覺而始存，也不因無
人知覺而便亡。一件藍布衣服關閉在箱子內，光所不照，眼所不見，當
此之時，嚴格講起來，誠然不能說，這件衣服還是藍色的。顏色本來是

感覺的性質，不是物體固具的屬性，所以沒有感覺，當然不會有藍色。但若我們把藍色解作物體引發藍色感覺的性能，則又是藍衣服所始終具有，不會隨感覺的停歇而消失的了。是非善惡，美醜利害，有用無用，這些都是表示價值的名稱，價值一定附麗在事物上，若離開事物而空談價值，是沒有意義的，然價值不是事物所固具。就事物本身而論，是中性的，不善亦不惡，無利亦無害。及我們用了一定的標準去衡量，依其適合標準與否，賦以正負不同的價值，而後事物始有善惡利害等分別。所以同此事物，有時因為所用的標準不同，評定價值也便隨以有異。譬如罌粟，花開得很美麗，若當作花卉來賞玩，以怡情悅目的標準來品評，罌粟是有價值的，是值得栽植的。罌粟的漿製成鴉片，吸了足以戕賊身體，所以從衛生強種的標準來品評，罌粟是有害的，是應當剷除的。又如一本入門的書籍，內容簡單，說理淺顯，在初學的人看來，是有用的，在已經深造的人看來，是無用的。事物的價值當然不是和事物的性質渺無關係。譬如衣料，越結實的越好，越稀鬆的越不好。結實與好，稀鬆與壞，雖有關係，但依然是兩事，不是一事。因為假若取來用作濾水，則稀鬆的反有用，而結實的反無用了。所以祇是在一定的標準之下，事物的性質和價值纔有一定的關係，標準更換了，這個關係也便難保其不隨以變動。事實和價值之不同，也可用自然與當然兩個概念來表示。事實是客觀所固有的，故是自然的。價值是主觀所評定的，故是當然的。例如木材之有結實性，出諸自然，建築房屋，應當選用結實的木材，則屬於當然。又如人有占有的欲望，這是自然的現象，占有不得害及他人的利益，這是當然的規律。

　　事實和價值的區別，已如上述。分別同異，本來是思維的重要任務之一。所以我們在思維上應當把這兩種對象分別清楚，斷斷不可混同。這是極明顯的道理，但是誤犯的人卻不在少數。試舉近事為例。喜新的人以為新的無一不是好的，舊的無一不是壞的。主張西化的人以為西洋的沒有不是好的，中國的沒有不是壞的。近來又有一班人，以為祇要來自蘇俄的盡是好的，非來自蘇俄的盡是壞的。這種見解，實在是把事實

誤認為價值，是以蔽塞聰明，淆亂是非，應當予以辯正的。新舊是事實
上時間方面的性質，本國與非本國是事實上空間方面的性質。我們誠然
也承認，新的中間有許多是好的，舊的中間有許多是壞的，但我們同時
也不可忘卻，新的中間也有壞的，舊的中間也有好的。所以新舊和好壞
之間並沒有必然的關係，新的不一定勝過舊的，舊的不一定弱於新的。
一張新鈔票不能比舊鈔票更多買些東西，一首舊日的名詩未必不比新
作的歪詩更為人所傳誦。本國非本國之與好壞，也是如此。所以我們欲
評定制度文物的價值，必須以國家興盛人民康樂為標準，以歷史背景社
會環境世界大勢為參證，縝密研討，纔可以下斷語。若但憑時間上或空
間上的性質，以定取捨，未免太容易了。這樣貪懶取巧，實在辱沒了我
們的思維。其次以自然為當然，也是不合道理的。例如有人看見人性是
利己的，便提倡利己主義，有人看見歷史上常有階級的鬥爭，便提倡階
級鬥爭主義。這豈非以世間的事物為都盡善盡美而都值得提倡。若果事
實即是價值，則價值概念可以廢棄了。但我們知道，自然的不一定是當
然的。洪水氾濫，漂失廬舍，淹斃人畜，這是自然的現象，卻不是我們
所歡迎的，不是我們所認為有價值的，所以我們築堤濬河，努力防止這
種現象的發生。因勢利導，設法控制，纔是當然的，纔有價值的。人心
的利己，社會的鬥爭，我們縱使無法令其絕滅，也應當設法令其調節緩
和，斷不能因其是自然的現象，便不管利害如何，貿然加以提倡。我們
對於自然控制的力量誠然有限，但在力所能及的範圍內，人為一定勝過
天然。一幅名畫比一幅最精緻的照相來得更有價值，便是一個極好的例
證。

三、經驗與歸納推理

　　思維的淵源是經驗。我們若無所見無所聞，便不能有所知，若無所
知，便不有所思。我們看見庭中的紅花而思維道，此花是紅的，這是以
當前所見為思維的根據，即是直接以經驗為淵源的。此外也有許多思

維，雖不直接出於經驗，但以經驗為間接的淵源。譬如我們知道了一切人都要死，於是斷定道，所以某人一定也要死。這個論斷所依據的理由是一條普遍原理，不是一個簡單經驗。我們然能試進一步追問，我們何以知道一切人都要死呢，這條普遍原理是怎樣成立的呢。尋根究底，最後一定還原到經驗。我們在經驗上間接知道，古代的人都已經死盡了，又直接知道，親戚朋友，如甲如乙，也都死了，出生在六十年以前的，生存者已無幾人了。積此無量數的經驗，知道過去世中無人不死，而鑑往足以知來，過去既是這樣，未來也必如此，遂歸納以成人無不死的普遍原理。一切思維均以經驗為基礎，不過有直接與間接的分別而已。故必經驗充實正確，而後思維始可以無誤。

　　推理可分為歸納與演繹兩種。歸納推理由特殊以進至普遍，演繹推理即自普遍以進至特殊。兩者的程序雖相反，卻是相輔相成的，不先由歸納推理把各個經驗綜合為普遍原理，則演繹推理將無所依據。而演繹推理依據普遍原理以推定各種特殊原理，觀其合於事實與否，又足以反證歸納推理是否確當。例如綜合甲乙丙丁等古今人的死亡，歸納以成人無不死的原理，復由此原理以推定某人之必死。而某人之死確是事實，遂令我們益信此原理的真實與此歸納的確當。又如綜合金銀銅鐵之為固體，歸納以成金屬皆是固體的普遍原理，復由此原理演繹，推定水銀之亦為固體。而此項論斷不合事實，足令我們反悟前項歸納之未盡妥善。

　　執簡御繁，是科學的大功用，也是文化所賴以進步的。假使我們祇有無數散漫的經驗，各自獨存，不相統攝，則我們將與禽獸相等，無由舉一反三，也無由鑑往知來了。歸納推理把無量數的散漫經驗，整理綜合，造成有限數的普遍原理。於是對於世間無窮繁複的事物，得藉若干原理，分別羈束，而不患其不受控制了。所以歸納推理之重要，是不待煩言的。歸納以經驗為資料，故求歸納之確當，必須先求經驗之正確。經驗或是直接的或是間接的。親身經歷的是直接經驗，得之他人的是間接經驗。大體講起來，直接經驗較為可靠，但也未必一定正確無誤。精神恍惚的時候，很容易發生錯覺或幻覺，所謂「杯弓蛇影」，所謂「草

木皆兵」，都是經驗不正確的好例。「入鮑魚之肆，久而不聞其臭」，並
非鮑魚喪失了腥臭，祇是習慣了而不復有所感。生理上有缺陷的人，經
驗便要受到相當的限制，例如患色盲者，或不辨紅綠，或不知青黃，若
緣是便謂世間沒有顏色，豈是確論。所以我們必須參考他人的經驗，以
資校正。而且天下的事物無窮，直接的經驗有限，所以也不得不以間接
經驗為補助。間接經驗誠然有許多是正確的，但錯誤的所在多有。至其
錯誤之所由起，或因他人的經驗原來是不正確的，或因多人傳說以後失
去了真實性的。出於第二種原因的尤居多數，社會上的謠言大抵由此而
起。「三人成市虎」，最足以資我們的警惕。所以傳聞之詞不可輕信，撦
拾報紙上的記載來做研究的資料，是非常危險的。孟子說得好，「盡信
書則不如無書」。我們在歸納的時候，應當奉此言為圭臬，對於資料，
詳密考證，慎重選擇，切勿為資料所誤。歸納的資料既須求其正確，又
須求其充實。斷不可依少數的經驗，作輕率的概括。歸納推理誠然是根
據已知的一部分以推定未知的他部分，用不到全部經驗了方纔綜合。然
所根據的事例必須相當豐富，不可太少。以少概眾，是邏輯所大忌的。
社會現象比自然現象尤為複雜，更不可根據一二經驗，率爾斷定其全局
皆然。旅行異國，走馬看花，歸來著書立說，縱論某國的民族性如何如
何，這種輕率的論斷最為危險。甲於旅途中，偶遇欺騙，遂謂其民性狡
詐，乙於旅途中受人優待，遂謂其民性誠篤。同游一國，論斷相反，都
是以少概眾的過失。所以我們歸納的時候，一方面須多集資料，他方面
尤須注意例外。遇到與眾不同的事情，不可因其是少數，便加以忽視。
我們誠能重視例外，則輕率概括的毛病當可不至於發生了。

　　歸納推理尤以發現因果關係為其最重要的職務。因果關係無形無
聲，不是耳目所得而見聞的。我們所能經驗的祇是甲事存在的時候，
乙事亦必隨以存在。例如物體溫度升高時，其體積也隨以膨脹。無量數
的經驗都保證此甲乙二事之必相隨逐，未嘗有一次例外，於是我們遂得
依以推知其間的因果關係。邏輯上探求因果關係的方法共有四種：（一）
同求法；（二）異求法；（三）共變法；（四）剩餘法，現在分述其大意

如下：（一）諸種事例中，凡具有甲現象的，也都具有乙現象，至其他丙丁等現象，則或有或無，參差不一。遇有此種情形，則甲乙之間，可推知其必有因果關係。例如冰受了太陽的曬而化為水，鐵受了火的鍛冶而熔為液。冰與鐵，日曬與火鍛，各不相同，其中唯一相同的即為受熱與液化兩種現象。故知熱與液化之間具有因果關係。從各事例之同然以得因果關係，故曰同求法。（二）設有一事，當其具有甲現象的時候，也具有乙現象，若把甲現象除去，則乙現象也隨以消滅。至其他現象，先後完全相同。有這樣情形時，甲乙二現象之間必有因果關係。例如把一隻鳥放入排氣鐘內，空氣存在時則生，空氣抽去後便死，故知空氣與生活之間具有因果的關係。這是從前後僅有的差異以探求的，故曰異求法。（三）甲現象起變化時，乙現象也隨以變化，則甲乙之間必有因果關係。例如一切物體，熱則脹大，涼則縮小，故知熱與膨脹之間具有因果關係。這是依據兩現象的共同變化以決定的，故曰共變法。（四）某一事實具有若干現象，其中一部分，已確知其有因果關係者，將其除去，則其剩餘的部分之間，可以推知其必有因果關係。例如一筐桃李，合計重十斤，倘然已經確實知道，桃的重量是七斤，則其剩餘的三斤必是李的重量。這是從剩餘的推定，故曰剩餘法。

四、演繹推理

演繹推理自普遍以進至特殊，其最普通的形式，自兩個原有的判斷以推出一個新判斷，藉某一事的媒介以論定其他二事間的關係。如曰，人是動物，動物是生物，故人是生物。此以動物為媒介，用以探索人與生物間的關係。這種推論成自三個判斷，故亦稱三段論法。其原有的兩個判斷叫做前提，其推得的新判斷叫做結論。關於三段論法的形式，邏輯設有好幾條規律，現在述其主要者如次。

（一）三段論法中必須涵有三個概念，不得多，亦不得少，因為三段論法是藉某一事的媒介以論定其他二事間的關係，每一件事都有一個

概念或一個名稱，所以概念的數目不得少於三個。又媒介的概念溝通雙方，必須與雙方各有關係，祇能有一個，不可有兩個，所以三段論法中的概念不得多於三個。如曰，人是動物，花是植物，前提中有了四個概念，缺乏共通的媒介，便無法得到適切的結論。

（二）媒介的概念至少須有一度周遍。所謂周遍者，即言涉及所指事物的全體，而不僅僅涉及其一部分。如曰人是動物，此處所說動物，僅指人是動物之一部分而言，故未嘗周遍。如曰動物是生物，所說遍及動物的全體，故是周遍。現在若把這兩個判斷做前提，動物全體既是生物，而人又是動物的一部分，則我們便可確實論定，人是生物。若說馬是動物，牛是動物，媒介概念未嘗一度周遍，各局促於所指事物的一隅，兩不關涉，則馬與牛間關係如何，無法推知。雖有媒介概念等於沒有。所以媒介概念必須一度周遍，方能盡媒介的功用，而達到適切的結論。

（三）概念在前提中未嘗周遍的，不得於結論中變為周遍。推理原不過把前提中涵蓄著的意義在結論中顯現出來，並不是新有所創造，所以結論中所論及的不得超越前提原有的涵義。如曰中國是古國，中國是大國，所以一切古國都是大國，這樣的結論便超越原有的涵義了。因為前提中所說古國，祇指古國中的一國而言，未嘗遍及古國的全體，現在結論中竟遍說一切古國，違反推理的職責，故不能與事實相符。有上述兩個前提時，我們祇可作結論道古國之中也有是大國的。結論中依然不周遍，方可符合前提的原義，而不致有過失。

（四）兩個前提均是否定判斷時，不能有結論，其中一個前提是否定判斷時，其結論也必是否定判斷。所謂否定判斷者，即言主賓兩個概念之間沒有關係。如白馬不是羊，意即馬與羊不相同，兩無關涉。三段論法的功用本在於藉一事的媒介以論定其他二事間的關係。今若兩個前提都是否定判斷，媒介觀念和其他兩個概念之間都沒有關係，則媒介概念便無從發揮其媒介的作用，而其他兩個概念之間有無關係，也沒法知道了。例如說道，馬不是羊，又說道，牛不是羊，這兩個前提表示羊和

馬、羊和牛都是沒有關涉的。羊和牛馬既無關涉，便不能發揮媒介的作用，於是牛馬之間關係如何，牛是馬嗎，牛不是馬嗎，都無從推知，事實上雖知道牛不是馬，但這是用別的方法所認識，而不是從這兩個前提所推知的。兩個前提之中，一個是肯定判斷，一個是否定判斷，則媒介概念與其他兩個概念，一有關係，一無關係。由此便可推知，其他兩個概念之間一定是沒有關係的。譬如說道，英國人不是黃種人，則英國人必居黃種人之外而與黃種人沒有關涉。又說道，中國人是黃種人，則把中國人收入黃種人的範圍以內了。一在媒介概念的範圍外，一在媒介概念的範圍內，不能相涉，故知中國人必非英國人，而結論必是否定判斷了。

　　三段論法的主要規律略如上述。我們依照規律來推理，所得結論應當正確而無誤了。但有時推理並未違反規律，而所得結論依然不合正理。這並非由於演繹規律有什麼缺點，卻是出於別的原因的。此種致誤的原因，最重要的約有兩種，一是前提的實質上有錯誤，二是媒介概念的意義先後不一，前提實質的錯誤起於歸納的不確當，前已說及，不再贅說。現在專就意義混淆一點，加以簡單的說明。每一事物有一個名稱，每一名稱專指一種事物，同實同名，異實異名，這是我們理想上所希求的。但事實上異實而同名的非常的多。大抵最初造名的時候智識未豐，所以造名不多，其後新智日增，不及一一為之創造新名，並且有些新知的事實和舊識的很相類似，沒有另造新名的必要，於是遂取舊有的名引申借假，以名新知的事實。孳乳益繁，涵義益雜，卒至一名可作多種不同的解釋，甚且一名而涵有相反的意義。我們若不詳為分析，往往為名言所誤。例如「父不父，子不子」，這兩句話，粗看起來，好像是自相矛盾的。既稱之為父，稱之為子，怎麼又說其不父不子呢。但若細加分析，便知前後兩個父字子字，所指的不是同一事情。主詞中所說的父子，指血統上的身分而言，賓詞中所說父子，指為父之道與為子之職。所以「父不父，子不子」，即言做父親的不能盡為父之道，做兒子的不能守為子之職。名同實異，並不自相矛盾。在三段論法中，媒詞若

犯了同名異實的毛病，而不及覺察，便會推出不合理的結論來。假如有
人立論云，（食）色性也，紅綠是色，故紅綠是性。這個三段論法，前
提並沒有實質上的過失，推理也合於規律，而所得結論則大謬。其致誤
的原因，即在於前後兩個色字的意義不相一致。這兩個色字，表面上是
一名，實際上是兩個概念，所以不能盡其媒介的責任，而等於四名的過
失。茲再設一例，如曰，人有血肉之軀，法人是人，所以法人有血肉之
軀。這個三段論法的前提與推理也都沒有錯誤，祇因為前一人字偏重人
類學上的所謂人，後一人字專指法律上得為權利義務主體的人，兩種不
同的意義混為一談，便造出不合理的結論。

　　言語文字之有同名異實，在邏輯看來，正是一件極大的憾事。但
弄詭辯的人方居為奇貨，利用之以便其私圖。《呂氏春秋》內有一段，
可引以為例。「齊有事人者，所事有難，而弗死也。遇故入於塗。故人
曰，固不死乎。對曰然。……故人曰，子尚可以見人乎。對曰，子以死
為願可以見人乎。」現代侵略主義也正效法詭辯家，用種種美名來掩護
他們的惡行，稱侵略為自衛，稱擾亂為和平。所以分辨名實，也是邏輯
上的一件大事。

五、思維的調整

　　我們的思維，既貴正確，亦貴明晰。因為明晰與正確是相輔相成
的。假使我們的思維含混模糊，那便容易錯誤而不能正確了。思維之所
以不明晰，或由於有所蔽，譬如鏡子為塵所封，不能忠實地反映事物的
形相。或由於鋒利不足，譬如一把鈍刀，用來切物，不能一刀兩斷，斬
齊分明。所以我們必須在消極方面驅除障蔽，合思維得發揮其正常的功
用。同時並須在積極方面加以磨礪，以增強其清楚明晰。現在就幾件主
要的事情略加闡述。

　　（一）不可為成見所蔽　心裡懷了成見，則經驗思維都容易為成見
所束縛，而不能得事實的真相。好像戴了藍色眼鏡，便覺得世上一切物

體都帶著藍色。《列子》說道：「人有亡鈇者，意其鄰之子。視其行步，竊鈇也；顏色，竊鈇也；言語，竊鈇也；動作態度，無為而不竊鈇也。俄而抇其谷而得其鈇，他日復見其鄰人之子動作態度，無似竊鈇者。」成見影響之大，有如是者。預先有了一種主張，找材料來證成其說，也很容易犯這種毛病。我們研究學問解決問題，雖然不能不先立一種假定，但我們不可拿假定來拘束我們的經驗思維，應當拿經驗思維來糾正我們的假定。我們若發現我們的假定不合事實，便要勇於放棄假定，切不可曲解事實來牽就我們的主張。現代的人在思維上戴了著色眼鏡，曲解事實的依然甚多。我們要思想明晰正確，必須努力把思維上的著色眼鏡卸除。

（二）不可為愛憎所蔽　我們的思維又容易為愛憎所拘束，所以愛憎變遷了，我們的判斷也不免隨以變動。《韓非子》說道：「昔者彌子瑕有寵於衛君。衛國之法，竊駕君車者罪刖。彌子瑕母病，人聞有夜告彌子矯駕君車以出。君問而賢之曰，孝哉為母之故，忘其犯刖罪。異日與君游於果園，食桃而甘，不盡，以其半啗君。君曰，愛我哉，忘其口味，以啗寡人。及彌子色衰愛弛，得罪於君，君曰，是固嘗矯駕吾車，又嘗啗我以餘桃。故彌子之行未變於初也，而以前之所以見賢，而後獲罪者。愛憎之變也。」我們常人聽見了愛聽的消息，便信以為真，聽見了不愛聽的消息，便斥其為妄，而且還要曲為解釋，以證明之。這也是出於同一道理的。所以我想認識清楚，判斷正確，我們必須冷靜地觀察，冷靜地思維，切不可為感情所蒙蔽。

（三）不可為名言所蔽　人類進化，乃有語言文字以名其所知的事物。然而事實是主，名言是賓。我們思維時雖不能不借助於名言，但亦不可喧賓奪主。倘然拘執名言而忽略事實，難保不有錯誤發生。譬如中國文字，大抵有偏傍以表示所名事物類別。這在實用上誠然是很方便的。但古人造字的時候，智識尚未豐富，難免有所誤解，或經過輾轉借假，已非原來的意義。如鯨字從魚，珊瑚從玉，我們若因此斷定鯨是魚類，珊瑚是玉類，則未免太不合科學常識了。所以我們研究事物，必須

即事即物以窮其理，不可拘於名而遺其實。《韓非子》有一段寓言道：「鄭人有欲買履者，先自度其足，而置之其坐。至之市，而忘操之。已得履，乃曰，吾忘持度，乃歸取之。及反，市罷，遂不得履。人曰，何不試之以足。曰，寧信度無自信也。」拘名遺實的人，毋乃與此鄭人相類。

（四）必須分析綜合並重　分析與綜合是思維的兩大作用，必須並重，不可偏廢。若但綜合而不知分析，則失之籠統，若但分析而不知綜合，則失之支離。籠統支離，都足令思維陷於不正確。上面所引過的例，人有血肉之軀，法人是人，所以法人有血肉之軀。媒詞人字，若祇從綜合方面來觀察，便會有這樣不合理的結論。一經分析者纔知前一人字與後一人字，意義有些不同，不可混為一談的。「齊宣王問曰，湯放桀，武王伐紂，有諸，孟子對曰，於傳有之。曰，臣弒其君可乎。曰，賊仁者謂之賊，賊義者謂之殘，殘賊之人謂之一夫。聞誅一夫紂矣，未聞弒君也。」齊宣王不知分析，籠統地觀察，遂把湯放桀武王伐紂看作與弒君相同。孟子細加分析，所以放桀伐紂祇是誅，不復是弒君了。祇知分析而不知綜合，也足以引起錯誤的見解。例如中外的古人都有飛矢不動的議論。他們把矢的飛行時間分成無量數的剎那，每一剎那止於空間中的一點，用這樣分析的眼光來看，所以主張飛矢不動。但若把這些剎那綜合成為相當長的時間，從這全部時間知矢的起訖點來觀察，一定不能再說飛矢不動了。

（五）必須定義明確　思維時所用的概念或名言，必須有明確的定義方足以範圍我們的思維，不令涉於恍惚迷離。所謂明確定義者，一方面要把主要的內容說出，他方面又須與其他概念明白區分。科學都有明確的定義，這也是科學見重於世的一個原因。字典上所載的概念往往不大明白。譬如《說文》裡說道，「天，顛也」，「政，正也」。我們看了這兩個的定義往往不容易把握其真實的意義。說「政以正民」，而道德也未常不是用以正民，然則這兩個概念究竟有無分別，將令人無從捉摸了。「名無固宜，約之以命，約定俗成謂之宜，異於約則謂之不

宜。」所以我們用名，必須依照成俗，假使所用的名異於通常的解釋而
不加以明確的定義，則其誤人誤事，必不淺鮮。《列子》內有一則道：
「齊之國氏大富，宋之向氏大貧，自宋之齊請其術。國氏告之曰，吾善
為盜。……向氏大喜，……遂踰垣鑿室，手目所及，亡不探也。未及
時，以贓獲罪，沒其先居之財。向氏以國氏之謬己也，往而怨之。國氏
曰，……吾盜天地之時利，雲雨之滂潤，山澤之產育，以生吾禾，殖
吾稼，築吾垣，建吾舍。陸盜禽獸，水盜魚鱉，亡非盜也。夫禾稼土木
禽獸魚鱉皆天之所生，豈吾之所有，然吾盜天而亡殃。夫金玉珍寶穀
帛財貨，人之所聚，豈天之所與，若盜之而獲罪，孰怨哉。」原來國氏
之所謂盜，另有一種解釋，而事先又未明言，害的向氏做賊犯罪。列子
還批評向氏，說他「喻其為盜之言，而不喻其為盜之道。」但在我們看
來，祇能怪向氏之敢於從惡，卻不能怪向氏之誤解真意。

　　（六）必須分別經權　世間有常理，有變例。在經常的情形下，我
們可以用常理來論斷，遇到特殊的情形，必須通權達變不可復以常理論
了。若猶拘執常理，則刻舟求劍，一定會遭遇到說不通行不通的苦楚。
水熱到一百度會沸騰，但在高山之上便不如此。動物植物通常都遺傳著
父母所具的性質，但也時時有出人意外的突變。人事複雜，變例更多。
王氏的子孫世世姓王，但遇有出贅或做人家養子的，便不復姓王了。毀
損他人的財物，應當負賠償的責任，但為了救護自己或別人生命而毀損
的，便用不到賠償。所以經常與特殊的分別。也極重要。孟子對於這一
點，早已見到，現在引其說如下：「淳于髡曰，男女授受不親，禮與。
孟子曰，禮也。曰，嫂溺則之援之以手乎。曰，嫂溺不援，是豺狼也。
男女授受不親，禮也，嫂溺援之以手者，權也。」

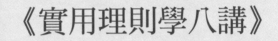

《實用理則學八講》

目　次

自序

　　三年以來，屢受中央訓練團黨政訓練班及中央政治學校公務員訓練的邀聘，擔任理則學的講授，每期講授時間少則二小時，多亦不過十小時，偌大一部理則學，真有不知從何講起之苦。而且聽講人員之中，有對於理則學已具相當造詣的，亦有未嘗學習的，講得太淺，已習者必索然無味，講得稍深，初習者勢且茫然不解。據此二因，選擇教材，至感困難，雖曾試編講義數次，終覺不能滿意。

　　訓練班之設置此課，無非欲於極短時期內略授學員以理則學上的常識，俾其於運用思想時知所趨舍，不至作太不合理的論斷而已。故講授內容必須淺顯扼要，有裨實用。理論的探討，軌式的敷陳，既非時間所許，亦非實用所必需。故通常理則學教本的體裁無法採用，且亦必另闢蹊徑，不循故轍，俾已習者可與既有智識互相印證，方不至因淺近而寡趣。

　　今年五月間復在中央政治學校公務員訓練部高等科講授此課，本此意旨，專取作者所認為實用上最關重要最宜注意者，重新改編，乃成此書。

　　此次講授時間共八小時，以每一小時講述一題，故名實用理則學八講。取材當否，不敢自信，尚希海內明達予以指教。

　　本書內容淺陋，祇是一種通俗的作品，自不足以供專攻理則學者的一讀，所冀為習斯學者讀了以後，能於日常運用思想上稍得裨益，便是作者的萬幸了。

　　通常講理則學，所講的總是西洋的邏輯。這當然是不得已的辦法，未可厚非，因為邏輯發展得最廣博且最精深。然而中國的名學與印度的因明也各有其獨到之處，不容忽視，因明與邏輯相差尚不甚遠，名學與邏輯則頗不相同。據作者淺見所及，邏輯因明偏重事實的認識，名學偏重價值的衡量，出發點不完全一樣，發展的方向也便隨以不相一致，認識和衡量原是思想的兩大部門，在理則學上應當同樣重視，不可有所軒輊，若自人生的立腳點看來，未嘗不可說，衡量尤為重要，而認識不過是衡量的準備階段而已。故居中國今日而言理則學，專講名學而忽略邏輯與因明，誠然不可，專講邏輯而忽略名學，亦非所宜。最理想的辦法當然是把名學邏輯因明合冶一爐，以造成一種不偏不遺最完備的理則學。而擔當此項理想的實現，要以中國學者為最相宜，且亦唯有中國學者始能勝任愉快。因為自家的名學唯有自家人來研究，方能親切，方能深入而得其真髓。印度的因明傳入已久，經過昔賢的一番苦心研究，遺有不少寶貴的材料。西洋的邏輯正在源源輸入之中，而且當代學者都能誦讀原書，研究甚為方便。不若西洋人之研究中國學問者往往借助於譯本。世界上三大理則學匯流於此，正是合冶的最好地點最好時機。作者學殖荒蕪，不敢自存妄想，肩此重任，姑抒所見，以待時賢之努力而已。本書間亦涉及名學與因明，不過聊示斯二者之亦有可採，至於融會貫通，相去尚不可以道里計。

　　理則學上各種軌式雖甚繁複，然其最基本的道理實亦簡單而平凡，據作者的體驗。契合實式辨別同異與眾端參觀實在是正確思想最基本的條件，故稱之為思想三要。前於劉仲容氏《實用理則學・序》中，嘗就此義說其大概，今於本書第三講至第五講中詳加敷陳。這三種道理本不是作者的創見，也不是高深的學理，而祇是人人所同具的常識。不過以此為思想的三要，而認為實用理則學上的中心問題，特別予以重視，則出於作者的杜撰。所以本書的功罪當以此為最大關鍵。

　　通常理則學教本對於思想形式方面的正確，講述甚詳，而對於思想實質方面的正確，頗少闡發，這實在是形式邏輯的一大缺點，無怪其為

近時學者所譏評。

　　思想三要同屬基本條件，若欲於此三者之中更為分別，則契合事實可說是基本中的基本。因為同異的辨別意在根據同異以分別事實，不令有所混淆，眾端參觀意在綜觀一件事實的全局，不令有所偏倚。一言以蔽之，斯二者的作用亦在於求所以契合事實而已。故契合事實應是首要。

　　又本書舉例，務求引用中國的故書成說。因為引用些中國自家的例，當能令讀者倍覺親切，以增閱讀的興趣。惟作者讀書不多，難免不有更適切的例未及引用，而所引用的例未必盡能切當，此則應請讀者原諒的。

　　　　　　中華民國三十一年七月陳大齊識於重慶歌樂山之衡廬

第一講

緒論

本講話的範圍

　　理則學的西文原名是邏輯，舊日或譯辯學，或譯名學，或譯原言，或譯思維術，或採用日本人的譯名論理學，或逕用音譯邏輯。譯名的紛歧殆以此學為最甚，這些譯名或祇能表示斯學內容的一部分，或竟與實際內容不甚切合，各有缺點，所以都不能成為定稱。總理有見於此，在心理建設第三章中主張譯作理則學，實在最為適切，從此當可以一掃舊日的紛歧了。

　　邏輯是希臘哲學家亞里士多德所首創的，中古經院學派及近世諸哲學家又有很多的貢獻，經此二千多年的研究，義理日益精深，範圍日益廣大，派別也隨以益多。馴至現代學者所著的書雖同用邏輯的名稱，而內容可以大不相同。

　　本講話限於時間，且以裨益實用為主，不欲多作理論的研討，故凡高深學理概不涉及，不僅如此，即理則學上各種軌式亦無暇論列，此種軌式若說得太簡，則掛一漏餘，以供學者遵循，反或有害，若說得甚詳，既嫌煩瑣，且亦無此時間。我們平時運思，最要緊的是理路清楚，若能做到這一點，理想便少過失。而各類軌式亦無非用以助理路的清楚，今既無暇細述，祇好置而不論，專取軌式以外的基本道理，正確思想所緣的基本條件，在實用上所最宜注意者，述其梗概，以期對於日常運思稍能有所裨益。這些基本道理實在比軌式更重要，因為基礎不穩定而專注軌式，有時在形式上看來好像是正確了，而實際上或不免仍有錯

誤，甚且錯誤得很厲害，基礎若穩定，縱不能令錯誤的思想完全絕跡，至少可令其錯誤得不太荒謬。

普通說到理則學，總是指西洋的邏輯而言，但我們不可忘記，理則學不是西洋人所獨有的，東方兩大民族亦各有其理則學，印度有因明，我們中國有名學。這兩種理則學，其完備程度，比之西洋理則學雖有遜色，但亦有其精到之處，不容我們忽視。欲把三種理則學合冶一爐，當然不是容易的事，現在祇想在可能範圍內，把名學及因明的道理隨時參說。

思想

理則學的研究對象是思想。思想是一種心理現象，與知覺欲望等相同，而在諸種心理現象之中，思想的功用要算是最大。動物也有知覺欲望等心理作用，但不能有思想，所以從大體說來，思想是人類所獨有的。動物的知覺有些發展得比人類的知覺更靈敏，例如犬類的嗅覺，能用以認識道路，能用以辨別人物，其銳敏程度斷非人類所能企及，警犬的效用即以此種能力為其基本。但他們知覺雖靈敏，祇因為缺乏思想的能力，依然是動物而不能與人類相並。他們也從知覺方面得到許多經驗，祇因為沒有思想，不能把今昔的經驗互相連貫起來，更不能從各種經驗裡整理出一個頭緒來，所以他們的智識祇是零零落落，不成系統。又因為不能有系統的智識，於是他們的動作也祇能是衝動的，不能是理智的。他們見了愛吃的東西，祇曉得抓來吃，不曉得思索一番，這個東西吃得吃不得，可不可以取來吃。人類則不然，因為有思想能力，故能把今昔的經驗連貫起來，能從雜亂的經驗中理出頭緒來，能節制自己的動作不使流為衝動。舉一個淺例來說，譬如教小學生，一劃的是一字，二劃的是二字，今天用教科書教他認識了這兩個字，明天他在別處見了同樣的字形，不必再教，也能認識其為一字或二字，他能由此推彼，正因為他能思想。此例所示還不過思想最粗淺的功能。推而大之，牛頓看

見蘋果落地，因而悟到萬有引力的道理，也是出於思想所賜。思想能夠這樣舉一反三，能夠這樣鑑往知來，於是我們的智識乃得構成系統，不會祇是零亂的，我們的行為乃得知所趨舍，不會盡是衝動的，而對於外界的森羅萬象，我們也能應付裕如了。學問道德等一切文化現象莫不藉思想以發生，也莫不靠思想以進展。假令我們沒有思想，亦必與禽獸同樣的渾渾噩噩，那裏還談得上文化。思想功能的偉大真是數說不盡。我們可以說，人之所以異於禽獸者在於有思想，人之所以為萬物之靈者也在於有思想。以思想的有無分別人與動物，古來東西哲學家都有這種說法。《荀子》云：

> 人之所以為人者何已也，曰，已其有辨也。（非相）

又曰：

> 水火有氣而無生，草木有生而無知，禽獸有知而無義，人有氣
> 有生有知，亦且有義，故最為天下貴也。（王制）

有思想然後能辨，有思想然後知義，辨與義都是思想的功用。可見荀子的區別人與動物，是以思想有無為標準的。尤其令人感到驚異的，荀子關於無生物植物動物人類所用的區分標準完全與亞里士多德相同，亞里士多德也以有生無生區別無生物與植物，以有知無知區別植物與動物，又以理性的有無區別動物與人，故稱人類為理性動物。所云理性，亦即能思慮的意思。

理則學的職務

依照上面所述，思想誠是人生最可寶貴的東西。但這是專從思想能力方面講的，若從思想內容來看，並不是一切思想都足寶貴。因為我們的思想之中，有些是正確的，有些是錯誤的，有些是荒謬。如說二五等於一十，太陽從東方出來，這些思想是正確的。如說地是方的，

月中有兔，這些思想是錯誤的。若說強權高於一切，奴役他人即是解放他人，這些思想是荒謬的。我們之所以重視思想，因其能有益於人生，有益於社會國家，祇有正確的思想纔能有益，所以也祇有正確的思想纔足寶貴。至於錯誤的荒謬的思想不但不能有益，而且貽害無窮，小之足以誤個人，大之足以亂國家。這種思想方鄙棄之不暇，那裏還談得上寶貴。我們的思想之中既然有真有偽，有可寶貴的，有可鄙棄的，我們自當想法加以辨別，不令其始終混淆。並應當更進一步，令真而可寶貴的日益滋長，偽而可鄙棄的日就消滅，要達到這個目的，最好的辦法莫如研究真偽之所由起。真偽的條件一旦研究明白，我們便可取以為思想的標準，令其有所適從，知所迴避。祇要能夠順著致真的條件去思想，一定可以真，只要能夠避開致偽的條件去思想，一定可以不偽。人人能夠遵守這種條件，時時能夠服從這種標準，則思想自可日益正確，而謬見邪說不復有立足的餘地了。理則學的職務正在研究這些真偽的條件，以期建立各種規律，領導思想入於正途，而防止其走入邪路。所以因明學家說，因明的主旨在於立正破邪。立正就是建立正論，破邪就是破除邪見。中庸云，「慎思之，明辨之」。教人如何分辨真偽，如何棄邪入正，意即慎思明辨的功夫，所以理則學可說是慎思明辨的學問。但欲為理則學下一定義，則莫若採用墨子與荀子所說。《墨子》云：

> 夫辯者，將以明是非之分，審治亂之紀，明同異之處，察名實之理，處利害，決嫌疑焉。（小取）

《荀子》云：

> 心亦如是矣，故導之以理，養之以清，物莫之傾，則足以定是非，決嫌疑矣。（解蔽）

荀子此言雖係就心立論，然此所謂心，正指思想，且「導之以理，養之以清」，又正是建立標準導入正途的意思。墨子則更是名就辯的效用說的。若將墨子所說，刪其繁冗，存其簡要，正與荀子所說相合。而

決嫌疑明是非兩句話實在最足以表示理則學的功用。

> 洧水甚大，鄭之富人有溺者。人得其死者，富人請贖之，其人
> 求金甚多。以告鄧析，鄧析曰：「安之，人必莫之賣矣。」得
> 死者患之，以告鄧析。鄧析又答之曰：「安之，此必無所更買
> 矣」。（呂氏春秋・離謂）

這種兩可之說令人疑其疑偽，莫知適從，而理則學可以為之解決。《墨子》曰，「殺盜人非殺人也」。（小取）荀子反對此說，斥之為「惑於用名以亂名者也。」（正名）究竟誰是誰非，抑或兩家俱是兩家俱非，也唯有理則學能為之判別。所以我們可為理則學下定義云，理則學是決嫌疑明是非的學問。

理則學與行為

理則學不但是思想的繩準，同時也是行為的規範。人和禽獸不同，除了一部分動作出於衝動或習慣而外，其餘動作通常所稱為行為的，都曾經過一番深思熟慮，思慮認為可以行，方纔發於行為，思慮認為不可以行，便抑制住不令其發表於外。譬如我們肚子餓時，見了可吃的東西，假使我們祇有衝動，便也要與禽獸同樣，立即抓來吃。但事實上我們因為有思想能力，所以不會如此衝動。我們先得看一看，這食物是不是乾淨，還得想一想，未得主人的許可，是不是可以拿來吃。憑此一番考慮，以決定取食的行為可不可以任其發動。不但事實上行為是這樣受著思想的指導，道理上也應當如此。假令我們也祇曉得見了便抓來吃，而不知道用思想來指導，那又何貴於有思想，何以自別於禽獸。行為既受著思想的指導，思想變成了行為的本源，所以必須本正源清，而後行為方可不流於邪僻。例如知道了有生必有死，便不會相信方士的妄說以求不死之藥。知道了義之所在，臨財便不會想苟得，臨難也不會求苟免。認清了對於國家民族之應當盡忠盡孝，便不會有賣國媚敵的舉動。

《中庸》說：

> 博學之，審問之，慎思之，明辨之，篤行之。

把篤行列在慎思明辨之後，意義深長，頗堪玩味，一定要順著這個次第，先慎思明辨，然後再去篤行，方能收篤行的效果。若不先慎思明辨，竟懷著錯誤的甚且荒謬的見解去胡行亂為，恐將行之愈篤，為害愈大。我們處理事情，不論是公務或私事，必須思想正確，方能處理得當，擬訂辦法，規劃方案，尤須遵循理則，方能條理井然而便於實施。推而上之，制定國家的大法，執行國家的大政，那一件事情不需要正確的思想為之指導。

> 子路曰，「衛君待子而為政，子將奚先」。子曰，必也正名乎。
> （論語子路）

《荀子》也說，

> 是非不亂，則國家治。（王制）

思想正確，其影響的廣大有如此者，所以慎思明辨實在是人生當務之急。

第二講
認識與衡量

思想對象的兩大類

天地間的一切，細者如電子原子，大者如日月星辰，都可為我們所思想。不但有形的事物可為思想的對象，其無形者，如情如性，如仁如義，同樣也都可為我們所思想。所以思想的對象紛紜繁複，幾於不可究詰。然從大處著眼為之分別，則思想對象不外二類，一類是事實，另一類是價值。對象有此兩大分別，所以思想也可分為二類。以事實為對象的叫做認識，如說太陽從東方出來。以價值為對象的，如說日光有益於人的身體，雖亦可以同時認識，然為分別清楚起見，不若叫做衡量。事實與價值，兩者的性質根本不同，所以認識與衡量亦異其功用。事實是客觀的，價值是主觀的，故認識的功用在於隨順事實，而衡量的功用在於賦予價值。茲分別闡述如下。

事實與認識

事實是客觀的。此所謂客觀者，即言事實自有其獨立的存在與獨立的性質，不是主觀所能左右，不隨主觀的變動而有所移易。

譬如阿米巴，其自身有獨立的存在，與我們的知覺思想絲毫沒有關係。現在有了顯微鏡我們固可以在顯微鏡下看見他，在生物學上思想他，但他並非因我們的知覺思想而始獲得其生存，在顯微鏡沒有發明我們還未能知道他的有無以前，甚至在人類尚未出現以前，他早已存在

著。他的沒有一定形體，他的具有偽足，也是自昔已然，不待我們知覺思想了而後纔如此的。

　　又如眼前所看見所接觸的桌子，當我們用眼看用手摸的時候，桌子固然存在。到了夜間，沒有人看，沒有人摸，桌子依然是存在的。桌子自有其客觀的存在，並不因有人知覺而始存，也不因無人知覺而便滅。一件藍布衣服關閉在箱子裡，光所不照，眼所不見，當此之時，嚴格講起來，誠然不能說這件衣服依然是藍色的。顏色本來是知覺上的性質，不是物體所固具，所以當物體不為人所知覺時，應當沒有顏色可言。但物體雖沒有顏色，卻自有其引發顏色知覺的性質，這是無可疑的，我們若把顏色的意義放寬，令其兼攝物體引發顏色知覺的性質，則藍色又必為藍衣服所始終具有，不會隨知覺的間歇而忽然消失的了。故事實的存在，事實的性質，事實的作用，都出於事實本身，不是主觀所能令其生滅，也不是主觀所能令其變易。

　　不但現實的具體的事實是如此，過去的抽象的事實，其情形亦復相同，因為這些事實原是以前者為基礎的。過去的事實現在雖已消失，不復存在，然在過去世界中亦嘗為現實而具體的事實。例如戚繼光的剿滅倭寇，早已成為歷史的事跡，而僅存於人心的記憶之中，不復能為現代人所親見。然在當時，卻是人所親見親聞，即在現代，我們亦不把它祇看作一種記憶的內容，卻是把它看做一件離開記憶自有其獨立存在的事實。遠古的情形，史冊所不載，瑣細的言行，記憶所不收，但關於這些事實，我們也祇能說，因其無可稽考，所以沒法知道其真相如何，斷不能說，因其無人知道，所以未經存在。主觀上記憶與否，是不足以影響其有無的。過去事實自有其客觀性，所以史學家研究歷史，常常檢討史料，以期符合真相，搜求史料，以期有所發現。假使過去事實本沒有客觀性，則史學家這種研究態度豈不成了無意義的舉動嗎。

　　抽象的事實，如普遍概念所指示的牛馬，誠然是不能生存的。因為生存於實際世間的牛馬一定是或黃或黑，或牝或牡，或大或小，或肥或瘦。而所謂抽象的牛馬者，祇具通性，不具特性，既沒有驪黃牝牡之

分，也沒有大小肥瘦之別。我們祇看見過這匹大黃牛那匹瘦牝馬，從未看見過不牝不牡又無顏色大小肥瘦可言的牛馬。所以實際世間生存的祇有具體的牛馬，沒有抽象的牛馬。然試推究抽象的牛馬之所由成立，實以具體的牛馬為基礎。具體的牛馬於牝牡驪黃大小肥瘦各種獨具的性質以外，又具有全部牛馬所通具的性質，今若捨去特性而僅存通性，便成了抽象的牛馬。所以抽象的牛馬出自具體的牛馬，其一切性質都存於具體的牛馬之中。具體的牛馬是客觀的，其特性通性都非主觀所能左右，故其通性所單獨構成的自亦同樣具有客觀性。科學家所研究的是抽象事實，其必依據經驗而不敢稍有違背，正足以反映這種道理。

事實是客觀的，而認識的任務又在於獲得事實的真相。所以我們認識事實，必須隨順事實，正如告子所說：

猶彼白而我白之，從其白於外也。（孟子告子上）

我們若於認識之時，任意造作，以無為有，以白為黑，不力求與事實相符，那便違反認識所應盡的任務而失其所以為認識了。

有人用鏡子來做比喻，以為人心的認識事實，好像鏡子的反映形態。這種比喻當然是不對的。因為我們的思想決不是像鏡子那樣純粹被動的。我們的思想對於外來的印象，能加以選擇，能加以分別，能加以整理，能加以同化，並非完全沒有主動的能力。不過雖有此種能力，而當分別整理或同化的時候，仍不能不隨順事實的性質，可以分別的則分別之，可以同化的則同化之，決不是可以任意分別胡亂同化的。所以從事實和認識的關係上講，依然事實是主，而認識是從。

價值與衡量

價值是主觀的。此所謂主觀者，即言價值本沒有可觀的存在，是由主觀依據某種標準衡量以後所賦予的，隨主觀或標準的變動面而移易的。是非善惡，美醜利害，有用無用，這些都是表示價值的名稱。價值

儼然是用以評論事物，若離開事物而空談價值，誠亦沒有意義，然價值不是事物所固具。《莊子》云，

> 以道觀之，物無貴賤。（秋水）

《淮南子》亦言，

> 物無貴賤，因其所言而貴之，物無不貴也，因其所賤而賤之，
> 物無不賤也。（齊俗）

兩家所說實在含有至理。

　　一切事物，從其本身而論，都是中性的，無所謂善惡，無所謂美醜，也無所謂有用無用，必待我們用了一定的標準去衡量，依其適合標準與否，賦以正負不同的價值，而後事物始有善惡利害有用無用等分別。

> 善射者發不失的，善於射矣，而不善所射，善釣者無所失，善
> 於釣矣，而不善所釣。（淮南子・說山）

> 明月之珠，蚖之病而我之利，虎爪象牙，禽獸之利而我之害。
> （淮南子・說林）

　　善射善釣，自射者釣者看來，是極好的，自所射所釣者看來，卻是極不好的。同此明珠，在蚖是病而在人是利，同此爪牙，在虎象是利而在人是害。這正是因為衡量的主觀不同類，故其所見利害恰恰相反。亦有同此衡量的主觀，祇因衡量時所用的標準不同，其先後恆定的價值便隨以有異。

> 騏驥驊騮一日而馳千里，捕鼠不如狸狌。（莊子・秋水）

　　我們若用行遠來做衡量標準，騏驥驊騮是良馬，若用捕鼠來做衡量標準，他們便變成廢物。同此事物，而見利見害，彼此可以相反，有用

無用，先後可以不同。由此可見，事物本身原沒有固定的價值，是無善無惡的，因此也是可善可惡的。

> 仁人之得飴，以養疾侍老也，跖與企足得飴，以開閉取楗也。
> （呂氏春秋・異用）

同是飴，而仁人用之以為善，盜跖用之以為惡。所以：

> 善用之則為福，不能用之則為禍。（呂氏春秋・蕩兵）

這兩句話實在可以適用於一切事務，而足為我們避禍就福的指南針。

　　一切價值既都出於主觀的衡定，故若衡量的主觀相同，衡量的標準又相同，則其衡定的價值亦必相同。世間有些事務好像具有固定的價值者，其故即在於此。譬如水火，人人認為有益，又如病菌，人人認為有害。這些事物好像是常善常惡，而不是無善無惡的。但這些事物之所以好像常善常惡，我們若細加審察，便可知道，正因為自古以來人人持著同樣的標準去衡量，纔有這樣公認的價值。人人要止渴，要洗濯，要灌溉，要行舟，而水之為物正合於這些用處，因此大家公認其為有益，然水能載舟，亦能覆舟，水能灌溉農田，亦能淹沒禾稼，水又豈是常善的。人人希望保持身體的健康，而病菌正足以阻礙這種希望，所以大家公認其為有害。假若有人願意速死，則病菌不復於此人有害了。如此推究價值之所由起，價值之非物體所固具，當可瞭如指掌。

　　價值雖非事實所固具，但與事實的性質及作用具有極密切的關係。因為價值並不能憑空衡定，而是就事實的性質及作用予以衡定的。我們持著某種標準去考察事物，若發現某一事物具有某種性質或作用足以達成此標準之所期望，我們自不能不認其為有用，不復能予以相反的價值。譬如我們製衣服，希望其能夠經著。結實的布耐久，稀鬆的布不耐久，則結實的一定是好的，稀鬆的一定是不好的。結實與好，稀鬆與壞，其間具有必然的關係，斷不能顛倒其說，謂結實為壞，謂稀鬆為好。如此說來，又好像事物性質，其本身即足以決定事物的價值，而價

值並非隨主觀以轉移。

　　但我們不要忘記，此種必然關係祇是在某一衡量標準之下方能存在。標準一經更換，此項關係也便隨之變動。在耐久經著的標準下，結實一定是好，稀鬆一定是壞。假若用以濾水，則稀鬆的布反有用，而結實的布反無用了。所以事物的性質與事物的價值依然是兩件事，不是一件事。一切價值起於衡量的結果，故從價值與衡量的關係上講，衡量是主，價值是從。

自然法則與當然法則

　　認識與衡量不同，故其所獲致的道理亦不相同。認識所獲致的是自然的道理或自然法則，衡量所獲致的是當然的道理或當然法則。例如火性就燥，是自然的道理，防火應當曲突徙薪，是當然的道理。又如人有佔有欲，是自然法則，佔有不可害及他人的利益，是當然法則。事實與價值，自然與當然，各應分別清楚，不可混同。若有混同，便成思想上的過失。

　　世上犯這種混同過失的人所在多有。譬如喜新的人以為新的無一不是好的，舊的無一不是壞的。主張西化的人以為西洋的沒有不是好的，中國的沒有不是壞的。這種見解把事實誤認為價值，足以蔽塞聰明，淆亂是非，亟宜予以辯正。新舊是事實上時間方面的性質，西洋的與中國的是事實上空間方面的性質。我們誠然也承認，新的中間有許多是好的，舊的中間有許多是壞的，但我們同時也不可忘卻，新的中間也有壞的，舊的中間也有好的。所以新舊和好壞並不是無限制的具有聯帶關係。新的不一定勝過舊的，舊的不一定弱於新的。一張新鈔票不能比舊鈔票買更多的東西，一首舊日的名詩定比新作的歪詩更為人所傳誦。地域之與好壞也沒有聯帶關係。所以我們欲評定制度文物的價值，必須以國家興盛人民康樂為標準，以歷史背景社會環境世界大勢為參證，縝密研討，纔可以下斷語。若但憑時間上或空間上的性質，以定取舍，未免

太籠統太輕易了。這樣貪懶取巧，實在辱沒了我們的思想。

又如有人看見人類有利己心，便提倡利己主義，有人看見歷史上嘗有階級鬥爭的事實，便提倡階級鬥爭主義，將自然法則移作當然法則。須知人心與史實並不都是盡善盡美，並非統統值得提倡，自然的不一定是當然的。洪水氾濫，飄失廬舍，淹斃人畜，這是自然的現象，卻不是我們所歡迎的，不是我們所認為有價值的，所以我們築堤濬河，努力防止這種現象的發生。因勢利導，設法控制，纔是當然的，纔是有價值的。人心的利己，社會的鬥爭，我們縱使無法令其絕滅，也應當設法令其調節緩和，斷不能因其是自然的現象，便不問利害如何，貿然加以提倡。我們控制自然的力量誠然有限，但在力所能及的範圍內，人為一定勝過天然。一幅名畫比一幅最精緻的照相來的更有價值，便是一個極好的例證。

上所云云，祇在說明事實與價值自然與當然之不可混同，並非說衡量價值可以忽略事實乃至抹煞事實，建立當然法則可以不顧自然甚且違反自然。價值雖非事實，當然雖非自然，但欲建立當然法則，卻不可不以自然的道理為參證。《呂氏春秋》曰，

> 三代所寶莫如因，因則無敵。（貴因）

> 使烏獲疾引牛尾，尾絕力勤，而牛不可行，逆也，使五尺豎子
> 引其捲，而牛恣所以之，順也。（重己）

《淮南子》云，

> 是故禹之決瀆也，因水以為師，神農之播穀也，因苗以為教。
> （原道）

英人培根也說，要想制伏自然，須先隨順自然。所以我們必須先知道了水性，因其自然之勢而範圍之，疏導之，方足以治水，若逆著水性去治水，其結果必至潰決而不可收拾，愈治而為害愈大。

第三講
契合事實

思想三要

　　正確思想所必須遵守的條件誠然甚多，但最基本而最重要的條件不過三個，其餘都屬次要。這三個條件是什麼呢？一是契合事實，二是辨別同異，三是眾端參觀。這三件事情，乍看似很平凡，而正確思想的基礎實在於此，因其關係重大，故總稱之為思想的三要。

　　我們當思想的時候，不論所思的是尋常日用的事情或是高深玄妙的道理，都須履行這三要。三要能統統徹底做到，思想一定可以真，假使有一要沒有能夠做到，思想必有過失。古今的詭辯邪說，若細為推究，都是於此三要之中有所違反，或則不與事實符合，或則同異混淆不清，或則蔽於一曲而有所偏。所以我們倘欲獲致正確的思想，應當遵行三要，欲破斥邪僻的議論，也須應用三要。這三要實在是立正破邪的指南針，而應為我們所極端重視的。

事實與是非

《莊子》曰，

夫知有所待而後當。（大宗師）荀子曰，

知有所合謂之智。（正名）

思想本是自然的事實之一，故若專就思想本身而論，應與別的事實同樣，也無所謂是非，是非之所以生，生於有所待有所合，亦即生於主觀有所依據以為衡量。然則所待所合者是什麼，主觀所持以衡量思想的是什麼。簡括言之，即是事實。

今如有兩個思想於此，一曰地是方的，一曰月是圓的。我們若把這兩個思想當作兩件心理現象看待，即當作兩件自然的事實看待，而不加以衡量，則這兩個思想結構相同，無可軒輊。及至我們把這兩個思想的內容與事實對照，發現地是方的這個思想與事實不相符合，乃始謂之為非，月是圓的這個思想合於事實，乃始謂之為是。所以思想的是非不出於思想本身，而決於契合事實與否，我們既欲存是去非，則契合事實之重要自無待煩言了。現代科學競以經驗科學相標榜者，即在表示其重視事實之契合。

一切事實莫不用經驗已為我們所知道。具體的事實，如庭前的牡丹盛放，林間的小鳥亂啼，莫得之於目見耳聞，固無論已。即如抽象的事實，普遍的原理，乍看似與經驗無關，若追溯其由起，亦莫不一一還原到經驗。我們看見這匹牛能任重，那匹牛亦能任重，積聚了無數同樣的經驗，乃構成牛能任重這樣普遍原理。所以一切智識都以經驗為基礎。而欲檢驗智識內容是否與事實相合，亦唯有以經驗為究竟的證人。故現代科學都謹守經驗的範圍，必須經驗所能直接知道，或根據經驗間接可以推知的，總認為科學的智識。認識的本職在於獲致事實的真相，故認識之必須契合事實，用不到多說。

衡量的本職雖在評定價值，但衡量亦不能離卻認識。倘然認識不清，衡量亦必隨以不當。如說運動有益於人生。為什麼可以稱之為有益呢。正因為肌肉筋骨隨以活動，可以增進身體的健康。而肌肉筋骨的活動，身體健康的增進，在思想言之，是認識，在對象言之，是事實。這認識與事實若能兩相符合，則此衡量為得當。假若事實上肌肉筋骨並不隨以活動，或雖活動而其結果並未增進身體的健康，認識不能與事實相符，則此衡量便為失當。

由此可見，衡量的當否也以契合事實與否為其先決條件。所以我們無論辦理什麼事情，必須先把實際情況認識清楚，然後針對事實，決定辦理方針，纔可以進行順利，收穫預期的效果。

譬如經營商業，必須調查市面供求的情況，以定營業的計劃。若昧於市況，專憑一己的臆測，貿然從事，便不會有很大的成功。國家政令亦復如此，針對事實的方案纔有價值。某地歉收，食糧不足，在籌劃救濟的時候，必先查明歉收的情況，不足的數量，以及附近地方有無餘糧，何處所餘最多，何處運輸最便，然後依以訂定最迅速最經濟最有效的辦法，付諸實施，纔可以事半功倍。更進一步，研究歉收的原因，還是由於人力不勤，還是由於地力不足，還是由於水利不興，還是由於蟲害未除，還是由於作物的種類不合地宜。把原因研究明白，始能製成適切的方案，以為治本之計。現代政治之重視調查統計，其故即在於此。

《晉書‧惠帝紀》云，

> 及天下荒亂，百姓餓死，帝曰，何不食肉糜。

教人食肉糜，其用意豈不甚善，只因與事實相去太遠，所以傳為千古笑談。《墨子》三表，

> 有本之者，有原之者，有用之者。於何本之，上本之於古者聖王之事。於何原之，下原察百姓耳目之實。於何用之，廢（古與發字相通）以為刑政。（非命上）

其所本所原所用，都是以往的經驗與未來的實效。可見中國古代的名學家已以契合事實為思想的要務了。

認識的大忌

思想必須契合事實，故構造事實歪曲事實抹煞事實逃避事實都是思想所大忌的。然而世人犯這種毛病的所在多有，不論其出自無意或出於

有心，都足以淆亂是非而自誤誤人。所以必須把這種情形徹底掃除，然後纔有獲致正確思想的希望。

認識事實而與之契合，原不是一件容易的事情。《韓非子》說得好：

> 客有為齊王畫者。齊王問曰，「畫孰最難者」。曰，「犬馬最難」。「孰易者」。曰，「鬼魅最易」。夫犬馬，人所知也，旦暮罄於前，不可類之，故難。鬼魅無形者，不罄於前，故易之也。（外儲說）

犬馬是人所常見的，而反難畫，正因為畫犬畫馬必以認識為本，認識得不甚真切，所畫便不像真犬真馬。鬼魅是人所不能見的，祇憑著想像去描寫，既沒有事實與之對照，則畫得像與不像便沒法批評。

由此可見，思想內容，求其契合事實，較為困難，而任意構造，反較容易。於是有些貪懶的人便想避難就易，專憑想像去構造事實，不肯腳踏實地去認識事實。但我們得智識祇有與事實契合的方能發生效用，方能以之應付事實，控制自然。故契合事實雖不容易，我們斷不可因其難而稍存畏縮的念頭，卻應加倍努力以求完成。至若想像所構造的終究是空中樓閣，縱使構造得很近事實，而差之毫釐謬以千里，畢竟是靠不住的。

所以現代科學戒絕玄想，尊重事實，必於經驗內有根據的方承認其為科學的智識，非經驗所能證實的則一概予以擯棄。其實中國古聖賢早已以此意教誨我們了。孔子曰：

> 知之為知之，不知為不知，是知也。（論語為政）

《荀子》曰：

> 知之曰知之，不知曰不知，內不自以誣，外不自以欺。（儒效）

《莊子》曰：

> 六合之外聖人存而不論。（齊物論）

又曰：

> 故知止其所不知，至矣（齊物論）

三家所說都在教戒我們，謹守智識的範圍，不可拿玄想所得當作事實。

認識要想契合事實必須探求事實的真相以與之符合，切不可歪曲解釋以求符合己意。物體若是白的，即須承認其為白，斷不可曲解其為黑。趙高的指鹿為馬，是歪曲事實中最極端的一例。我們常人雖不至如趙高那樣胡鬧，然亦往往為了要貫徹自己的主張，不惜把一切事實解釋得與自己的主張相符。例如信命的人把貧富窮達成敗夭壽統統委之命運，視為人力所無可奈何。心裏懷了成見，正好像戴上了著色的眼鏡，所戴是墨鏡，看出去一切都作灰色，所帶是藍鏡，看出去一切都帶些藍色。成見影響之大，可引《列子》所說作一個例證。

> 人有亡鈇者，意其鄰之子，視其行步，竊鈇也，顏色，竊鈇
> 也，言語，竊鈇也，作動態度，無為而不竊鈇也。俄而扣其谷
> 而得其鈇，他日復見其鄰人之子，動作態度無似竊鈇者。（說
> 符）

成見足以蔽明塞聰，足以歪曲事實，是正確思想的一大障礙。所以我們必須掃除成見，虛懷若谷，庶幾我們的思想得以契合於事實。

我們常人還容易犯一種毛病，即抹煞事實。大凡我們所希冀其存在的，往往輕信其有，我們所不願意其存在的，往往堅信其無，甚至一件極明顯的事實，擺在眼前，亦以其不合己意之故，置之不聞不見，甚且悍然予以抹煞。

> 淮南王安……入朝，……，武安侯……與王語曰，「方今上無

太子，大王親，高皇帝孫，行仁義，天下莫不聞，即宮車一
日晏駕，非大王當誰立者」。淮南王大喜。……諸使道從長安
來，為妄妖言，言上無男，漢不治，即喜，即言漢廷治有男，
王怒，以為妄言非也。（史記‧淮南王傳）

淮南王以漢帝有男為妄，可為抹煞事實的一個例。

但事實是客觀的，不是主觀所能令其或有或無的。主觀上縱予以抹
煞，客觀上依然存在，抹煞了雖可藉以獲得暫時的安慰，然而無補於實
際。抹煞事實有時足以釀成危機。因為有了問題，必須謀所以應付，今
強有作無，不預為準備，則一旦問題逼緊，便要弄得手足無措。所以抹
煞事實應為思想所切忌。

除此之外，思想上還有一種毛病，即是逃避事實。所謂逃避事實
者，即言避開問題的核心，不與接觸，而專在不相干的事情上喋喋難
辯。第一講，提及的鄧析兩可之說，可為一例。鄧析告富人曰：「安
之，人必莫之賣矣」，其意以為此屍沒有別人要買，所以買者可以任意
抑價。又告得死者曰：「安之，此必無所更買矣」。其意以為此屍沒有別
處出售，所以賣者可以隨意抬價。然照通常的情形而論，必須沒有別
人要買，同時又有他處出售，祇有人競賣，沒有人競買，於市買者乃得
抑價賤買。但富人贖屍的情形，與此不同，雖沒有別人要買，卻亦沒有
他處出售。又必須沒有別處出售，同時又有他人要買，祇有人競買，沒
有人競賣，於是賣者乃得抬價貴賣。現在富人贖屍的情形，與此亦復不
同，雖沒有別處出售，卻亦沒有他人要買。此屍既無競買，亦無競賣，
所以既不能由買者任意抑價，也不能由賣者任意抬價。這是此項買賣的
實際情況，而鄧析偏偏避開不談，專就與本問題不相關涉的事情立論，
教人抑價抬價。說來雖像很有道理，然祇是供詭辯家用以欺人，若欲持
以解決問題，處理實務，必不能發生絲毫效用。所以逃避事實也是思想
上的大忌。

名言與事物

名言之為用，所以代表其所名之事物，故正如《莊子·逍遙遊》所云：

名者實之賓也。

事物是主而名言是賓。名言既是事物的代表，必須代表得確切，代表得詳盡，沒有絲毫參差遺漏，方足寶貴。《荀子》曰：

故王者之制名，名定而實辨，名聞而實喻，名之用也。（正名）

荀子此說，把名言應盡的任務說得很清楚，即凡制名制得確當的，一見其名，即知其必為此實，不為他實，無可游移，不會迷惑，且能令人如實了知，不致發生誤解。

然而我們所用的名言，未必都能盡其應盡的任務。中國文字大抵有偏傍以表示所名事物的種類，例如屬於木類的用木傍，屬於鳥類的用鳥傍，屬於手的動作用手傍，屬於口的動作的用口傍。此在實用上確有其方便之處。我們見了一個木傍的字，雖不能知其為何木，至少亦可知其屬於木類。但古人造字命名的時候，智識尚未豐富，古人依據當時的智識程度，雖以斟酌至當，而由現在看來，或尚有不盡適切的所在。我們於思想之時，若拘執名言而忽略事實，難保不有錯誤發生。古人以為鯨屬魚類，珊瑚屬玉類，故鯨字從魚，珊瑚從玉。時至今日，若仍盲從偏傍，以為鯨必是魚，珊瑚必是玉，則未免太不合科學智識了。又如貞，高誘曰：

貞蟲，細要蜂蜾蠃之屬，無牝牡之合曰貞。（淮南子·說山注）

若因其名貞，而信其真無牝牡之合，也未免過信了。現代新制的名詞亦有不甚確當的。水泥並不是水中的泥，電影並不是電的影。我們若望文生義，將與謂鯨為魚的同樣不合事理。

　　我們思考事物，雖不能不借助於名言，但名言究竟是賓，不可喧賓奪主。所以我們認識之時，務須即事即物以窮其理，切不可拘於名而遺其實。

> 宋人有游於道，得人遺契者，歸而藏之，密數其齒，告鄰人曰，「吾富可待矣」。（列子・說符）

假虛契以求實富，已覺可笑。

> 鄭人有欲買履者，先自度其足，而置之其坐。至之市，而忘操之。已得履，乃曰，「吾忘持度」，反歸取之。及反，市罷，遂不得履。人曰，「何不試之以足」。曰：「寧信度，無自信也。」（韓非子・外儲說）

信符號而不信實際，尤為荒唐。

　　這兩段寓言都足發人深省。我們求智，若不從事實著手，努力探討，而只曉得在名言上悉心講求，甚且盲從名言奉為至寶，則與此宋人鄭人又有什麼分別。我們不要徒笑宋人鄭人的愚蠢，應常引以為思想上的鑑戒，切勿誤名以為實，尤不可重名而輕實。

第四講
辨別同異

思想與同異

《荀子》曰：

> 貴賤不明，同異不別，如是則志必有不喻之患，而事必有困廢
> 之禍。故知者為之分別制名以指實，上以明貴賤，下以辨同
> 異。貴賤明，同異別，如是則志無不喻之患，事無困廢之禍。
> 此所為有名也。（正名）

荀子對於辨別同異，非常重視。認為名學上主要任務之一。墨子也說：

> 夫辯者，將以明是非之分，審治亂之紀，明同異之處。……
> （小取）

辨別同異確是理則學上的要務，因為思想的根本功用無非把相同的予以
聯合，把相異的予以離析，亦即無非肯定與否定而已。

如言馬是動物，試問我們為什麼可以把馬與動物聯合以作肯定判
斷，正因馬的性質中含有動物性的一切，在此點上馬與動物是相同的。
又如言馬不是牛，我們之所以離析馬牛以作否定判斷，亦正因馬有馬
的特質，牛有牛的特質，馬性與牛性兩不相同。思想的根本功用既在
於離合，而離合又起於同異，所以必先把同異辨別清楚，而後離合纔有
意義，思想纔能正確。假若同異辨別不清而胡亂離合，應合的反予以離
析，應離的反予以聯合，那便要是非顛倒了。

　　不但簡單的思想是如此，即複雜的思想亦無一不然。譬如法官判案，何嘗不是同異的離合。其判決某甲犯刑法所定某條的罪，應該處某種刑罰，即是把某甲所為與刑法某條所定認為相同，而把兩者聯合起來。其判決某乙無罪，即是認定某乙所為與刑法各條所定均不相同，而把兩者予以離析。若其認為相同相異者，事實上果然如此同異，則這些判決是適當的，假若事實上並不相同或並不相異，則這些判決便錯誤了。所以判案的中心工作在於認識同異，而判案之確當與否亦繫於同異辨別之是否清楚。

　　再如衡量行為的善惡，亦同此理。我們懷有許多善惡的標準，舉例言之，舊人苦難是大家所認為善的，損人利己是大家所認為惡的。某甲施捨財物以救貧苦，其行為適與救人苦難的理想相合，乃謂之為善。某乙盜竊財物以供己用，其行為適與損人利己相合，乃謂之為惡。故必行為與標準的同異辨別得清楚，衡量方能得當，辨別得不清楚，衡量便要失當，同異的辨別對於思想的是非，其關係之大有如此者。

　　世間事物的同異，有些是容易辨別的，有些是不容易辨別的。大體說來，事物間的形體性質相差愈大，則辨別愈易，相差愈少，則辨別愈難。所以孔子「惡似而非者」。（《孟子・盡心下》）《淮南子》亦言：

> 同異嫌疑者，世俗之所眩惑也。（氾論）

又云：

> 故劍工惑劍之似莫邪者，唯歐冶能名其種，玉工眩玉之似碧盧者，唯猗頓不失其情。（同上）

無形的事理，其同異之辨別尤為不易。

> 事君盡禮，人以為諂也。（論語・八佾）

> 狠者類知而非知，愚者類仁而非仁，戇者類勇而非勇。（淮南子・氾論）

所以稍一疏忽，便要失之混同。辨別同異，正非易事，亦正唯因其不易，所以理則學上不得不特別重視。

同異辨別的分際

理則學雖重視辨別同異，然其辨別亦有一定分際。因為天下事物，正如《莊子》所說：

> 自其異者視之，肝膽楚越也，自其同者視之，萬物皆一也（德充符）

及惠施所說：

> 萬物畢同畢異。（莊子・天下）

譬如人與牛馬，從同的方面看，同是動物，推而遠之，人與草木同是生物，人與土石同是有形之物。所以在大處著眼，天下事物莫不相同。反過來從異的方面看，人有生命，與土石不同，人有知覺，與草木不同，人有理性，與牛馬不同，人類之中又有古今中外男女老幼智愚的分別，人與人又不相同，乃至今日之我與昨日之我亦不無多少差異。所以在小處著眼，天下事物莫不相異。假使這樣徹底辨別，那末思想或則祇有合而不能有離，或則祇有離而不能有合，或則同此事物離合可以並施。如此，豈不令思想喪失效用，而是非無從確立了。所以理則學之辨別同異應適可而止，並不是無限制的。當時的論點需要辨別至如何程度，即辨別至此程度而止，不可太過，亦不可不及。

譬如《孟子》所說：

> 填然鼓之，兵刃既接，棄甲曳兵而走，或百步而後止，或五十步而後止。（梁惠王上）

倘然我們現在只討論走的問題，那末祇要說到走與不走的有異，不必更

問五十步與百步的不同。假使我們所要討論的不僅是走的問題，還要追問走的遠近，那末五十步與百步的差異便不可放過了。

又如《列子》云：

> 宋有狙公者，……損其家口，充狙之欲。俄而匱焉，將限其食。恐眾狙之不馴於己也，先誑之曰，「與若茅，朝三而暮四，足乎」。眾狙皆起而怒。俄而曰，「與若茅，朝四而暮三，足乎」。眾狙皆伏而喜。……名實不虧，使其喜怒哉。（黃帝）

若專就一日之間所給予的總數而論，則朝三暮四與朝四暮三確無分別。若兼論其分配數量，則先少後多與先多後少既有差異，而其效用亦未必相同。因為同此二事，其效用大小往往受分配先後的影響，先後得當，則以增多效用，先後失當，足以減損效用。淮南子說的很透徹。

> 春貸秋賦民皆欣，春賦秋貸眾皆怨。（說山）

所以辨別同異，或深或淺，應隨常時的論旨而定。

因明講同品異品，所謂同品者即是同類的事物，所謂異品者即是異類的事物，因明推理，必取譬同品以堅其義，同時又必借鑒異品以供反證。而其所云同異亦依當時的論旨以為轉移。如立論曰某甲是人，則除了某甲以外，祗要是人，便是同品，其不是人者都是異品，祗辨至是人與非人而止，不更問其他同異。若立論云某甲是少年，便須更進一步，在是人非人之外，兼辨其年齡之同異，於是老壯與嬰孩雖同是人，也應一律轉入異品，獨留年少之人作為同品。辨別同異若不能適應當時的論旨而深淺失宜，則必釀成思想上的過失。

> 鄭縣人卜子使其妻為袴。其妻問曰，「今袴何如」。夫曰，「象吾故袴」。妻因毀新令如故袴。（韓非子外儲說左上）

這是失之過深的一個笑話。「象吾故袴」的立論主旨一定是專指故袴的形狀大小而言，必非泛指一切，製作新袴，祗需形狀大小與故　相同。

今竟「毀新令如故袴」，連敝敗的情形也與故袴一致，同得太過，便消滅了新製的效用。這雖是一個極端的例子，有常識的人絕不會犯如此的錯誤，然即小可以喻大，亦足引為我們思想時的鑑戒。

> 楊朱之弟曰布，衣素衣而出，天雨，解素衣，衣緇衣而反。其狗不知，迎而吠之。楊布怒，將撲之。楊朱曰：「子無撲矣，子亦猶是也。嚮者使汝狗白而往，黑而來，豈能無怪哉」。（列子說符）

這是一個失之過淺的例。衣服被體，狗毛亦被體，就此點而論，誠然是相同的。但衣服可以隨時脫換，故可以解素而易緇，狗毛澤故著於狗身，不能隨脫換，豈能白而往黑而來。這是衣服與狗毛不同的所在，今討論服色的變換，乃僅辨至被體的同，不進而辨其固著與否的不同，故其比擬不能說是確當的。由此可見，同意辨別的分際，其關係亦至為重大。

同實異故

亦有事實，其行跡全同，而其所以然不同，此亦不可以不辨。

> 敬人有道，賢者則貴而敬之，不肖者則畏而敬之，賢者則親而敬之，不肖者則疏而敬之。其敬一也，其情二也。（荀子・臣道）

> 狂者東走，逐者亦東走，其東走則同，其所以東走之為則異。（韓非子・說林上）

> 狂者東走，逐者亦東走，東走則同，所以東走則異。溺者入水，拯之者亦入水，入水則同，所以入水者則異。故聖人同死生，愚人亦同死生，聖人之同死生，通於分理，愚人之同死

生，不知利害所在。……故寒顫，懼者亦顫。（淮南子・說山）

今有殺人者。或問之曰，「人可殺與」，則將應之曰，「可」。彼
如曰，「孰可以殺之」，則將應之曰，「為士師則可以殺之」。
（孟子・公孫丑下）

以上所引都是古人辨析名理極精審的言論，足為後世師法。

今假有人作推理云，殺人者應處死刑，劊子手殺人，所以劊子手應
處死刑。這個推理，衡以三段論法的軌式，絲毫未有違反，應當是沒有
過失的論式。然其結論斷非事理所許。因為若果照結論所說去實行，則
殺一犯人，即有一劊子手處死刑，而此劊子手的死刑，又須第二劊子手
去執行，於是此第二劊子手又處死刑。如此依次處刑，勢非殺進劊子手
不止，天下寧有是理。

此項結論致誤之由，蓋在同實異故之未能辨清。我們若能適用孟
子所說士師殺人的道理，即不至於釀成如是的錯誤。殺人者應處死刑句
中的殺人與劊子手殺人句中的殺人，雖同屬殺人，然其所以殺人則大不
同。第一句中的殺人或因報復私仇，或因謀奪財產，是國法所禁止的。
第二句中的殺人則出於除暴安良，而是國家命令其執行的。同時異故的
不得仍謂之同，亦不得以之為媒介而有所推論。

再如有人主張，戰爭是罪惡。此種說法亦嫌過於籠統，容易令人陷
入迷途。因為我們知道，同是戰爭，而其所以戰爭則不必相同，有為侵
略而戰者，有為抵抗而戰者。侵略的戰爭誠是罪惡，至於抵抗的戰爭則
不然。一個國家受人侵略的時候，豈有坐以待亡不予抵抗的道理。為救
亡而作戰，是國家的神聖義務，斷不能與侵略的戰爭等量齊觀。所以同
實異故必須辨別清楚，方可以免除是非的混淆。

同名異實

《荀子》曰：

> 同則同之，異則異之……知異實者之異名也，故使異實者莫不
> 異名也，不可亂也，猶使異實（楊倞注，或曰異實當為同實）
> 者莫不同名也。（正名）

同實者莫不同名，異實者莫不異名，於是一名祇有一義，不能兼作他
解，荀子此種主張最合制名的理想，是學術上所切望的。

　　但事實上的名實關係紛紜淆亂，與理想所蘄求的簡單劃一，相去甚
遠。有同此一實而異其名的，也有不同的實而同用一名的。曰華曰夏曰
中國，其名雖異，其實則同。至於同名異實的，比諸異名同實，其數尤
多，常用的名言，除了極少數以外，都含有兩種以上的意義。「剡木為
矢」（《易・繫辭下》）的矢與「殺而埋之馬矢之中」（《左傳》）的矢，
同是矢字，而其義大異。「君臣離散」（墨子所染）與「子獨先離之」，
（《莊子・則陽》）同用離字，其意義竟至相反。現代所制的名詞亦多此
弊。如曰人格，有心理上之所謂人格，有法律上之所謂人格，有道德上
之所謂人格。此諸種人格雖互有關涉，然其主要點不同。具有心理上的
人格者不得即謂其具有法律上的人格，具有法律上的人格者亦不得即謂
其具有道德上的人格。又如法人二字，可解作法蘭西人的簡稱，亦可解
作法律上所擬制的人格。兩者雖同名，其實卻毫無關聯。異名同實在思
想上的為害較淺，同名異實在思想上的為害極深。我們於用名之際，若
只注重字面上的同，而不辨別其意義上的異，則必引致思想的混淆，而
鑄成大錯。試設一例，法人不具血肉之軀，盧騷是法人，故盧騷不具血
肉之軀。其兩個前提都合事實，其推理軌式亦未有誤，而結論之所以如
此荒誕不經，正由於同名異實之未能辨清。所以一名多義，在理則學看
來，是一件極大憾事。

　　然詭辯者方居為奇貨，乘人不加深察，利用之以遂其顛倒黑白文過

飾非之計。《呂氏春秋》內有一段話，可引以為例。

> 齊有事人者，所事有難而弗死也。遇故人於塗。故人曰，「固
> 不死乎」對曰，「然」。……故人曰，「子尚可以見人乎」。對
> 曰，「子以為死顧可以見人乎」。（離謂）

此中前後兩個見字分明是同名異實。問者所說的見字側重道德意義，
謂其不能死難，理應沒有面目見人。答者故意裝作未解此義，專取見字
任知覺方面的意義以為反駁，謂不死纔能看見人，難道死了反能看見人
嗎。答非所問，確是詭辯的一個適例。但一經把見字的意義辨別清楚，
則此詭辯便失所依據，由此可見，同名異實的辨別是何等重要。

　　同名異實若果辨別清楚，不但可以免掉思想的混淆，並且可以省卻
許多不必要的紛爭。因為有許多爭辯不一定起於意見的不同，卻祇是起
於用語的歧義。譬如有人取道德上的意義以立論，謂惡人沒有人格，
另一人則取心理上或法律上的意義加以反駁道，惡人亦有人格。兩人所
說，各就其所取之義言之，都合事理，且因為取義不同，祇是表面上相
反，並不是實質上牴觸。兩人若互相說明其所取之義，必且互相贊同，
本無所用其辯駁。

　　所以因明定有規律，論辯時所用的名言必須極成。所謂極成者，即
言雙方採用同一意義。蓋必極成，而後雙方所說纔能針鋒相對，纔有論
辯的價值。

第五講
眾端參觀

一曲之蔽

某報嘗載一笑話，某偏僻地方有一老翁，聽人說起，鄰縣築了公路，路上有一種車子，叫做汽車，不用人挽，不用牛引，自己能夠行駛。老翁覺得新奇，於是不遠數十里走到公路上去親自查看。適值那時有一輛汽車，機器發生了毛病，不能轉動，正用牛拉著往前進行。老翁見了，遂斷定人言之不可靠，而汽車還是需用牛力引以前進的。此事雖小，足以喻大。根據一兩次偶然的經驗，欲以論定全局，這是極危險的事情，往往與此老翁陷入同樣的錯誤。所以荀子說：

> 凡人之患，蔽於一曲而闇於大理。（解蔽）

見聞狹隘而不自知，以為天下道理已盡於此，自足自安，不更求徹底的認識，這卻是思想上的大患，挽救的方法在於增廣我們經驗的範圍，不任其侷促於一隅，擴展我們思想的方向，不任其阻滯於一途。此種周觀兼察的方法還沒有一個適當的總名。韓非子上有一句話，叫做「眾端參觀」（〈三守〉又〈內諸說上〉），原係就人君的法術而說，然若移以名此方法，頗足以顯示其意義，所以姑且借以為名。

某一事物，若其各部分的性質是均等的，則我們知道其一部分，即可據以推知其全體，若不是均等的，便不可推知。例如嘗了肉的一臠，可以知道全鑊的肉味，看見豹的一斑，不能推知豹的全身。所以我們要知道某一事物的整個情況，除了深知其各部分確是均等的以外，總須徧

觀其各部分，方纔可以得到正確的認識。若貪懶不去一一觀察，其結果必等於盲人捫象，各捫得象身的一端，而自詡為全象的實況。至於同類的事物，誠然有如商品，看見了若干件樣本，即可論定其品質。例如我們所見的雞都是兩足有翼而不善飛，我們所見的犬都是四足有毛而齒甚利。我們所能看見得雖是雞類犬類中的極少數，但我們可以推定世間一切雞犬都是如此。然而自然界的事物不一定如此整齊。有鰭有尾而生息水中的，如鯉如鯽以及其他魚類，都是卵生。若即此定為原則，並以概括鯨類，便錯誤了。鯨類的形態雖大體與魚類相同，而且也生息水中，但鯨類是胎生，不是卵生。一般哺乳動物都是胎生的，可是也有例外，有所謂單孔類者，獨是卵生。觀察稍不周道，便要造成錯誤的結論。所以我們在認識的時候，不可忽略了眾端參觀的道理。

但雖須眾端參觀，卻亦不作過分的要求，並不要我們把全部個體觀察周徧，然後始作結論。這是人力所做不到，而且是道理上所不需要的。所要求於我們的，若就某一大類欲有所論斷時，必須將此大類所攝的全部小類，一一選出若干樣品，周密觀察，任何一類不可遺漏。因為稍有遺漏，說不定所遺的一類正是例外。我們倘能做到此點，便可根據這些部分的智識擴展為關於此類事物的普遍智識，這就是通常所說的歸納推理。

歸納推理能把無數的個別經驗整理綜合，造成有限數的普徧原理，於是我們對於世間無窮繁複的事物，得藉若干原理，分別羈束，而不患其不受控制。這種執簡御繁的效果實在是思想最可寶貴的功用，也是一切文化所賴以進步的，所以有人謂科學的最大特色在於思想經濟。歸納推理至可寶貴，所以我們必須慎重將事，斷不可作輕率的概括。未能眾端參觀而輕下斷語，致與事實不相符合，則不但不足以發揮歸納推理的效用，反足以陷思想於錯誤。故認識之時，最須留意例外的事實，歡迎特異的經驗，庶幾藉以救正我們歸納失實的毛病。

偏傷之患

眾端參觀，在認識事實上固屬重要，在衡量價值上也是同樣重要。關於此點，荀子說的很痛切。《荀子》曰：

> 欲惡取舍之權，見其可欲也，則必前後慮其可惡也者，見其可
> 利也，則必前後慮其可害也者，而兼權之，孰計之，然後定其
> 欲惡取舍，如是則常不失陷矣。凡人之患，偏傷之也。見其可
> 欲也，則不慮其可惡也者，見其可利也，則不顧其可害也者，
> 是以動則必陷，為則必辱，是偏傷之患也。（不苟）

荀子這一段話非常精闢，真不愧為名學大家的言論，真足令人受用無窮，我們在衡量價值的時候所當拳拳服膺，不可須臾忘懷。

我們常人確如荀子所說，很容易犯一種毛病，見了有利而可欲的，祇曉得從有利可欲方面去著想，見了有害而可惡的，祇曉得從有害可惡方面去著想，不克放大眼光，轉向別的方面再去想一想。所謂利令智昏，即是此種毛病的結果。見了有利有害而能自己更加一番考察，所見的利害是否真利真害，由此所得的結論在推理上有無過失，這樣審慎的態度已屬不易多得。及至考察的結果，見其理由正確，推理中程，更將毫不躊躇，確信自己的衡量為得當，不復搜求別的理由來試為推論，其所得結論是否可以相同，抑或完全相反。這樣專顧一方面而不能夠旁求兼收，其所作主張，縱使言之成理而持之有故，亦保不住有所偏頗，不足為至中至正的道理。

衡量所用的標準即是我們平日所懷抱的理想。我們本來懷抱著許多理想，種類既不單純，性質也非一致，原可持以作多種不同的衡量。而我們之所以依然不免有偏傷之患者，因為我們往往拘於當前的環境，或激於一時的感觸，致令某一理想獨佔優勢，全部心力為所束縛。於是我們專持此一理想以為衡量標準，其餘理想雖同樣重要或更為重要，也不遑顧及了。

　　譬如有人鑑於為父母者的劬勞以及兒童教養的不周備，遂提倡生育
節制。又如有人以飲酒之足以忘愁，遂認醉鄉為樂境。至若懷有強烈感
情的，其蔽尤甚。例如復仇之念盤據心中，則其他禮法一切不顧。凡此
依據片而理想所衡定的，都不免是偏頗的見解，及其發之於外，都不免
是偏激的行為。

　　偏頗的見解，偏激的行為，對於人生與社會都不會有好影響，都足
以自誤誤人。

> 魯國之法，魯人為人妾於諸侯，有能贖之者，取金於府。子贛
> 贖魯人於諸侯，來而辭不受金。孔子曰，「賜失之矣，夫聖人
> 之舉事也，可以移風易俗，而受教順，可施後世，非獨以適身
> 之行也。今國之富者寡而貧者眾，贖而受金，則為不廉，不受
> 金，則不復贖人」。自今以來，魯人不復贖人於諸侯矣（淮南
> 子・道應）。

若專以廉讓為衡量標準，子貢的辭不受金，豈不是一件至足稱道的事
情，還有什麼可以訾議之處，而孔子不囿一隅，又從社會影響方面來衡
量，見其不能為他人取法，反足以阻礙他人善行，其廉讓之得不足以償
其失。

　　所以我們衡量事物，若僅依據一二標準，縱使標準正確，論斷無
誤，猶未可即此自足，更未可即此視為定論。

相違決定

　　欲免思想留於偏頗，最好利用因明所說的相違決定。所謂決定者，
就是確切而無可疑的思想，就是具有適當理由的論斷，亦即沒有違反思
想規律的結論。所謂相違者，就是兩相違背，兩相抵觸。所以相違決一
定即是兩個結論正相反對而各具有確當的理由。

　　今如有人主張云，因為某種理由，所以甲是乙，另一人與之作相

反的主張云，因為某種理由，所以甲不是乙。假使這兩個主張，其中一個，理由正確，推論無誤，另一個或則理由不正確，或則推論有過失，則前一主張當然可以摧伏後一主張，而是非的判分亦可不成問題。相違決定則不然，兩個相反的主張各具正確的理由，各合於推論的規律，無從判定其一是一非。《列子·湯問》有一段話，可引以為例。

> 孔子東遊，見兩小兒辯鬥，問其故。一兒曰，「我以日始出時去人近，而日中時遠也。」一兒以日初出遠，而日中時近也。一兒曰，「日初出大如車蓋，及日中則如盤盂，此不為遠者小而近者大乎」。一兒曰，「日初出滄滄涼涼，及其日中，如探湯，此不為近者熱而遠者涼乎」。孔子不能決也。

此中所說，從現代的科學看來，尚有不甚精審之處，但在當時的智識程度，確已認這兩種主張均屬無懈可擊，所以列子說，雖聖如孔子，也不能決其孰是孰非。

關於事實的認識，可做真正相違決定的殆未必有，至若價值的衡量，則幾於無一不可以作相違決定。水之為物，可用以灌溉田畝，也能淹沒禾稼，所以我們一方面可以主張，凡足用以灌溉田畝的都是有用之物，故水有用。他方面又可主張，凡淹沒禾稼的都是有害之物，故水有害。這兩種主張同是持之有故言之成理，不能判別其為一是而一非。又如關於吸食鴉片的價值，亦可作相違決定云，吸食鴉片能提精神治疾病，故屬有利，戕賊身體，廢時失業，故屬有害。

我們對於事物的價值欲作公正的衡量，應當利用相違決定。我們根據某一標準既見其有利，更應變換標準以考察其害處。一個人的思慮不容易很周到，所以他人若有反對的主張，亦應竭誠歡迎，藉以補助自己思慮之所不及，並以救正自己的一偏之見。

相違決定的兩個結論，因明以其無法判別是非，故稱之為不定過。此所云不定過者，即言兩者的孰是孰非不能確定，祇好一律認為過失，然因明亦不欲令其終於不定，亦許用他種理由予以論定。至於我們衡量

時之利用相違決定，更非欲顯示其是非不定，不過欲藉其各有是處，以補偏就敝而已。

權衡輕重

相違決定的效用等於荀子所說的兼權。事物一經兼權，其善惡可以畢露，利害可以並陳，即其積極的與消極的價值可以全部羅列於眼前了。但知道了事物之有善有惡有利有害，而迷所取捨不能作究竟的衡量，則是非陷於無定，而兼權反為贅疣。所以必須更進一步，兼權之後繼以荀子所說的熟計。所云熟計，亦即普通所說的權衡輕重。兼權的結果既將事物的各種價值並列眼前，我們便可進而於其善惡之中，比較其大小，於其利害之中，比較其輕重，更依善惡利害的大小輕重賦以應得的價值。這樣論定的價值纔是事物的真價值，纔合於至中至正的道理而不涉一偏。

譬如中國文字出自六書，筆劃繁多，不易學習，此於普及教育上確有不利的影響。然亦正因其形體固定，不隨聲音而變化，所以古今語音雖不同，今人猶能誦讀古人的著作，此於文化的傳受上為利甚大。又因此故，南北方音雖相去甚遠，口頭談話完全不能了解，而燕趙粵閩的人猶能互通情愫，此於民族的統一上貢獻尤多。由此看來，中國文字有害有利，其為害之處誠亦不輕，然其為利之點更屬重大。兩利相權取其重，兩害相權取其輕，我們自不得不承認中國文字之可寶貴。

故必兼權熟計，方足以顯示事物的真價值，而後施之言論，始克公允，見諸言事，始克平正。世間意見的紛歧，人事的擾攘，往往起於各有所偏。人人若能兼權熟計，則紛歧者可以接近，擾攘者可以寧息了。

因材施教，因時制宜，乍看好像有所偏，又好像沒有定見，其實不然，這正合於兼權熟計的道理。舉例言之。

子路問聞斯行諸。子曰,「有父兄在,如之何其聞斯行之」。冉
有問聞斯行諸。子曰,「聞斯行之」。公西華曰,「由也問聞斯
行諸,子曰有父兄在,求也問聞斯行諸,子曰聞斯行之。赤也
惑,敢問」。子曰,「求也退,故進之,由也兼人,故退之」。
(論語・先進)

公西華不察,以為既教子路不要聞斯行之,想來聞斯行之一定是不對
的,為什麼又教冉有聞斯行之呢。殊不知孔子對於此事,早經兼權熟
計,知道聞斯行之不是絕對的善,也不是絕對的惡,用得其當則可以有
利,不得其當則足以為害,子路兼人,宜稍抑退,若再教以聞斯行之,
益足以加強其病。冉有逡巡畏縮,宜加策勵,所以聞斯行之正足以救正
其失。孔子能夠兼權熟計,所以教人能夠各得其宜,這正是我們所應當
取法的。

第六講
矛盾原則

反對及矛盾

　　理則學上有所謂矛盾原則，是諸原則中最重要的一條，而為理則學所異常重視的，矛盾原則的主旨在於禁絕矛盾，在於要求我們的思想互相符順而不互相抵觸。

　　矛盾之說出自《韓非子》：

> 人有鬻矛與楯者，譽其楯之堅，物莫能陷也。俄而又譽其矛
> 曰，「吾矛之利，物無不陷也」。人應之曰，「以子之矛陷子之
> 楯，何如」。其人弗能應也，以為不可陷之楯與無不陷之矛為
> 名，不可兩立也。（難勢又見難一）

　　韓非子所說的不可兩立，理則學，復依其抵觸程度的淺深，分為兩類，相反程度淺者曰反對，深者曰矛盾，例如冷與熱，多與少，憂與樂，互為反對概念，冷與熱不能並容，正如《淮南子》所云「陰陽不能且冬且夏」。（說山）熱與不熱，多與不多，則互為矛盾概念，熱與多是積極概念，不熱與不多是消極概念，凡關於同一事物，某一概念積極的言其有，令一概念消極的言其無，則此二概念必互相矛盾。有無不能相容，故矛盾概念亦必不能並立，反對概念雖不能並容，尚可容中，即尚可容許第三者存於其間。例如冷熱之間有不冷不熱的溫度，多少之間有不多不少的數量，憂樂之間有不憂不樂的心境。矛盾概念則不但不能並容，且亦不能容中，即不容有第三者介乎其間。例如熱的矛盾概念是不

熱或非熱。不熱云者，祇消極的言其沒有熱，並未積極的言其為冷。所以冷者固然是不熱，而不冷不熱者因其未嘗有熱，自亦同應歸入不熱之中。熱與冷間的第三者既經攝入不熱之中，所以不會更有第三者的不熱而亦不不熱。多與不多之間，憂與無憂之間，同樣也不會有不多又非不多無憂又非無憂的第三者。

　　孔子曰，「道二，仁與不仁而已矣。」（孟子・離婁上）

孔子此言，其主旨固在論道，然由此可見，孔子亦已確認矛盾概念之間不能有第三者的存在。

　　消極概念大抵冠有不字非字無字等，然而冠有此等字樣的卻不一定是消極概念。如曰非常，不僅否定其為常，實已肯定其為非常。講到常與不常，可有三種分別，一為尋常，二為超越尋常，三為不及尋常。今如言非常之人，必專指超越尋常才識特優的人，決不兼指才識駑下不及尋常的人，非常既指超越尋常而言，故不是消極概念，雖與尋常相反，不能並容，但不與之矛盾，因此也不拒斥既非非常又尋常的第三者。所以欲辨別某一概念之是否消極概念，是否與另一概念互相矛盾，不可徒憑表面，必須探求其實質上的意義，以資決定。

　　消極概念祇否定而不肯定，故其涵容之力甚大，除了其矛盾概念所代表的事物以外，可統攝其餘一切。如曰無色，除了有色的物體以外，皆得以此名之。又如不紅，除了紅色物體以外，不論其為青為黃，甚至於本無顏色可言的事物，都得攝入其中。所以有些理則學家主張，用了兩個互相矛盾的概念可以把世間一切事物攝盡無餘。

不並容的條件

　　說到反對概念矛盾概念之不能並容，我們應當特別注意其中的並字。所謂並者，係就同一時間或同一空間或同一標準而言。若異其時間，異其空間，異其標準，便非相並。既不相並，便非不可相容。

　　世間事物常在生滅轉化之中，絕無一成不變之局，其初如是其後不如是者，事事物物莫不皆然。倘把不能並容的原則誤用到先後上去，有者不許其後無，白者不許其後黑，那便成為不通事理之談了。熟與荒雖相反，但若有一塊土地，昔年曾經開墾，今日又變荒蕪，昔熟今荒，不在同時，則我們可以稱之為熟荒，而許熟與荒相容。又如少年與老翁，繁華與廢墟，亦各相反，但我們盡可以說，今日的少年是他日的老翁，今日的廢墟是昔時的繁華都市。「成乎詐，其成毀，其勝敗」，(《呂氏春秋・義賞》) 亦同此理。其意蓋謂目前雖成雖勝，其後終必毀敗。成毀勝敗不指同時，故亦可以相容。

　　但熟地雖可廢為荒地，方其熟時，我們卻祇可謂之熟，決不能又謂之為荒。少年雖可變為老翁，方其少時，我們也祇可謂之少，決不能又謂之老。就同一時間而論，熟荒老少是不能相容的。有人以為榮者必有枯的一日，生者必有死的一日，所以榮時已有枯，生時已有死，因此也可說，一切事物都兼含著相反的性質。榮者枯槁，生者死滅，此種轉變當然是無可否認的事實。但方其榮時，尚未呈枯槁之象，我們只能承認其他日有枯槁的可能，斷不能謂其當時已具枯槁的性質。及其既經枯槁，我們又祇能承認其昔日曾經繁榮，斷不能謂其當時猶具繁榮的性質。故謂事物必兼含相反的性質，實在是先後與同時混淆不分之談。

　　又所云不能並容者，係就同一事物或同一部分而言，非謂不同的事物或不同的部分也不許其具有互相反對或互相矛盾的性質。世間既有少年，又有老翁，所以少年與老翁不妨並生。園林之中既有繁盛的花，又有枯槁的木，所以繁花與枯木亦不妨並在。甚且一樹之上，有若干枝繁榮，若干枝枯槁，一枝之上，有若干花盛開，若干花枯萎，所以榮枝枯枝榮花枯花各可並存。

　　倘然有人竟把不並容的原則誤用到不同的事物不同的部分上去，以為既有少年，便不應又有老翁與之相反，既有枯枝，便不應又有榮枝與之相反，這當然是不通事理之談。但就同一事物或同一部分言之，則決不能並容。有少年於此，既謂之少，自不得復謂之老，有枯枝於此，既

謂之枯，自不得復謂之榮。若同此一人，謂其又少又老，同此一枝，謂其又枯又榮，便將與戲詞中所云「金鑾殿下站著一個羣臣，金鑾殿上點著萬盞孤燈」，同樣滑稽。此種說法，引為笑談，可成很好的資料，衡以理則，應是荒謬不通的思想。

至如一朵桃花，紅白相間，似乎可說此花又紅又不紅。然依事理言之，實亦不得如此說法。此花雖有紅的部分與不紅的部分，但其紅的部分必是紅而不是不紅，其不紅的部分必是不紅而不是紅。在同一空間，斷不能有相反的性質相與並存。所以我們必須分別說之，此花半紅半不紅，決不可出以籠統之辭，謂其又紅又不紅。

再次就標準言之，其理亦與上述者相同。在同一標準之下，反對概念矛盾概念不能並容，若標準不一，則雖在同一時間同一空間，亦可以相容。譬如前講中所說及的子貢贖人，辭不受金，若以廉讓為衡量標準，自應承認其為善行，若以能否為他人效法作衡量標準，則便不能承認其為善行。所以在不同的衡量標準之下，我們可以同時說，此行為是善，此行為不是善。又如衡量中國文字的價值，在不易學習的觀點下，可以謂其有害，在易於傳受古來的文化及鞏固民族意識的觀點下，則不得不謂之有利。故我們可以說，中國文字有害亦有利。古詩云，「貪吏而不可為而可為，廉吏而可為而不可為」。可為與不可為，兩相矛盾，其所以猶得並立者，亦出於衡量標準的不同，觀其下文，即可知之。「貪吏而不可為者，當時有污名，而可為者，子孫以家成。廉吏而可為者，當時有清名，而不可為者，子孫困窮，被褐而負薪」。

故不並容的原則若誤用到種類不同的衡量標準上去，也是違背事理的。但在同一標準之下，又決不能既謂之善，復謂之不善，既謂之有害，復謂之有利。如即前二例而言，以廉讓為標準，子貢的辭不受金，決定是善，不是不善，以易於學習為標準，中國文字確屬有害，不是有利。所以在同一標準之下，是與非決不能並容。標準與空間，其事雖異，然在適用矛盾原則上，其理相通，因為同一事物可衡以不同的標準，正猶同一事物具有不同的部分。

自毀概念自語相違

　　反對概念矛盾概念既不能並容，故決不可結合起來以構成一個複合概念或一個肯定判斷。若違此理，胡亂結合，必釀成錯誤而荒謬的思想。概念具有二種以上性質的，謂之複合概念，例如白馬含有白與馬兩種性質。白與馬雖尚可分析，姑即此而止，已足見白馬內容之非簡單。而每一性質，如白與馬，又各為一個概念，所以複合概念是若干較簡單的概念所結合而成的。概念所含的性質必須能夠互相融洽，不相牴觸，然後此概念方能成立，方可為我們所思想。

　　若一個概念含有不能並容的反對概念或矛盾概念，內部自相牴觸，無法結合，更何能成為其概念。所以凡含有反對概念或矛盾概念的，因其自身已種有毀滅的根苗，可稱之為自毀概念。如曰白烏，即其一例。白與黑是相反的，烏字又專指純黑的鳥而言，所以白字與烏字無法結合，而白烏這個概念是無從成立的。又如冷與不冷互相矛盾，所以我們決不能說不冷的冷水。他如正方的球，酷熱的冬，不黑的驪馬，無名的名士，也同樣都是自毀概念。

　　判斷主詞所說的大抵是事物，謂詞所說的大抵是性質或動作。肯定云者，即斷言主詞中所說及的事物具有謂詞中所說及的性質或動作。所以自肯定判斷的本質言之，主詞所說與謂詞所說必須互相符順，不得互相牴觸。若相牴觸，便違反了肯定判斷的任務而不成其為判斷了。今如白與黑是反對概念，我們若欲就此兩個概念造作判斷，祇可用離析的方式作否定判斷云，白的不是黑的，不得用結合的方式作肯定判斷云，白的是黑的。故凡聯結反對概念或矛盾概念以成的肯定判斷，一定荒謬而不合事理，因明以其內部自相牴觸，稱之為自語相違而列為思想過失之一。因明入正理論舉例云：

　　我母是其石女。

我母是生我的母親，石女是不能生育的女子。我母既經生我，當然不會

是石女，若果是石女，一定不會生我。我母與石女兩相牴觸，胡亂為之
結合，其不能與事實相符，是絕無可疑的。所以烏頭白，黃河清，古人
用以比喻必不可得的事情。

　　但於此所宜注意的，一個概念之是否自毀，一個格判斷之是否自語
相違，不可徒從文字的表面上去辨別，必須探究其實質的意義而後始可
決定。因為有同名異實的關係，頗多似自毀概念而實非自毀概念者，
似自語相違而實非自語相違者。例如棍字可作品行不端的人解，故有賭
棍訟棍等名稱，但同時又有善棍一名。善與棍是反對概念，依常理不得
聯綴成詞。其所以猶有此稱者，謂其以辦理慈善事業為名而實行漁利，
非謂有漁利行為仍是善人。善字既不取常義，故不與棍字真正反對。又
如老與童也是反對概念，而在科舉時代有所謂老童生者。當時府州縣的
入學考試稱為童試，凡應此項考試的，不問其年齡大小，統稱為童生，
故童字已另成一義，不復是童子的意思。倘有年齡老大而猶參加此項考
試的，便可呼之為老童生了。再如無名的名士，既謂之名士，又謂其無
名，本是不可通的。但若有人自命為名士，而實際上毫無聲譽，則亦未
嘗不可譏之為無名的名士，古人著作之中亦不乏此種實例。

　　　孰知不言之辯，不道之道。（莊子・齊物論）

不道謂無可稱道，故此道字與下一道字意義不同，因此不道與道也不互
相矛盾。

　　　是射之射，非不射之射也。（列子・黃帝）

不射謂射術以外的事情，言其有大無畏的精神，臨深履危而神氣不變。
故不射與射也非矛盾。其在判斷亦多同樣的情形。《商君書》云。

　　　夫地大而不墾者，與無地同，民眾而不用者，與無民同。（算
　　　地）

既言地大民眾，明明有地有民，何得謂其與無地無民相同。然試繹此二

語的真義，其所云無，蓋指效用的不舉，非指事實上的不存在，意謂有地不墾，有民不用，自其效用言之，等於無地無民，正與該書另文所云「今有主而無法，其害與無主同」，（開塞）是一樣的語氣。故此兩個判斷可以成立，並沒有自語相違的過失。又如：

父不父，子不子，（論語・顏淵）

在名的表面上，父與不父，子與不子，也是互相矛盾的，但在實際的意義上，前一父字子字與後一父字子字並非同義。前一父字子字是專就血統關係講的，後一父字子字是說為父為子所應盡的道理，不父不子猶言不能盡為父為子所應盡的道理。所以父與不父，子與不子，並非真的矛盾概念，而其所構成的判斷也不是真的自語相違。

第七講
論證

實證與論證

　　思想的功用在於斷言事物之如何。而我們之所以斷言其如此，不斷言其如彼，則必有所本而非任意決定的。假使無所本而貿然主張，則此種主張一定沒有價值。縱令所主張的合於道理，也祇是一種偶合而已，不足以當科學的智識。《呂氏春秋》說得好：

　　凡物之然也必有故，而不知其故，雖當與不知同，其卒必困。
　　（審己）

所以我們對於世間事物，既須求知其然，更須進而求知其所以然。亦即一切思想必須持之有故，而後始足為有價值的思想。因為必須說得出理由，方足以充分顯示思想的真實不妄，方足以鞏固自信而取信於人。他人若有錯誤的思想而我欲救正之，亦必提示理由，方足以見其錯誤之故而令他人省悟。因明的因字即指理由而言，故因明即是闡明理由的學問，印度理則學取此二字為名，足見理由在理則學中所佔位置的重要了。

　　理由或是外界的實事實物，或是思想中的各種判斷。以實事實物為理由而指證其如是的，可謂之實證，以各種判斷為理由而論定其如是的，可謂之論證。

　　有些思想，祇可實證，無法論證。如曰面前的桌子上有一個茶杯，或曰這朵花是紅的，這些思想無法從另一判斷以論定其為真，唯有指點

當前的事實，藉個人的知覺以證其不虛而已。

實證完全靠知覺，所以實證之時所須努力以求的是知覺的正確。知覺往往有錯誤，這是我們所應注意而加以預防的。錯誤之起，或起於物理上的障礙，或起於生理上的缺陷，或起於心理上的翳蔽，原因甚多，不一而足。好在這些錯誤不是沒法救正的。

譬如一枝直木插在水中，我們從旁看去，因為光線屈折的關係，覺得那木頭入水之處是彎屈的。然我們祇須用手去摸，或拔出水來一看，即可糾正此錯誤，知其直而非屈。一二次的知覺或恐不足信賴，則我們可再三留意觀察，以期獲得事物的真相。過速的運動，過小的物體，我們感官所不能察知，則可借助儀器以補我們官能的不逮。知覺是一切思想的始基，故其正確與否，所關甚大，不但直接影響實證，且又間接影響論證。

亦有思想，祇可論證，不能實證。如云我必有死，作此思想的時候，我尚生存，故在當時，無法以死亡的實事相指證，唯有用他種方法來證明其確實。有生者必有死及我是有生者，這兩個判斷聯合起來，一定產生我必有死的結論，故即可用此兩個判斷為理由以作論證。

他如抽象的道理，涵蓋甚廣，若必指所論及之各事各物以為證，將不勝其煩，故也只好採用論證的方法。欲立正論，必須經過實證或論證，方得成立，欲破邪論。也必須經過這二者之一，方奏破斥的功效。

論證的種類

論證可分為兩大類，一曰直接論證，二曰間接論證。

直接論證是從正面論證的，覓取正確的判斷為理由，用以證明待證的思想之真實無妄。例如以胎生者不是魚及鯨是胎生二判斷為理由，以證明鯨之非魚。

聞接論證是從反面論證的，先姑假定待證的思想為偽，而取其相反的思想為理由。試作推論，及見其結論之不合事理，遂以反證原待證者

之無誤。如即前例而言，姑假定鯨是魚類，更輔以魚皆卵生之判斷，合為理由，則其結論必曰鯨是卵生。而事實上鯨是胎生不是卵生，結論錯誤，遂反顯其理由中鯨是魚類之不當，轉以證明鯨非魚類之正確。

論證與推理原是一事，不過其目標上稍有不同。自前提出發求致其當然的結論者，通常謂之推理，自待證的思想出發覓取其正當理由者，通常謂之論證。

推理之中，最主要的是演繹推理與歸納推理，故論證所用的方式亦以演繹與歸納二種為主。

直接論證之用演繹方式者，如：

> 士不可以不弘毅，任重而道遠。仁以為己任，不亦重乎，死而
> 後已，不亦遠乎。（論語・泰伯）

此以仁為己任及死而後已為理由，證明士之任重道遠，更以任重道遠為理由，證明士之不可以不弘毅。又如：

> 詩云，「雨我公田，遂及我私」。惟助為有公田。由此觀之，雖
> 周亦助也。（孟子・滕文公上）

此以小雅之詠及公田為理由，證明周代亦有公田，更與「惟助為有公田」一句合為理由，以證明周代亦嘗施行助法。

其用歸納方式者，如：

> 凡人有所一同。飢而欲食，寒而欲煖，勞而欲息，好利而惡
> 害，是人之所生而有也，是無待而然者也，是禹桀之所同也。
> 目辨白黑美惡，耳辨音聲清濁，口辨酸鹹甘苦，鼻辨芬芳腥
> 臊，骨體膚理辨寒暑疾養，是又人之所常生而有也，是無待而
> 然者也，是禹桀之所同也。可以為堯禹，可以為桀跖，可以為
> 工匠，可以為農賈，在執注錯習俗之所積耳。是又人之所生而
> 有也，是無待而然者也，是禹桀之所同也。（荀子・榮辱）

此以嗜慾之同知覺之同積習之同為理由，證明人之相同。其所取以為理由者，涵蓋較狹，其所證明者涵蓋更廣，故是歸納論證。又如：

> 人之性惡，其善者偽也。今人之性，生而有好利焉，順是，故爭奪生而辭讓亡焉。生而有疾惡焉，順是，故殘賊生而忠信亡焉。生而有耳目之欲，有好聲色焉，順是，故淫亂生而禮義文理亡焉。然則從人之性，順人之情，必出於爭奪，合於犯分亂理，而歸於暴。故必將有師法之化，禮義之道，然後出於辭讓，合於文理，而歸於治。用此觀之，然則人之性惡明矣，其善者偽也。（荀子・性惡）

此亦以涵蓋較狹的若干判斷為理由，以證明涵蓋更廣的普遍道理。間接論證大抵用演繹方式，試舉例如下：

> 文公之時，宰臣上炙，而髮繞之。文公召宰人而譙之，曰，「女欲寡人之哽邪，奚為以髮繞炙」。宰人頓首再拜請曰，「臣有死罪三。援礪砥刀，利猶干將也，切肉肉斷，而髮不斷，臣之罪一也。援錐貫臠，而不見髮，臣之罪二也。奉熾爐炭，肉盡赤紅，炙熟而髮不焦，臣之罪三也。堂下得微有疾臣者乎」。（韓非子・內儲說下）

宰人欲證明肉上之髮係進肉時他人所繞，非其自己炙前所繞，乃姑且假定為炙前所繞而推論其極，卒因所得結論過於不合事理，其非炙前所繞遂緣以大白了。

亦有論證，直接間接二式並用，蓋欲反覆申說，以見其主張之堅不可拔。

> 堯與高祖審龍之子，子性類父，龍能乘雲，堯與高祖亦宜能焉。……堯高祖之母受龍之施，……牝牡之會皆見同類之物，精感欲動，乃能授施。若夫牡馬見雌牛，雄雀見牝雞，不

相與合者，異類故也。今龍與人異類，何能感於人而施氣。

（論衡・奇怪篇）

這可為直接間接二式並用的一例。初用間接方式論定堯與高祖之宜能乘雲，取其不合事實以反證堯與高祖之非龍子。繼用直接方式，取異類不相與合為理由，以證明同樣的結論。

不正確及不切當的論證

論證在於舉示理由，故必所舉理由正確切當，而後論證始能正確切當。倘然理由本身有誤，不合事實，則論證便非正確。理由本身雖無錯誤，然若與結論之間沒有必然的關係，不能證明其一定如是，則論證亦非切當。不正確的論證，如以鯨是魚類及魚皆生息水中為理由，以證明鯨之生息水中。其理由中，鯨是魚類一語不合事實，自身既站不住，當然更不能有證明的能力。這樣的論證不但沒有論證的價值，而且比不論證還要有不好的影響。鯨之生息水中，原是真理，不加論證，祇是未經證明而已，一經不正確的論證，反令人懷疑，理由既不正確，則緣以推定的結論亦同樣不正確。所以不正確的論證是很有害的。

然而世間用了不正確的論證反以獲致成功的，也未嘗沒有。

孔子行道而息，馬逸，食人之稼，野人取其馬。子貢請往說之，畢辭，野人不聽。有鄙人始事孔子者，曰，「請往說之」。因謂野人曰，「子不耕於東海，吾不耕於西海也，（此二句，淮南子人間訓作子耕於東海至於西海，其義似較明顯）吾馬何得不食子之禾」。其野人大說，相謂曰，「說亦皆如此其辯也，獨如響之人」。解馬而與之。（呂氏春秋・必己）

這種論證真是不知所云，卻能合於野人的脾胃而搏得其稱許。成功雖然是成功了，究竟不足為法。

不切當的論證，其情形甚不一致，茲擇其應當注意者數事述之如下。

因明用語中有所謂寬因者，即言所採用的理由失為過寬，既涵容著所欲證明的道理，同時也涵容其相對立的道理。故若持此以作論證，從一方面看來，似乎可以證明其如此，轉從他方面一看，則又若可以證明其如彼。可以證此又可以證彼，實即既不能證此亦不能證彼。寬因與所欲證明者不相切合，故不足取以為論證的理由，試舉實例言之。

> 魏王謂鄭王曰，「始鄭梁一國也，已而別，今願復得鄭而合之梁」。鄭君患之，召群臣而與之謀所以對魏，鄭公子謂鄭君曰，「此甚易應也。君對魏曰，以鄭為故魏而可合也，則弊邑亦願得梁而合之鄭」。魏王乃止（韓非子內儲說上）

「始鄭梁一國也」，這個理由至多亦衹能證明鄭梁兩國現在仍應合為一國，卻不能證明此國應當合於彼國或彼國應當合於此國。今魏王欲持此為理由，以證明鄭國應當合併於魏國，便有舉因過寬之失，所以鄭公仔得即此理由反以證明魏國之應當合併於鄭國。

> 秦趙相與約。約曰，「自今以來，秦之所欲為，趙助之，趙之所欲為，秦助之」。居無幾何，秦興兵攻魏，趙欲救之。秦王不說，使人讓趙王曰，「約曰，秦之所欲為，趙助之，趙之所欲為，秦助之。今秦欲攻魏，而趙因欲救之，此非約也」。趙王以告平原君，平原君以告公孫龍。公孫龍曰，「亦可以發使而讓秦王曰，趙欲救之，今秦王獨不助趙，此非約也」。（呂氏春秋・淫辭）

這也是寬因的一例。以可能證現實，以集體證個別，以經常證權宜，也是不切當的論證。

可能云者，可以如此而事實上非必如此，故與現在實際上確是如此者不能完全相同，關於此點，荀子韓非子都曾有所發揮，《荀子》曰：

夫工匠農賈未嘗不可以相為事也，然而未嘗能相為事也。用此
觀之，然則可以為未必能也，雖不能無害可以為。然則能不能
之與可不可，其不同遠矣，其不可以相為明矣。（性惡）

《韓非子》曰：

亡徵者，非曰必亡，言其可亡也。……木之折也必通蠹，牆之
壞也必通隙。然木雖蠹，無疾風不折，牆雖隙，無大雨不壞。
（亡徵）

可能如此與現實如此之間既有分別，故不得以可能如此證明現實如此。
例如人人有生病的可能，但不得因此便謂人人都是病夫，人人有長壽的
可能，亦不得因此便謂人人都是壽星。

集體雖為個體所集合而成，然兩者所具的性質非必相同。因為一經
集合，可以發生新的性質，為個體所不定具有或不能具有。

夫五指之更彈不若捲手之一挃，萬人之更進不如百人之俱至
也。（淮南子・兵略訓）

此中所說即是這道理。所以我們不能因集體之具有某種性質，遂以斷定
其所由以合成的個體亦必具有此種性質。譬如：

江河之回曲，亦時有南北者，而人謂江河東流。（淮南子・修
務訓）

長江大河，自其全局言之，向東奔流，目其所由以構成的部分言之，有
東流者，亦有南北流者，故若以江河之東流為理由，證明其中某一段之
亦必東流，雖亦可真，但不能保其一定真。所以這樣的論證不能謂為切
當，又如男子身材高於女子，就集體而言，是真的，就個別而言，則不
是真的。此亦足以表示，關於集體的真理不可用以證明個別的事情。

權宜是經常的例外，因為有著特殊的情形，不得不通權達變。故若

有人昧於此義，猶持經常的道理以衡權宜，其思想必然陷於錯誤。關於此事，孟子早已辨析得很清楚，而且又很精審。

> 淳于髡曰，「男女授受不親，禮與」。孟子曰，「禮也」。曰，「嫂溺則援之以手乎」。曰，「嫂溺不援，是豺狼也。男女授受不親，禮也，嫂溺援之以手者，權也」。（離婁上）

男女授受不親是平時所應遵守的禮，嫂溺是一件變起倉卒的事情，自不應為了拘守常禮而竟不援之以手。所以經權的辨析確屬異常重要，若祇知守常而不知通權，則其應付環境必難得當，甚且陷入孟子所斥責的豺狼之行。

此外還有許多不切當的論證，如循環論證，如變更論點，如比喻失實，也都值得注意而予以防止，現在為時間所限，無暇述及了。

第八講
思想的實用價值

實用價值與是非

　　研究學問的目標是什麼，各人說法不同，有人主張為學問而學問，亦有人主張為致用而學問，依第一說，為學的目的在於探究宇宙的實相人生的真義，亦即在於窮理，在於致知，凡屬值得研究的都應當取來研究，至於研究所得能否應用，可以不問。依第二說，為學的目的在於增進社會的文化，提高人生的價值，亦即在於利用厚生，故凡與利用厚生有關的方值得取來研究，其無關的，雖窮究天人的奧妙，也無足取。

　　這兩種說法雖若相反，其實並行不悖，不但並行不悖，其終且歸於一致，我們現在的科學大抵可分為兩個部門，一是純理的，一是應用的，自然科學如此，社會科學也如此。純理科學合於第一種說法，應用科學合於第二種說法。這兩個部門相輔為用。純理科學供應用科學以基礎，俾其有所憑藉以利進展，同時也指示研究方向，以免其盲進無功。應用科學取其應用結果之有效或無效，轉以證明純理科學之真偽而刺激其進展。

　　所謂應用或實用，即是施之實際能收效用的意思，而欲施之實際能收效用，必須不違反事物的性質而善為控制。故一切思想，凡能契合事實的，未有不能收實際的效用，亦即為學問而學問所求得的真理，未有不能利用厚生的。所以科學發展到相當程度，莫不有其應用的部門。只有不合事實的思想纔不能有實用的價值。故我們亦可翻過來以實用價值的有無為標準，判別一切思想的是非。有些議論雖說得很玄妙，一若含

有深邃的道理，若施之實際而效用相反，則我們儘可判定其為非真理。

中國名學大家都重視思想的實用價值，《荀子》說：

> 君子行不貴苟難，說不貴苟察，名不貴苟傳，唯其當之為
> 貴。……山淵平，天地比，齊秦襲，入乎耳，出乎口，鉤有
> 須，卵有毛，是說之難持者也，而惠施鄧析能之。然而君子不
> 貴者，非禮義之中也。（不苟）

又說。

> 辯說譬喻，齊給便利，而不順禮義，謂之姦說。……言無用而
> 辯，辯不惠而察，治之大殃也。（非十二子）

《墨子》三表，其末句亦明言。

> 廢（古與發字相通）以為刑政，觀其中國家百姓人民之利。
> （非命上）

兩家所說的當與中，都是從實用價值下的評語，而這種觀點確甚有益。

山與淵，我們常人總覺得一高一窪，大有差別，不是平的。詭辯家雖巧為解釋，把山與淵說得沒有高低的分別，但施之實際，一無用處，且反有害。我們由淵登山，若取常人的見解，知其由低登高，而採用登高的走法，則步步可以安穩。倘然相信了山淵平的理論，用走平路的走法去走，不步步提高，則必有顛仆的危險。由此實驗，可以證明山淵平之不合事實。又如白馬非馬，是公孫龍最得意的主張。其〈白馬論〉云：

> 馬者所以命形也，白者所以命色也，命色者非命形也，故曰白
> 馬非馬。

理由所說未嘗沒有是處，所可惜者，只見到了形色之可以分析，而忘記了形色之亦可綜合，故終成一偏之見。

　　近人解釋公孫龍子者，謂白馬是小類，馬是大類，性質不全相同。其所統攝的數量亦有多寡的分別，兩俱不相等，故曰白馬非馬。此種解釋也未嘗不合道理，可是只顧到了小類大類間的不相等，未能兼顧到大類小類間的攝屬關係，見異不見同，依然無補於公孫龍的偏傷。

　　我們現在再從實用方面來看：

　　兒說，宋人善辯者也，持白馬非馬也，服齊稷下之辯者。乘白馬而過關，則顧白（此白字疑是衍文）馬之賦。故籍之虛辭，則能勝一國，考實按形，不能謾於一人。（韓非子・外儲說左上）

此尚不過說明了白馬非馬論之無用，試更進一步說明其有害。

　　譬如徵收屠宰稅，章程上規定，殺豬一匹，收稅若干。假如我們大家都信奉白馬非馬的理論，則此項屠宰稅便要無從收起。白馬既不是馬，依照同樣的理由，則白豬黑豬肥豬瘦豬老豬小豬都應當不是豬。章程上規定，殺豬纔收稅，而屠戶每日所宰的總是白豬或黑豬，肥豬或瘦豬，老豬或小豬。屠戶可以依照章程拒絕納稅，收稅人員雖四處察訪，也一定找不著一處殺豬的地方。如此，試問屠宰稅又何從收起呢。不但屠宰稅如是，其他一切政令都可以得到同樣無法進行的惡果。

　　譬如我們辦理考試，法律規定，大學畢業生可以報名應考。假使甲大學的畢業生都信奉白馬非馬的理論，自問只是甲大學畢業生而不是大學畢業生，便不敢去報名應考，或辦理報名的人員信奉白馬非馬的理論，拒絕甲乙丙丁各大學的畢業生報名，那麼舉行考試時便不會有人應考了。即使法上加詳規定，把各大學的名稱一一開列，然依照白馬非馬論的精神，還是辦不通的。因為我們又可以說，這是甲大學某年度畢業生趙某，不是甲大學畢業生，仍可拒絕其報名應考。設再加詳密，把全部大學畢業生的姓名統統列入法規之中，這樣呆笨的辦法已覺可笑，然而紙上的姓名與實際的人仍是兩事，依然不能辦通。我們大家幸而都不是白馬非馬論的信徒，否則一切事業都要停歇，無可進行了。

山淵不平，白馬是馬，是人人的常識，也可以說是一種俗見，最平淡，最不新奇。而我們之所以能免傾跌的危險以及能夠推行一切事務，卻完全出於這種見解的指導。由此可見，平淡的見解往往含有至理，而怪僻的議論大抵是無足取的。

名言與實用價值

思想必待名言為之表示，而表示得當與否，亦大有影響於其實用價值。

> 今有人於此，求牛則名馬，求馬則名牛，所求必不得矣。（呂氏春秋・審分覽）

名言的表示不得當，思想的實用價值亦為之大減。所以用名不可不慎，《荀子》有言：

> 名無固宜，約之以命，約定俗成，謂之宜，異於約，則謂之不宜。名無固實，約之以名實，約定俗成，謂之實名。（正名）

荀子此說非常通達。名詞與其所名事物之間本沒有必然的關係。故在制名之初，命以此名固可，命以他名亦無不可。惟一經制定，社會通用，則我們於用名之際，必須遵守其約。違約用名，勢必引起誤會，不但不足以利實用，且可釀成不良的後果。而世上不無故弄玄虛的人，明則說此，暗則指彼，或以增風趣，或以見機巧，或以自炫高明，或以愚弄他人。

> 齊之國氏大富，宋之向氏大貧，自宋之齊請其術。國氏告之曰，「吾善為盜」。……向氏大喜，……遂踰垣鑿室，手目所及，亡不探也。未及時，以贓獲罪，沒其先居之財。向氏以國氏之謬己也，往而怨之。國氏曰，「……吾盜天地之時利，

雲雨之滂潤，蟲澤之產育，以生吾禾，殖吾稼，築吾垣，建吾舍。陸盜禽獸，水盜魚鱉，亡非盜也。夫禾稼土木禽獸魚鱉，皆天之所生，豈吾之所有，然吾盜天而亡殃。夫金玉珍寶穀帛財貨，人之所聚，豈天之所與，若盜之而獲罪，孰怨哉」。（列子・天瑞）

原來國氏之所謂盜，別有一種解釋，而事先又未明言，害得向氏做賊犯罪。列子還批評向氏，說他「喻其為盜之言，而不喻其為盜之道」。但在我們看來，只能怪向氏之敢於從惡，卻不能怪向氏之誤解真意。國氏把盜字如此用法，不論其居心如何，總是足以貽害社會的。

莫壽於殤子而彭祖為夭。（莊子・齊物論）

高誘註云：

生寄死歸，殤子去所寄，歸所安，故曰以為壽。彭祖……不早歸，故以為夭。（淮南子・說林訓註）

果如所釋，則壽字夭字都不取通常的解釋而用作相反的意義。這不過名詞的魔術，用以欺人玩世而已。

荀子對於此種亂名的事，深惡痛絕，故曰：

故析辭擅作名以亂正名，使民疑惑，人多辨訟，則謂之大姦，其罪猶為符節度量之罪也。（正名）

我們萬一遇有不得已的情形，必須變更常義，或增減其適用範圍，或竟用以指示他事，則必為之作明確的定義，以免誤事誤人。科學上所用名詞，頗多不合常義。因為常識所用概念不一定正確切當，科學不得不加以變更，以掃除其不正確不切當的弊病。科學亦正唯因此之故，對於定義非常重視，決不肯稍存含混。

次就判斷而言，亦須力求明確，不可失之過晦，力避歧義，不可稍

涉疑似。必如此，方足以供實用而免誤解。但事實上有因一名多義的緣故，遂令所構成的判斷意義含混者，亦有因過於崇尚文字的簡潔，所省略的字眼太多，以致真義湮沒而轉成他義者。

> 哀公問於孔子曰，「吾聞夔一足，信乎」。曰「夔人也，何故一足。彼其無他異，而獨通於聲，堯曰，「夔一而足矣」，使為樂正。故君子曰，「夔有一足」，非一足也。（韓非子‧外儲說左下）

> 宋之丁氏，家無井而出溉汲，常一人居外。及其家穿井，告人曰，「吾穿井得一人」。有聞而傳之者曰，「丁氏穿井得一人」。國人道之，聞之於宋君，宋君令人問之於丁氏。丁氏對曰，「得一人之使，非得一人於井中也」。（呂氏春秋‧察傳）

「夔一足」，「穿井得一人」這兩句話是說得太簡，無由表顯真義，其引人誤解而釀成荒誕不經的傳說，實無足怪。

試再舉一故事為例，有某醫生者，醫道平常，為某家小兒治病，藥方中用到麻黃。因憶及醫書中有云，麻黃不可輕用，遂將這味藥的份量特別加重。小兒服了，不久便死。

此種誤解固出於醫生的文理不通，然亦有其可以引起誤解的原由。因為輕字本對重字而言，則不可輕用四字亦未嘗不可解作加重分量。這雖是一個笑話，也很值得注意，一語而可作兩解，是會引起不幸的結果的。

理想與實用價值

人生不可以沒有理想，社會國家也不可以沒有理想。假使沒有理想，則將與草木禽獸同其渾噩了。理想是我們向上的標的，前進的指針。有了理想，努力以求實現，於是文化始有進步的希望。理想的高下

是決定人格高下的一個因素，必須理想高超，人格始能高尚，理想若甚猥瑣，則人格一定卑污。所以理想之不可過低，是無待贅說的。

但從另一方面看來，理想也不可太高，若高得不可幾及，則亦不免喪失理想的實用價值。人人所能安而行之的當然值不得再取來作為理想。譬如言語是人人已具的能力，是已經實現的事情，自用不到取為理想，我們應當更進一步，以言詞的優美內容的充實懸為理想，而孜孜以求其實現。理想誠不可以是安而行之者，但必須是可以勉強而行之的。若無論如何努力終沒有實現可能的，則亦不足懸為理想。譬如鍛鍊體格，增加體力，俾可舉重若輕，這固值得我們孜孜以求，至若自舉其體，雖有烏獲之勇也無從辦到，是物理所不許可的。便亦不足奉為理想。

所以理想不可違反物理，不可違反人情，必須有實現可能的，亦即雖不能安而行之，卻必須可以勉強而行之的。

> 子貢曰，「如有博施於民而能濟眾，何如，可謂仁乎」。子曰，「何事於仁，必也聖乎，堯舜其猶病諸」。（論語・雍也）

博施濟眾，理想卻是很高，然而聖如孔子，猶以為不易企及，足見孔子之崇尚平實，而不以好高騖遠為然。《韓非子》曰：

> 明主立可為之賞，設可避之罰。（觀行）

此說亦足以發揮理想的實用價值。

理想必須是力行所可達成的，大家方願黽勉以赴，若是沒有達成希望的，勢必轉成口頭禪而無人願意實踐，其效果且與無理想相等。所以創設理想，與其懸格過高而無法實現，反不如懸格稍低而為努力所可達成。

我們懷抱的各種理想雖大致可以互相融洽，但在某種環境之下，亦有不能相容的情形。所以我們又當依據理想的價值以衡定其高下，而於高下兩理想不能相容時犧牲次一級的理想以實現高一級的理想。此種

衡量甚為重要。衡量得當，可以為明理之士，更進而為君子，為聖賢。「毒蛇螫手，壯士斷腕」。保全肢體是我們的理想，保全生命也是我們的理想。而當毒蛇螫手的時候，要想保全生命。必須犧牲肢體，若欲保全肢體，勢且危及生命。兩全之道既非事實所許，惟有權衡輕重，以定取捨。保全生命，其價值高於保全肢體，故當此之時自應毫不躊躇，毅然採取斷腕的辦法。保全生命比之保全肢體，雖為較高的理想，然以之比諸成仁取義，則顯然又屬低下。所以《孟子》說：

> 生亦我所欲也，義亦我所欲也。二者不可得兼，舍生而取義者也。（告子上）

理想高下的衡定，所關至為重大，苟能衡量得很適當，人生的價值可隨以增進，而思想的實效亦可於此益顯其寶貴了。